ÉTICA APLICADA

ECONOMIA

ÉTICA APLICADA

ECONOMIA

COORDENAÇÃO
MARIA DO CÉU PATRÃO NEVES
JOÃO CÉSAR DAS NEVES

Título original:
Ética Aplicada: Economia

© Os autores dos textos e Edições 70, 2017

Revisão: Inês Guerreiro

Capa: FBA

Depósito Legal n.º 428364/17

Biblioteca Nacional de Portugal – Catalogação na Publicação

Ética aplicada : economia/coord. Maria do Céu Patrão Neves,
João César das Neves. – (Ética Aplicada; 3)
ISBN 978-972-44-1900-8

I – NEVES, Maria do Céu Patrão, 1959-
II – NEVES, João César das, 1957-

CDU 330

Paginação:
EDIÇÕES ALMEDINA, S.A.

Impressão e acabamento:
PENTAEDRO, LDA.

para
EDIÇÕES 70

1.ª edição: junho de 2017

Todos os direitos reservados

EDIÇÕES 70, uma chancela de Edições Almedina, S.A.
Avenida Engenheiro Arantes e Oliveira, n.º 11 – 3.º C – 1900-221 Lisboa/Portugal
e-mail: geral@edicoes70.pt

www.edicoes70.pt

Esta obra está protegida pela lei. Não pode ser reproduzida,
no todo ou em parte, qualquer que seja o modo utilizado,
incluindo fotocópia e xerocópia, sem prévia autorização do Editor.
Qualquer transgressão à lei dos Direitos de Autor será passível
de procedimento judicial.

Índice

O exercício ético da economia
Maria do Céu Patrão Neves e João César das Neves............ 9

I
TEMAS FUNDAMENTAIS

Valor económico e valores morais
António Bagão Félix................................. 25

Avaliação ética do capitalismo
João César das Neves................................ 43

Avaliação ética dos socialismos
José Reis.. 63

Trabalho e economia no Estado de Direito
Mário Pinto.. 81

Ciência económica e filosofia moral
José Luís Cardoso.................................. 97

II
PROBLEMAS ÉTICOS NA ECONOMIA

Ética, famílias e consumo
Francisco Sarsfield Cabral 115

Carreira, emprego, trabalho
Mário Pinto... 135

Empresas e negócios
António Pinto Leite 155

Marketing e publicidade
João Borges de Assunção............................. 177

Mercado, concorrência e ética: os paradoxos
Miguel Pina e Cunha, Arménio Rego e António Pinto Leite...... 201

Ética bancária e financeira
Joaquim Cadete 223

Empresas e responsabilidade social
Filipe Santos 243

Políticas de estabilização e desenvolvimento
João Ferreira do Amaral 269

Questões de distribuição e regulação
Miguel Gouveia....................................... 289

Ética da globalização
Maria Paula Fontoura e Nuno Valério.................. 311

O exercício ético da economia

Maria do Céu Patrão Neves e João César das Neves

A simples leitura do título deste volume – *Ética aplicada: Economia* – é suficiente para causar estranheza em muitos dos nossos concidadãos, enraizada que está a ideia de que qualquer prática que lide com o «vil metal», gere riqueza, produza lucro é inevitavelmente danosa. É certo que ninguém prescinde dos benefícios da actividade económica, e são muitos os que empenhadamente se lhe dedicam. Não obstante, continua a ser candidamente olhada como um mal tolerado…

Por isso, «ética» e «economia» podem parecer realidades contraditórias, que, enquanto tal, se excluiriam mutuamente. Referirmo-nos a ambas conjuntamente será pois, inicialmente, interpretado como algo de paradoxal. Talvez também por isso esta associação de conceitos, que o cidadão comum se habituou acriticamente a ver como antagónicos, venha a suscitar interesse proporcional à anterior estranheza, que remeteremos para a afirmação da sua relação, não só como possível e desejável, mas também como efectiva e indispensável. Eis o que *Ética aplicada: Economia* procurará mostrar.

Na prossecução deste desiderato, começamos por afirmar que a actividade económica, aliás à semelhança de qualquer outra actividade humana, só cumpre a sua própria finalidade se produzir um bem para além de si própria, se realizar um bem humano, ou seja, se assumir uma intrínseca dimensão ética. Com efeito, toda a actividade humana é meio ou instrumento de perfetibilização da pessoa e de desenvolvimento da comunidade – único fim incondicionado porque fundamento de todas as múltiplas modalidades da acção humana. A actividade económica não é excepção. Uma actividade que tomasse por objectivo o seu próprio desenvolvimento, a sua auto-sustentabilidade, ficaria refém de si mesma, cativa de um círculo fechado, que carece de qualquer sentido. É a dimensão ética que confere sentido ao exercício da economia.

Podemos ainda acrescentar que, paralelamente à apontada exigência da ética como legitimadora de toda a actividade humana, também inversamente a prática ética pode ser alargada e intensificada por via da actividade económica, na justa medida em que esta, ainda e sempre, estiver ao serviço do ser humano. Com efeito, se esta ideia parece arredada do cidadão comum, nem por isso é menos verdadeira: os valores axiais da nossa vida comunitária, como a justiça e a solidariedade, são especialmente desenvolvidos em economias também elas desenvolvidas. Estas apostam invariavelmente na multiplicação de recursos – humanos e financeiros – reforçando as dinâmicas sociais saudáveis. O exercício ético da economia contribui, pois, para a equidade e assim também para a dignidade humana e para a paz social.

Para além destes dois aspectos que constituem pressupostos que enformam a relação entre «economia» e «ética», o maior desafio que aqui se nos coloca é o de evidenciar ao cidadão em geral que não só a economia apenas cumpre a sua função social se for eticamente estruturada, mas que também, mesmo quando lamentavelmente reduzida à obtenção do lucro, reconhece na ética um contributo indispensável para a sua actividade. Com efeito, hoje, as sociedades, principalmente as democráticas, que assentam na autonomia e activismo cidadão, estabelecem, mais ou menos tacitamente, padrões de procedimentos, requisitos éticos de acção por que pautam a sua adesão ou rejeição a empresas e/ou agentes económicos. Sob esta perspectiva, estes últimos não poderão ignorar ou negligenciar as exigências éticas que a sociedade coloca à actividade económica sob pena de soçobrarem. A observância normativa não será ditada pelas razões mais nobres e quedar-se-á num sofrível minimalismo, mas cumprir-se-á.

Um segundo desafio, também muito considerável, é o de, dirigindo-nos especificamente aos economistas, travarmos uma dupla tendência que se vem intensificando entre estes profissionais: a da tecnicalização da ética, ou seja, a da utilização ou instrumentalização da ética como metodologia ou estratégia da prossecução e crescimento da actividade económica, principalmente entre aqueles que não reconhecem o desempenho vital da ética em economia; e ainda, desta feita sobretudo entre os economistas que mais se empenham na reflexão e prática ética, a de pretenderem constituir uma ética específica e particular à actividade económica.

A tecnicalização da ética corresponde à assunção de que esta pode ser convertida numa marca, que se acrescenta convenientemente tanto a um produto como ao seu produtor ou comerciante, para criação ou reforço de uma imagem positiva, a fim de potencializar substancialmente a rentabilidade da actividade económica. Os exemplos são muito diversos: a utilização de mão-de-obra infantil, a exploração de trabalhadores imigrantes, ilegais, e, assim também, muito vulneráveis, ou o impacto ambiental nos locais de produção, a pegada ecológica no seu transporte, são factores que podem atingir irreversivelmente uma empresa ou uma marca, de forma bem mais poderosa do que a própria qualidade da actividade em causa. Por outro lado, a elaboração e divulgação de normativas de boas práticas por parte das empresas, a publicitação de preocupações sociais e ambientais, entre outras, são determinantes para a aceitação e mesmo adesão da sociedade ao organismo em causa.

Além disso, e ainda no que se refere a modalidades de tecnicalização da ética, verificou-se que a gestão de sistemas de certificação ética, e respetiva atribuição de selos comprovativos, se afirma como um novo negócio florescente. Aliás – acrescentaríamos –, um duplo negócio porque constitui uma actividade rentável em si mesma e porque potencia a rentabilidade da actividade já existente a que se aplica.

Quanto a uma manifesta inclinação para a constituição de uma ética particular à actividade económica, valerá a pena considerá-la nas suas múltiplas vertentes. Não se trata do que se apresenta como o procedimento mais comum de regulamentação ética de uma actividade socioprofissional: a formulação de uma deontologia profissional. A Ordem dos Economistas não elaborou um código deontológico como um documento autónomo, específico nas suas constituintes normativas ético-morais e jurídico-administrativas, e tendo em atenção que estas últimas implicam a aplicação de sanções aos prevaricadores. Declara a Ordem que optou «por construir um Código Deontológico formado por princípios e orientações, em detrimento de um código constituído por um conjunto de regras com carácter prescritivo». De facto, a tendência entre os economistas é a de, afirmando a capacidade de auto-regulação, característica das deontologias, privilegiar um conjunto de «boas práticas» que se perfilam mais como ideais de acção do que como de obrigações de acção. Assim sendo, constituem uma versão *light* (ligeira) da deontologia.

Outra vertente na particularização da ética da economia, na sequência das anteriores e também predominante, é a de reduzir a ética ao direito, na assunção de que o legal é o moral. Ora, nem sempre o legal é moral, e certamente o moral é muito mais exigente do que o legal. Quando a lei é estabelecida à revelia dos seus destinatários – como acontece em regimes ditatoriais, mas também nos democráticos, sempre que o poder é exercido usurpando o sentido do voto popular – a lei pode abater-se sobre os cidadãos como uma forma de violência, sendo, assim, desprovida de legitimidade moral. Por outro lado, a lei democrática corresponde apenas a um mínimo ético, ou seja, ao consenso possível num contexto pluralista, o que não dispensa ninguém de se coibir apenas das acções proibidas ou de agir apenas no âmbito do permitido. Na ética da economia não basta cumprir a lei para se observar a moral.

No que se refere às éticas aplicadas – neste caso, à ética aplicada à economia –, importa sublinhar que protagonizam a perspectiva da hetero-regulação. Ou seja, enquanto a auto-regulação deontológica consiste na elaboração de normativas de acção, pelos economistas e para os economistas, a hetero-regulação da ética aplicada representa o ponto de vista de todos os cidadãos, de todos os envolvidos, de todos os afectados pela actividade económica que, como tal, têm também direito a pronunciar-se sobre os procedimentos devidos aos economistas. Uma ética aplicada a uma actividade socioprofissional particular não é, ela própria, particular; antes consiste na especificação da moral comum, da moral vivida e partilhada na sociedade, face às complexidades características de uma actividade individual.

Na verdade, nem uma deontologia (por mais elaborada que seja) é hoje suficiente para regular eticamente a actividade económica, nem os economistas podem desvalorizar a perspectiva do cidadão (mesmo a do menos instruído) sobre a sua actividade, pelo que é vã qualquer ambição de sustentabilidade ou até de validade de uma ética particular.

A partir deste amplo quadro reflexivo em que uma ética aplicada à economia se desenvolve, podemos facilmente compreender que economia e a ética tenham uma relação algo ambígua e conflituosa. Podíamos acrescentar tratar-se de uma situação surpreendente, uma vez que ambas tratam explicitamente de bens e valores; mas serão bens e valores muito diferentes.

Aristóteles[1] dividiu o bem em três tipos: o honesto, o útil e o deleitável. Segundo Tomás de Aquino, «se considerarmos a razão de bem de maneira mais profunda e geral, vemos que esta divisão cabe propriamente ao bem enquanto tal»[2]. Por isso, entre as múltiplas classificações de bem apresentadas na *Suma teológica*, esta é a usada com distinção primordial, referida logo na quinta questão do tratado, que lida com «o bem em geral».

Esta breve taxonomia revela como as disciplinas que aqui nos ocupam partilham um mesmo objecto. Enquanto a ética se dedica ao bem honesto, a economia dirige-se ao bem útil. De facto, a própria ciência económica, após a chamada «revolução marginalista» dos anos setenta do século XIX, adoptou o conceito de utilidade como fundamento do valor (o que também a ética utilitarista fez). Aprofundando esta observação, podemos aproximar-nos da origem do conflito: «o honesto, o útil e o deleitável têm o mesmo objecto, mas distinguem-se pela razão. Chama-se, com efeito, honesto ao que tem uma excelência digna de honra, pela sua beleza espiritual; considera-se deleitável aquilo em que o desejo repousa, e útil o que se refere a outro bem. Note-se, porém, que deleitável é um conceito mais extenso que o útil e o honesto, porque tudo o que é útil e honesto é, de certa forma, deleitável, mas o inverso não, como observa Aristóteles»[3].

---

[1] ARISTÓTELES, *Ética a Nicómaco*, livro II, iii, 1104b 30–34. Ver Tomás de Aquino *Comentário à ética a Nicómaco*, livro I, lição V e livro II, lição III.

[2] TOMÁS DE AQUINO, *Suma teológica*, I, q. 5, a. 6.

[3] TOMÁS DE AQUINO, *Suma Teológica*, II-II, q. 145, a. 3. A citação final de Aristóteles é de *Ética a Nicómaco*, livro II, ii, 1105b 1.

Deste modo, o problema do confronto entre ética e economia vem, pode dizer-se, do facto de o útil e de o agradável nem sempre serem honestos ou virtuosos. «Pois o prazer leva-nos a fazer acções vergonhosas e a dor nos motiva a abster-nos das acções nobres. Daí a importância, como disse Platão de sermos devidamente treinados desde a infância a gostar e a não gostar do que é devido. Isto é o que significa uma boa educação»[4].

É precisamente aqui que se situa o presente volume. Aspirando, simultaneamente, atingir o útil económico e o honroso ético, as próximas páginas pretendem contribuir para a educação dos gostos que permita aos agentes económicos serem éticos no seu quotidiano. Para quem busque este desiderato, o resultado é, como a *Suma* o define: transformar a economia numa virtude, uma das partes subjectivas da prudência[5]. De facto, ao contrário do que tantos, incluindo Aristóteles, afirmam, a finalidade da economia não são as riquezas. «O fim último da economia é o viver totalmente bem na comunidade doméstica»[6].

Tomás de Aquino chega a indicar o caminho através do qual a economia se pode ligar à ética. No início da segunda parte da *Suma*, depois de estabelecer, com Aristóteles, que a finalidade suprema do ser humano é a felicidade (*beatitudo*)[7], o autor analisa como vários propósitos se relacionam com esse fim último. Dois deles são explicitamente económicos, deste modo definindo a correcta orientação da disciplina e concretizando a referida educação indispensável.

---

[4] Aristóteles, *Ética a Nicómaco*, livro II, ii, 1104b 10. A citação final de Platão é de *Leis*, 653 sq.
[5] Tomás de Aquino *Suma teológica*, II-II q. 50, a. 3.
[6] Tomás de Aquino *Suma teológica* II-II 50, 3, 1. A citação é *Ética a Nicómaco*, livro I, i 1094a 9.
[7] Tomás de Aquino *Suma teológica* I-I q. 1.

Ao questionar-se se a felicidade consiste nos bens económicos (*divitiis*)[8], Tomás de Aquino estabelece o teorema nuclear da economia marginalista, que afirma que os bens são procurados, não por si, mas por outra coisa: aquilo a que os economistas chamam utilidade e que o autor apelida de «sustento da natureza humana». Isso tem como consequência que o aspecto realmente relevante para a nossa finalidade terá de se situar no artigo subsequente, onde é confrontada a relação da felicidade com essa utilidade. Esta surge, na nomenclatura teológica, sob a expressão de «prazer» (*voluptate*), mas, na riqueza de significado da *Suma*, este termo inclui todos os elementos fundamentais do conceito contemporâneo. Vale a pena ler o texto na sua integralidade, porque traça o essencial do percurso do presente volume: «Temos de considerar que o prazer é um acidente próprio resultando da felicidade, ou de uma parte da felicidade. A razão porque um homem tem prazer é por ter algum bem apropriado, seja na realidade, na esperança ou, pelo menos, na memória. Mas um bem apropriado, se é o bem perfeito, é precisamente a felicidade do homem, e se é imperfeito, é uma parte da felicidade, seja próxima, remota ou, ao menos, aparente. Portanto é evidente que nem o prazer que resulta do bem perfeito é a essência da felicidade, mas algo que resulta dela como seu acidente próprio»[9].

O resultado desta singela mas muito profunda elaboração é mostrar-nos as condições para uma correcta orientação ética da economia. Esta lida com a gestão dos bens. Estes, dado serem necessariamente pretendidos pelos agentes, ou não seriam bens, são sempre apropriados. O problema é que alguns deles são-no apenas na esperança ou na memória, sem o serem na realidade. Por isso, ao atingir a utilidade, a economia chega sempre a uma parte da felicidade, propósito da ética. O mal é

---

[8] Tomás de Aquino *Suma teológica* I–II q. 2 a. 1.
[9] Tomás de Aquino *Suma teológica* I–II q. 2 a. 6.

que essa parte pode ser remota ou até aparente. A conclusão sai assim clara: uma economia ética é aquela que se dedica a bens que sejam apropriados na realidade e que assim atinjam a felicidade de forma próxima.

Como é que isso se faz? A questão ultrapassa a operação própria da economia e exige agentes e economistas éticos e virtuosos. O propósito deste volume é dar um modesto contributo nesse sentido. Mas a sua condição prévia é que se admita que a economia não se basta a si mesma, e precisa de uma predeterminação axiológica para atingir de forma aceitável a sua finalidade. Como disse o prémio Nobel Friedrich Hayek: «Ninguém pode ser um grande economista se for só um economista – e eu até sou tentado a dizer que um economista que é só um economista é provável que se torne num incómodo, se não mesmo num perigo real»[10].

Ética aplicada à economia

O presente volume tomou a sério o tema da colecção – «Ética aplicada» – na reflexão axiológica da parte de quem, sendo profissional, vive também os dilemas no quotidiano. Para obter uma elaboração pertinente, é preciso escolher pessoas eminentes, com verdadeiras preocupações morais, com que se deparam na operação directa da sua vida económica. Foram escolhidas, como tinham de ser, pessoas honestas e honradas, capazes de elaboração moral que seja útil ao leitor, e que testaram e testam estas virtudes no fragor dos dilemas concretos da economia. Mesmo quando se trata de universitários e

---

[10] HAYEK, FRIEDRICH (1956) «The Dilemma of Specialization», cap. 8 de *Studies in Philosophy, Politics and Economics*, Chicago, The University of Chicago Press, 1967, p. 123.

investigadores, os autores deste livro chegaram à ética a partir da economia e não pelo caminho inverso.

O volume divide-se em duas partes: uma, mais pequena, dedicada aos aspectos genéricos da economia; a segunda, a mais assumidamente aplicada, lidando com os grandes temas da actividade concreta.

O primeiro capítulo, entregue a um antigo ministro das Finanças e da Segurança Social e do Trabalho, mas também gestor de empresas e instituições de solidariedade, António Bagão Félix, pretende estabelecer uma relação entre os valores éticos e os económicos. Atendendo ao carácter muito vago e genérico do tema, a finalidade do texto era obter uma reflexão muito pessoal, mas também provocadora e interpelante, acerca das preocupações profundas de quem teve de enfrentar escolhas difíceis, por vezes angustiantes e mesmo dilacerantes.

Economia é, antes de mais, um sistema de relações sociais. A arquitectura básica que estrutura essas relações sempre constituiu tema de profundas elaborações e debates políticos, que, nos últimos anos, se cristalizaram à volta de dois conceitos básicos: capitalismo e socialismo. A dimensão do volume exigiu reduzir o riquíssimo espólio moral que rodeia o problema do regime económico a esta dualidade. A discussão da validade ética de cada uma das estruturas foi confiada a dois académicos, conhecidos pela defesa pública das respectivas soluções: João César das Neves, da Universidade Católica Portuguesa, e José Reis, da Universidade de Coimbra, este último também antigo secretário de Estado do Ensino Superior.

Um dos elementos que mais influenciam o comportamento ético na economia é, sem dúvida, a lei: o enquadramento jurídico impõe-se à decisão de cada um, além de influenciar princípios, critérios e escolhas. A relação entre o direito e a moral, em particular no campo da economia, é de reflexão muito vasta. Destacamos um elemento, pela sua relevância ética, o da evolução da legislação laboral nas sociedades contemporâneas, o qual tem definido aspectos cruciais da actividade económica. O esboço dessa dinâmica foi entregue a Mário Pinto, professor universitário, deputado constituinte e antigo ministro da República na Região Autónoma dos Açores.

As múltiplas ambiguidades e turbulências da relação entre a economia e a ética têm uma tradução muito significativa nos percalços históricos da ciência económica. De facto, esta, no concreto dos seus autores e tratados, vê-se sucessivamente a embater na disciplina filosófica da moralidade. São esses encontros e desencontros que o professor José Luís Cardoso, do Instituto de Ciências Sociais, um dos mais marcantes historiadores contemporâneos da disciplina económica, resume no capítulo que encerra a parte mais genérica.

Enformar os grandes temas da actividade económica em dez secções constitui, só por si, um desafio não desprovido de dilemas éticos. A opção foi preferir a relevância à exaustividade.

Os dois primeiros capítulos dedicam-se aos dois impactos mais relevantes da economia sobre as famílias e os cidadãos, a saber, o consumo e o emprego. São temas necessariamente entrelaçados, como os capítulos revelam. De facto, o segundo pode ser considerado como um meio para o primeiro, sem que nele se esgote, trazendo o emprego uma dignidade inconfundível para a cidadania. O primeiro destes temas foi entregue a Francisco Sarsfield Cabral, jornalista, assessor político e antigo Director do Gabinete em Portugal da Comissão Europeia, e o segundo ao professor Mário Pinto, que já tinha assinado um dos textos da primeira parte. Estas duas secções centram-se na finalidade própria da acção económica, o bem-estar das famílias, embora relacionando-a já com a operação concreta dos agentes, a qual ocupa os restantes capítulos. Estes podem ser classificados em dois grandes grupos: a actividade das empresas, nos capítulos 3 a 7; e a actividade política e diplomática, nos três restantes.

O artigo sobre a própria essência da ética nos negócios, sobre os dilemas básicos da operação empresarial, foi entregue a António Pinto Leite, gestor, advogado, árbitro nacional e internacional, político e comentador, antigo presidente da Associação Cristã dos Empresários e Gestores, que tem há anos elaborado uma original, provocadora e interpelante reflexão sobre o tema, centrada no amor.

Os problemas directamente comerciais e mercantis são elaborados nos dois textos seguintes, sob perspectivas diferentes. O primeiro aborda as questões do marketing e publicidade, que suscitam elementos que, além de muito influentes na era da comunicação, são extremamente específicos e distintos dos demais. Esse capítulo foi entregue a João Borges de Assunção, professor da Universidade Católica Portuguesa e ex-assessor do presidente da República.

Os confrontos no mercado, os dramas da concorrência e os embates comerciais constituem um dos aspectos mais perturbadores da abordagem ética da economia. Os verdadeiros conflitos que se vivem quotidianamente nos mercados são omnipresentes nas condenações populares da economia. Esses delicados e complexos dilemas e opções estão entregues à reflexão dos professores Miguel Pina e Cunha, da Universidade Nova de Lisboa, e Arménio Rego, da Católica Porto Business School, junto com o já referido Pinto Leite, assim ligando este capítulo à secção enquadradora.

Não existe, certamente, área económica mais controversa em termos éticos do que a da banca e da finança. Ouvindo muitas apreciações moralistas, essas parecem ser zonas malditas, condenadas à ganância, à corrupção e à desonra. Como pode alguém viver eticamente nesses meios irrespiráveis? É a essa pergunta que responde Joaquim Cadete, professor da Universidade Católica Portuguesa, antigo operacional do banco ABN AMRO N.V. e antigo director do Citigroup Global Markets Limited.

As empresas hoje não se podem limitar a ser éticas na sua operação própria. A opinião pública, fortemente convicta da relevância social das companhias, exige-lhes um empenho de cidadania vasto e relevante em múltiplas áreas da solidariedade, algo a que a própria consciência moral dos empresários sempre as obrigou. Daqui nasceu a crescente dinâmica de responsabilidade social das empresas, uma das áreas onde a criatividade e a imaginação organizacional mais se têm feito sentir. O professor Filipe Santos, da Universidade Católica Portuguesa e do INSEAD e reputado especialista internacional no tema, fundador do Instituto Portugal Inovação Social, ocupa-se do capítulo.

A economia é inseparável da política, porque o mercado selvagem, sem rei nem lei, nunca existiu. Mas a intervenção estatal no campo económico levanta quase tantos problemas éticos como aqueles que pretende resolver. Esta vasta área é resumida em três aspectos pontuais, mas bastante abrangentes.

João Ferreira do Amaral, professor do Instituto Superior de Economia e Gestão, ocupa-se da chamada política macroeconómica, que lida com as grandes linhas da economia agregada, das altas frequências da conjuntura ao desenvolvimento de longo prazo. Miguel Gouveia, professor da Universidade Católica, centra-se nas políticas de redistribuição e regulação de mercados, em que os problemas éticos são de natureza muito diferente, embora não menos aguda. Maria Paula Fontoura e Nuno Valério, do Instituto Superior de Economia e Gestão, abordam várias vertentes da panóplia de questões suscitadas por uma globalização que penetra hoje todos os aspectos da vida económica, retomando assuntos de capítulos anteriores, mas agora sob o ponto de vista dos mercados internacionais e da diplomacia e política externas.

Um volume destes, produzido a muitas mãos e com fortes limites de dimensão, nunca poderia fazer justiça ao título que ostenta, o que, em todo o caso, não constitui um problema ético por duas razões. Primeiramente, porque a finalidade explícita do volume não é realizar um tratamento exaustivo do tema a que se dedica, mas apenas traçar os seus contornos principais, motivando o leitor a desenvolvimentos futuros. Depois, porque o volume indica claramente os meios para essa prossecução de informação, formação e reflexão, sobretudo na secção de «Leituras recomendadas», que acompanha cada um dos capítulos. Deste modo, o livro cumpre a sua missão de ser um roteiro, um simples mapa para uma viagem que nunca se poderia esgotar em algumas centenas de páginas e que tem sempre de ser pessoal.

Afinal, como vimos apontando desde o início, a actividade económica que cumpre o seu desiderato – a realização das pessoas e o bem-estar das sociedades –, o que lhe confere legitimidade ética, não pertence apenas aos economistas, mas a todos os que, de uma maneira ou de outra, estão implicados nesta actividade. Os economistas deram o mote; cabe agora a palavra ao leitor, ao cidadão.

Leituras recomendadas

PATRÃO NEVES (Coord.), *Ética: dos Fundamentos às Práticas*. Lisboa, Edições 70, 2016, 298 pp.

I

TEMAS FUNDAMENTAIS

Valor económico e valores morais

António Bagão Félix
Conselho Superior da Universidade Católica

1. Há uma figura de estilo literário que Luís de Camões usou com mestria. Trata-se do oxímoro, conjugação de duas palavras ou expressões contraditórias ou paradoxais que, sob um ponto de vista lógico, se excluem ou contradizem. É o caso de «um contentamento descontente», de «um ilustre desconhecido», de «um silêncio ensurdecedor», de «uma obscura claridade».

Estará o leitor a perguntar-se por que razão comecei este texto sobre «Valor económico e valores morais» com esta brevíssima introdução sobre oxímoros.

É que há quem ache que entre actividade económica (e empresarial) e ética há uma insolúvel contradição. Por exemplo, dizer «ética económica» ou «ética de negócios» é um paradoxo virtualmente inconciliável, pela aparente contradição dos dois vocábulos que não coexistem neste plano.

Evidentemente que esta tão radical e insólita posição não é a minha. Antes, pelo contrário. Cada vez mais, ética e economia deverão convergir. Por duas fundamentais razões: porque a ética é uma exigência universal, seja qual for a nossa posição e o contexto em que nos movamos; e porque – como hoje verificamos amiúde – a economia sem ética é responsável pela deterioração dos valores imateriais da confiança, da responsabilidade, do respeito e da reputação, só para citar alguns dos mais decisivos na esfera institucional e pessoal. Afinal, a origem helénica da palavra economia (*oikos*, casa, lar, família, e *nomos*, costume, lei) quer dizer «regras ou administração da casa». E já Gandhi apontava como dois dos «sete pecados sociais» «a economia sem moral» e «a riqueza sem trabalho».

Afinal, a economia tem como origem primeira a aspiração à satisfação de necessidades, em regra superior aos recursos disponíveis. Tal inequação implica escolhas, preferências, opções, prioridades. E, simetricamente falando, impõe renúncias. Logo se depreende a existência de restrições técnicas e de dilemas com densidade ética.

Os «dilemas éticos», ou seja, as situações em que valores estão em conflito (mais correcto ou mais errado, melhor ou pior), podem implicar uma escolha difícil entre possibilidades alternativas e a elas subjaz sempre um dos princípios fundamentais da ética: pode um fim eticamente bom justificar meio(s) eticamente(s) mau(s)?

2. A noção de **bem comum** é indissociável da relação entre valores económicos e valores morais. Afinal, referimo-nos a uma noção tão intuitiva como complexa.

Socorro-me da definição que me parece mais completa e que vem consagrada na Constituição Pastoral *Gaudium et Spes* (Vaticano II, 1965), n.º 26: «O conjunto das condições da vida social que permitem, tanto aos grupos como a cada membro, alcançar mais plena e facilmente a própria perfeição, através de bens materiais, culturais, morais e espirituais». Trata-se de um conceito que só se pode definir em relação à pessoa e que é (ou deve ser) comum, devendo dele todos participar, ou seja, ser parte em vista do todo.

Evidentemente que o princípio inalienável do bem comum não se limita ao bem-estar económico, mas é insofismável que, neste plano, a economia e a ética devem estar irmanadas pela busca incessante da realização plena daquele.

O bem comum é natural, indivisível, intemporal, universal. Implica a promoção integral de todos. Em suma, é uma categoria ética e é a razão de ser das diferentes autoridades sociais e políticas para servir a sociedade.

3. Muitos dos dilemas e conflitos éticos na actividade económica resultam de dois pares de ponderações: **importância** *versus* **urgência** e **eficiência** *versus* **equidade**.

Quanto ao primeiro, é intuitivo hierarquizar o que deve estar em primeiro lugar (o importante e urgente) e em último lugar (o não importante e não urgente). A questão dilemática coloca-se, sobremaneira, entre o que, sendo importante, não tem urgência e o que, sendo urgente, não tem importância. Muitas questões de natureza ética se colocam nestes contextos.

Certo é que nas sociedades contemporâneas há cada vez mais «iliteracia do importante» (veja-se, por exemplo, no consumo, a miscigenação absurda do útil, do fútil e do inútil), bem como uma «banalização do urgente» (de tal sorte que a sua semântica se vem desvirtuando e erodindo, eticamente falando). O importante não é diluído no urgente, no avulso ou no superficial, porque o importante nem sempre é urgente, raramente é avulso e jamais é superficial.

4. Há expressões correntes que se tornaram omnipresentes no nosso quotidiano e na economia e que verdadeiramente violam o valor ético da exactidão: «**mais ou menos**», «**extremamente**» e «**relativamente**».

Em cada noticiário, há sempre uns tantos «mais ou menos» em resposta a perguntas sobre a economia, a política, o tempo, o trabalho, a saúde. Nos inquéritos de opinião, a maioria é quase sempre do «mais ou menos». Na escola pública, as avaliações têm um ponto intermédio (3 na escala de 1 a 5), lugar aritmético do «mais ou menos». Quanto à meteorologia, o ameno clima pouco dado a intempéries é «mais ou menos». No futebol, joga-se para o «mais ou menos», que é o empate. A produtividade é, por inércia, «mais ou menos». No Código Penal, aumenta o «mais ou menos» das penas suspensas. A palavra de honra passou a ser definitivamente «mais ou menos»

«Extremamente» é, paradoxalmente, o contraponto do «mais ou menos». Quase sempre é a exageração do exagero, que precede qualquer vocábulo para dar uma ordem de grandeza, mesmo que exígua. Reproduz-se por todo o lado e ultrapassou, em degenerescência do seu significado, o adjectivo «urgente». Quando é mesmo «extremamente», que advérbio se deverá usar? Como alguém escreveu, «tudo quanto é exagerado é insignificante». Desde logo, no plano moral.

E o «relativamente»? Um advérbio muito relativo para quase sempre para fugir à exactidão. No plano ético, o «relativamente» é perigoso e dissolvente. Por exemplo, ouve-se dizer, amiúde, que «aquela pessoa é relativamente honesta» como se a honestidade fosse relativa. Ou, voltando ao «mais ou menos», como se balanceasse numa média entre mais honestidade nuns dias e menos honestidade noutros.

5. Quanto ao binómio **equidade-eficiência**, justificam-se umas breves notas. A «equidade» – usando uma formulação sinteticamente aristotélica e sugestiva – é tratar de maneira semelhante o que é igual e tratar de maneira diferente o que é desigual, sendo aquela diferença na justa proporção desta desigualdade. Ao falar de economia, deveremos ter presente, não só a equidade distributiva (ou, por outras palavras, a justiça dos resultados das acções), como também a equidade procedimental (a justeza dos processos utilizados).

Já a «eficiência» está relacionada com os resultados de uma distribuição face aos recursos. Diz-se que esta é eficiente quando já não é possível melhorar a situação de alguém sem piorar a de outrem. Ou, como sintetizou o economista italiano Vilfredo Pareto (1848-1923), no caso de alguém melhorar, sem ninguém piorar, há ineficiência.

Não há necessariamente conflito insanável entre a procura de eficiência e o objectivo de equidade. Mas, em muitas situações, esta questão coloca-se, sobretudo quando há externalidades, isto é, quando o consumo ou produção realizados por alguém afectam significativamente o bem-estar de outrem, sem que esse efeito seja transmitido através do sistema de preços. Em particular, nas externalidades negativas quando há custos (ou malefícios) para os quais não é possível ao consumidor (ou à sociedade) exigir compensação ou indemnização, isto é, quando os custos sociais são superiores aos custos privados. Perante uma externalidade negativa, a intervenção pode não consistir em eliminá-la, mas em reduzi-la para um nível menos ineficiente. É o caso de diferentes formas de poluição ou do consumo de bens (tabaco, álcool, etc.) que podem lesar a saúde de outros.

Neste contexto, um aspecto a assinalar é o da ocorrência do risco moral (*moral hazard*), pelo qual alguém pode influenciar a frequência e/ou intensidade da ocorrência do consumo de um bem ou serviço, a um custo que para ele directamente é nulo ou inferior aos benefícios expectáveis (sem o conhecimento ou possibilidade de controlo do «fornecedor»).

Nos casos de risco moral elevado, os consumidores não têm incentivos para poupar custos ou prevenir riscos e haverá uma tendência para o sobreconsumo, isto é, soluções não eficientes e inequitativas. Eis o que se coloca muito frequentemente em situações de bens públicos (não rivais e não excludentes) e em formas de consumo social em que há (parcial ou totalmente) um terceiro pagador. É o caso de medicamentos, abuso do subsídio de doença ou de desemprego, passe social de transporte, etc.

Os impostos e o financiamento das prestações da Segurança Social são outras das áreas em que o equilíbrio (ou desequilíbrio) entre eficiência (económica) e equidade (social) mais se coloca. No fundo, trata-se de garantir que a equidade prejudique o menos possível a eficiência na utilização dos recursos e que esta minore as insuficiências no objectivo da equidade. Por outras palavras, que a utilidade marginal de um bem (neste caso público) consiga ser igual ou superior à desutilidade marginal do imposto que o financia.

Foi o desenvolvimento do princípio da utilidade marginal decrescente que conduziu à adopção de formas de justiça distributiva e altruísta (por exemplo, impostos progressivos, Segurança Social, etc.), numa óptica vincada de ética utilitarista, ou seja, gerando maior quantidade de satisfação (ou o melhor saldo possível de boas consequências sobre as más) para o maior número de pessoas ou partes envolvidas.

6. Na economia, o conceito de «**empresa**» ou «**organização**» não é um conceito estático. No pós-Revolução Industrial e até aos anos sessenta do século passado, a empresa era vista, fundamentalmente, como uma realidade ou um sistema de natureza material e física ou corpórea, um referencial de técnicas produtivas e operativas.

A grande alteração, nas últimas décadas, teve a ver com a crescente tendência para exprimir a ideia de empresa, também e sobretudo, como uma comunidade de pessoas. Afinal, «descobriu-se» que são as pessoas que constituem o principal suporte e património de qualquer organização; são as pessoas que garantem o sucesso ou explicam o fracasso das organizações e das suas estratégias. Na era da globalização, tudo tem tendência para se igualizar (técnicas, tecnologias, matérias, capitais, métodos, comunicações, etc.), excepto as pessoas.

Afirmando a centralidade das pessoas, a empresa corporiza-se, consequentemente, como entidade moral, desde logo, sendo ou devendo ser o maior denominador comum dos diferentes e legítimos interesses dos *stakeholders*, mas devendo ser, também, uma referência de valor na e para a sociedade e um centro de responsabilidade social. Por outro lado, a empresa tem de ser um espaço de realização nas suas quatro componentes: pessoal, cívica, profissional e geracional.

Por tudo isto, é cada vez mais incompleto afirmar que o mercado é a produção, a troca, o consumo de bens e serviços pelas pessoas. É mais adequado e correcto dizer que o mercado é um conjunto de relações entre pessoas produzindo, consumindo e trocando serviços e bens. É isso que lhe dá, aliás, uma não negligenciável dimensão ética.

7. A ética, em geral e particularmente na economia e na empresa, é constituída pela soma harmoniosa e coerente de um conjunto de **valores** e de um conjunto de **saberes**. Não pretendendo ser exaustivo, enuncio tão-só alguns que considero mais importantes (Quadros 1 e 2).

O primeiro é o direito-dever. Com hífen, porque não há direitos sem deveres, e não há deveres sem direitos, embora normalmente nos lembremos mais dos direitos do que dos deveres.

Outros valores essenciais, entre muitos, são o carácter, a integridade, a decência (a estética da ética), o respeito, a honradez, a coerência (esse recurso tão escasso às vezes), a sensatez, a sobriedade, a lealdade, a amizade, a exemplaridade, a equidade, a solidariedade, a autenticidade, o orgulho de pertença, a exactidão. Por todo este conjunto perpassa uma componente fundamental da ética, qual seja a do primado do «e» em detrimento do «ou». E, também, a ideia, tão bem expressa por Aristóteles na sua *Ética a Nicómaco*, de que sobre a maior parte dos referenciais axiológicos há três disposições: duas perversas, a que é por excesso e a que é por defeito e a que corresponde à posição intermédia, que é a da excelência.

VALORES, tais como:

Direito-dever	Idoneidade
Decência	Prudência
Carácter	Perseverança
Respeito	Lealdade
Honradez	Exemplaridade
Honestidade	Equidade
Integridade	Solidariedade
Coerência	Autenticidade
Sensatez	Orgulho de pertença
	Exactidão

Quadro 1: Quais destes valores estão vertidos na lei?

Quanto aos saberes, sintetizaria assim: o saber cognitivo, que é o que nós chamamos o conhecimento; o saber compreender, que exige aprendizagem de vida; o saber fazer, que é a capacidade; o saber ser, que é a experiência; o saber estar, que é o relacionamento; o saber mudar, que é a adaptação (hoje uma sabedoria fundamental); o saber decidir, que é a autonomia; o saber dar e receber, que é a partilha; o saber comandar, que é a liderança; o saber envolver-se, que é a participação; o saber acreditar, que é a motivação; o saber rir, que é o humor e o sentido lúdico na vida.

É a «soma» destes valores e saberes que, «multiplicados» e ponderados por uma ética intensiva, define a cultura de uma empresa ou de uma instituição. E bem se poderia aplicar (em sentido figurado) a propriedade distributiva da multiplicação, isto é, também poderíamos dizer [valores com ética] mais [saberes com ética]. E, se à cultura somarmos a ambição, a persistência, a consistência e a visão, então temos, no sentido ético da palavra, a utopia.

SABERES tais como:

Saber cognitivo	Conhecimento
Saber Entender	Compreensão
Saber Fazer	Capacidade
Saber Ser	Experiência
Saber Estar	Relacionamento
Saber Decidir	Autonomia
Saber Mudar	Adaptação / Actualização
Saber Dar e Receber	Partilha
Saber Comandar	Liderança
Saber Envolver-se	Participação
Saber Acreditar	Motivação
Saber Sonhar	Utopia
Saber Rir e Aprazer	Humor

Quadro 2: Quais destes saberes podemos dispensar na nossa acção?

Seja-me permitido usar uma imagem simbólica do que deve ser cada vez mais a empresa ou a organização social do futuro, mais solidária, mais participativa, mais responsabilizadora. Socorro-me do exemplo de Peter Drucker, que comparou a empresa do futuro a uma orquestra sinfónica. Na orquestra, há uma direcção única, sem mais níveis hierárquicos (não há, como na empresa tradicional, chefes de serviço ou de secção da orquestra); depois, todos lêem a mesma partitura e todos sentem que contribuem, à sua maneira e com o seu instrumento musical, para a realização da obra produzida; mais, sentem que cada um tem um papel relevante, pois de uma sua pior *performance* poderão advir consequências negativas para o resultado final.

8. De uma maneira muito esquemática, poderemos falar da ligação entre **empresa**, **cultura** e **ética**, através do que considero uma evolução humanista e personalista da empresa. Naturalmente que o mundo não é a preto e branco e, portanto, as nossas atitudes e valores não podem ser limitadas a uma espécie de cacifos comportamentais. Por isso, a ilustração (Quadros 3 e 4) deve ser lida como base de reflexão e não como formatação simplista da realidade.

DE:	PARA:
A maior parte das pessoas considera-se independente	As pessoas consideram-se interdependentes
A hierarquia significa uma diferenciação existencial	A hierarquia significa uma diferenciação de papéis
O papel dos outros é visto como uma ameaça potencial	As pessoas sentem-se mais preparadas para confiar nos outros
A gestão vista como coordenação de recursos materiais	A gestão como coordenação de relações, saberes, motivações, expectativas e ideais
As normas como imperativo de organização	Os valores como fundamento da organização
Primado da eficiência e utilidade	Eficiência com sentido de equidade e equilíbrio ambiental

Quadro 3: Empresa, trabalho, responsabilidade e Ética: a evolução humanista.

VALOR ECONÓMICO E VALORES MORAIS | 35

DE:	PARA:
Competência baseada no saber fazer	Competência conciliando os diversos saberes
Dificuldade na aceitação do erro	Importância da pedagogia do erro
Mais individualismo no saber	Mais partilha do saber e competências
Convicção de que trabalhar em excesso é indispensável	Trabalhar excessivamente não é necessariamente uma boa solução
Fascínio e admiração pelos "vencedores"	Mas também consideração pelos "perdedores"
A ambição é o grande factor de energia	O sentido de serviço também alimenta a motivação
Ordem das pessoas subordinada à ordem das coisas	Ordem das coisas subordinada à ordem das pessoas
O lucro é o regulador na empresa	O lucro é um regulador na empresa

Quadro 4: Empresa, trabalho, responsabilidade e ética:
a evolução humanista.

Numa visão humanista, as pessoas tendem a considerar-se mais interdependentes do que numa óptica mais material, em que a noção de independência de uns em relação aos outros é mais acentuada. Por esse motivo, a hierarquia traduzirá apenas uma diferenciação de papéis a desempenhar e não uma diferenciação existencial. A gestão deve ser realizada como uma coordenação saberes, de ideais, de aspirações, de valores e não somente de recursos. As normas são importantes, mas os valores serão sempre a base e o cimento aglutinador de uma organização mais humanista; o fascínio e a admiração para com os «vencedores» não podem esgotar as responsabilidades e dever de consideração para com os «perdedores». A convicção de que trabalhar em excesso é indispensável é, igualmente, o reflexo de uma visão mais material, quando cada vez mais se trata de trabalhar bem, e não por excesso. Assim sendo, trabalha-se bem para viver melhor, e não se deve viver apenas para trabalhar mais. E, se a ambição é um exclusivo factor de energia numa visão mais redutora, o sentido ético de serviço deve alimentar a motivação.

Na óptica mais humanista, a expressão da competência concilia o saber-fazer com o saber-estar e o saber-ser. Por outro lado – e voltando ao referido –, não basta o primado da eficiência e da utilidade, que deve ser enriquecido com justiça e sentido ético de equidade.

Deveremos depois, ainda, fazer várias interrogações entre uma cultura baseada na confiança ou potenciadora do choque e do conflito? Entre competição com pouco carácter ou carácter com salutar competição? Entre o lucro como o único regulador da vida das empresas ou como um, entre vários, indicadores do sucesso das empresas? Entre a ordem das coisas subordinada à ordem das pessoas ou a ordem das pessoas subordinada à ordem das coisas? Sob o ponto de vista ético, a resposta é indubitável.

9. Desde 2008, o mundo vive em crise económica e social. Mas sobretudo e endemicamente com evidentes sinais de alguma **indigência moral** e **fragmentação ética**.

A regra de ouro no plano ético tem sido frequentemente violada: para alguns, os fins justificam sempre qualquer tipo de meio. Para tal, «inventou-se» um novo arquétipo moral entre os actos bons e os maus: os actos indiferentes, uma espécie de silenciosa amiba onde se acolhem as maiores perversidades.

A ética da primeira pessoa (a auto-exigência) deveria ser sempre a primeira condição para a ética da terceira pessoa (ser exigente com os outros). Infelizmente, todos os dias se observam distorções deste contrato moral. E parece cada vez menos considerado o imperativo kantiano: «age unicamente segundo a máxima que te leve a querer ao mesmo tempo que ela se torne uma lei de tal modo que, se os papéis fossem invertidos, as partes em questão estariam sempre de acordo».

A indigência moral alimenta-se da falta de memória corroída pela primazia do presentismo, da impunidade de que, no fim, nada acontece, do escrutínio para «inglês ver» onde os sem-poder são penalizados e se desculpa quem viola as mais elementares regras éticas. Uma pequena irregularidade pode ser fatal, uma grande fraude perde-se na neblina processual. Os indefesos, os últimos, os sem voz são vistos crescentemente como uma quantidade, ao mesmo tempo que há toda a panóplia de consideração hipócrita para pessoas ou entidades não recomendáveis.

Neste mundo global, acentuam-se os sinais exteriores de uma crescente erosão de valores e de princípios. Por vezes, a tão apregoada ética não passa de uma espécie de porosa «pedra-pomes». Isso nota-se na deficiente conjugação entre direitos e deveres, no enfraquecimento do sentido de responsabilidade, na rarefacção da decência, autenticidade e exactidão, na desvalorização do valor da verdade, na volatilização da respeitabilidade pelo esforço, mérito e experiência, substituída pelo prémio da esperteza, amiguismo e oportunismo.

Esta diluição ética tende a igualar, moralmente, fins e meios, a amolecer as consciências, a fazer germinar e propagar a indiferença, a promover a estatística à categoria de mãe de todas as análises frias e mecânicas. A aliança entre o fardo da burocracia e a exaltação da tecnocracia desumaniza as instituições, coisifica as pessoas e gera tentações corruptivas. Em muitas instâncias de diferentes naturezas, reforça-se o primado dos objectivos monetarizados, mas esfumam-se as referências, os princípios e os ideais. Mais do que nunca, parece valer-se, não pelo que se é, mas pelo que se tem ou se insinua ter.

A verdadeira liderança vem do exemplo, não do poder formal e efémero. Há na coisa pública, nas instituições, nas empresas, na sociedade, notáveis exemplos de rectidão, serviço público e hombridade. No entanto, a perspectiva axiológica do uso do poder como poder-dever é cada vez mais a excepção.

O direito ao erro e a pedagogia da persistência perante a dificuldade (fundamentais para moldar o carácter) são, muitas vezes, substituídos pela ilusão do facilitismo, da permissividade e da «troca» em circuito-fechado.

Não devemos confundir o erro, inerente à condição humana, com a irresponsabilidade. Erro não implica necessariamente culpa, antes é uma oportunidade de o ultrapassar.

Não são os cargos que fazem as pessoas, são as pessoas que fazem os cargos. Mas está na moda separar a pessoa da função e a função da pessoa, como se o carácter fosse divisível.

10. Há quem diga que a ética é tão-só o cumprimento escrupuloso da lei. Acontece que o conjunto das **normas jurídicas** e o conjunto das **normas éticas** jamais coincidem. Há muitas regras de conduta ética que não estão juridicamente plasmadas. A ética não se estrutura na dicotomia legal/ilegal, mas radica na consciência. O conjunto do que é moralmente aceitável (o legítimo) é mais restrito do que é juridicamente aceitável (o legal). Nem tudo o que a lei permite se nos deve impor, e há coisas que a lei não impõe, mas que se nos devem impor. Nenhuma lei proíbe em absoluto a mentira, a desonestidade, a deslealdade, a malvadez, o ódio, o desprezo, a vilanagem Como nenhuma lei, só por si, assegura a decência, a verdade, a generosidade, a temperança, a prudência, a exemplaridade, a integridade, a autenticidade, a honradez, a coerência ou a sensatez.

A pessoa tem mais deveres éticos do que o cidadão. A consciência de uma pessoa honesta é mais exigente do que o produto de um legislador porque a lei é o limite inferior da ética.

Também a linguagem tem sido sujeita a uma anestesia ou mudez moral que favorece o relativismo ético. Hoje o mentiroso não mente. Diz inverdades. Certas fraudes já não o são. Foram promovidas tecnocraticamente a imparidades. Um conflito de interesses até pode não o ser. Diz-se, então, que cria sinergias. A batota depende do batoteiro. A ética do esforço conta menos.

Vale mais a esperteza arrivista. O valor da exactidão esvazia-se. O que conta é o calculismo da inexactidão. A flexibilidade é palavra de ordem para tudo, até mesmo para o carácter e conduta moral. A iconografia do sucesso, mesmo que aparente, substitui a iconografia dos valores, mesmo que imprescindíveis.

A ética pura, dura e intensiva tem-se relativizado pela abordagem quantitativa e pelo contexto condicional ou adversativo. O carácter e a decência passaram a andar de mãos dadas com um qualquer «se», «mas», «talvez», «quase sempre», «salvo se» ou «mais ou menos». Em ética não há o meio-termo, lugar geométrico da indiferença, onde tudo vale por nada valer.

Em suma, não há remédios técnicos para males éticos. Esta é a mais séria e profunda reforma estrutural e geracional que urge concretizar nas sociedades.

11. Para concluir estes breves subsídios sobre «Valores económicos e valores morais», uma referência à questão da «**pobreza**» e da «**desigualdade social**».

Em Portugal, as estatísticas sobre pobreza são reveladoras de dois aspectos significativos: o primeiro refere-se à importância do Estado social, pois que, sem pensões, subsídios e abonos sociais, a pobreza não atingiria 19,5% da população, mas alcançaria 47,8% (dados do INE de 2014 relativos a 2013). O segundo relaciona-se com a fraqueza da nossa economia, que não é capaz, só por si e pela via de redistribuição de rendimentos (designadamente dos salários), de diminuir o fosso entre os que têm e os que não têm retribuições suficientes e dignas. Ora, a medida moral de uma economia também passa pelo modo como trata dos mais pobres e vulneráveis.

Por outro lado, a pobreza assume hoje contornos bem diversos do que há décadas. Por um lado, ser pobre hoje não significa apenas ter recursos insuficientes e escassos. Significa, também, suportar outras vulnerabilidades relacionadas com a solidão, a escassez de qualificações e formas de exclusão e marginalização. É, sobretudo, uma pobreza de escolhas e de oportunidades. Aquilo a que se vem chamando a nova pobreza, designadamente pela via do desemprego e a pobreza potencial ameaçadora [precariedade], que paira sobre os estratos médios da população e que crescentemente se vem juntando à pobreza geracional e à pobreza persistente (designadamente quando o desemprego é de longa duração).

A diminuição social e moral da desigualdade deverá ser, primacialmente, uma consequência da diminuição das causas da pobreza. Ou seja, reduzir a pobreza para combater a desigualdade e não, ilusoriamente, diminuir a desigualdade sem reduzir os pobres.

12. Falando da questão social dos mais fragilizados na sociedade, é imperativo alcançar uma renovada dimensão **ética das relações e transferências sociais**, baseada:

– Na «solidariedade», como um valor e não uma tecnicalidade, como uma expressão de vida livre em sociedade e não uma norma exterior ou imposta, fundamentada em princípios inalienáveis de dignidade humana e não em interesses circunstanciais, como um estímulo activo e não como uma dependência estigmática, como referência de exemplaridade geracional e não como um constrangimento ou um disfarce mais ou menos mecânico ou orgânico.

– Na «subsidiariedade», ou seja, na obrigação de o Estado respeitar e proteger a solidariedade das famílias e dos corpos intermédios, na ordem das coisas subordinada à ordem das pessoas, na afirmação de uma cultura social de partilha solidária de riscos e não apenas de uma atitude passiva de dependência, na harmoniosa e responsável hierarquia e subordinação de valores (o ser antes do ter; a convivência antes do isolamento; a família antes da cidade; a cidade antes do Estado).

– Na adopção consciente do «princípio da proporcionalidade dos meios», através de um justo equilíbrio entre riqueza e distribuição, de uma sintonia social entre as macropolíticas e as microiniciativas, da edificação de uma economia competitiva e solidária que potencie os princípios da reciprocidade, respeite a liberdade de criação e de adesão e promova a igualdade de oportunidades, da melhor combinação possível entre recursos monetários e não monetários (tempo, competência, saberes, partilha, gratidão, lealdade, gratuitidade, etc.) e, por fim, através de uma intervenção pública que não caia nos excessos de burocracia e de tecnocracia social.

– Na «inserção comunitária e preventiva», transformando despesas sociais meramente indemnizatórias ou passivas em estímulos à integração na vida activa, juntando o direito ao rendimento ao imperativo moral de dignidade e utilidade na e para a família e sociedade, apoiando iniciativas locais de emprego, de auto-emprego, de combate aos vícios sociais, de fecundação de serviços de proximidade, de apoio sanitário, de literacia escolar e funcional, etc.

– Na «coesão geracional e social», fortalecendo os direitos sociais e familiares (e não apenas individuais), como «âncoras» dos programas sociais do futuro, favorecendo o pleno desenvolvimento de uma cidadania responsabilizadora e generosa, considerando este objectivo como a primeira referência de dimensão ética de solidariedade («uma nova gramática da civilidade»), fomentando a pedagogia do exemplo, da experiência da vida, do respeito, da compreensão e da equidade entre diferentes idades.

– Na conjugação entre «eficiência» e «equidade», integrando e não compartimentando as respostas, reforçando a qualidade da resposta e não apenas da quantidade, com estruturas leves e flexíveis e não concentradas e burocráticas e promovendo uma simbiose eficaz entre voluntariado e profissionalismo.

Leituras recomendadas

ARISTÓTELES, *Ética a Nicómaco*, Lisboa, Quetzal, 2004.

ARNSPERGER, Christian, e Philippe VAN PARIJS, *Ética económica e social*, Porto, Edições Afrontamento, 2004.

CONSELHO PONTIFÍCIO «JUSTIÇA E PAZ», *Compêndio da doutrina social da Igreja*, Cascais, Princípia, 2005.

CRANE, Andrew, e Dirk MATTEN, *Business Ethics: A European Perspective*, Oxford, Oxford University Press, 2004.

FROMM, Erich, *Ter ou ser*, Lisboa, Editorial Presença, 1999.

HOFSTEDE, Geert, *Culturas e organizações*, Lisboa, Edições Sílabo, 1997.

KANT, Emmanuel, *Leçons d'éthique*, Paris, Librairie Générale Française, Classiques de Poche, 1997.

MERCIER, Samuel, *A ética nas empresas*, Porto, Edições Afrontamento, 2003.

RACHELS, James, *Elementos de filosofia moral*, Lisboa, Gradiva, 2004.

Avaliação ética do capitalismo

João César das Neves
Faculdade de Ciências Económicas e Empresariais
da Universidade Católica Portuguesa

«Capitalismo» constitui um paradoxo ético. Por um lado, a expressão é, sem dúvida, moralmente negativa, sendo habitualmente usada de forma pejorativa. Quando alguma entidade é classificada como capitalista, pretende-se, em geral, desprezá-la, e quem a usa é habitualmente um inimigo. A simples classificação chega para formular uma condenação.

Por outro lado, o capitalismo foi talvez o único sistema económico que gerou desenvolvimento e prosperidade na história humana. Embora sempre tivessem existido épocas de abundância, um fenómeno de crescimento económico sustentado surgiu apenas com a revolução industrial britânica, em meados do século XVIII, num clima liberal. Desde então, esse sistema espalhou-se por todo o mundo, repetindo o sucesso, mas também renovando o repúdio. As muitas tentativas de criar regimes alternativos em geral falharam redondamente. Mesmo os recentes sucessos económicos em sistemas indiscutivelmente socialistas, como a China ou o Vietname das últimas décadas, incluem indesmentíveis características capitalistas, algumas das quais, aliás, o Ocidente há muito rejeitou.

Devido a estes elementos contrastados, o capitalismo levanta problemas extremamente interessantes a uma abordagem ética. Lamentavelmente, essa análise é também bastante difícil, porque as paixões costumam explodir quando a palavra é usada. É difícil estudar o capitalismo porque mesmo pessoas normalmente cordatas e serenas se exaltam quando veem ser analisado o sistema que mais abominam ou preferem. Há poucas pessoas neutras face ao capitalismo. É mesmo provável que o leitor já tenha sentido emoções fortes apenas ao ler os dois parágrafos iniciais deste capítulo.

1. Capitalismo

O que é o capitalismo? Esta pergunta é mais difícil de responder do que parece. De facto, ao contrário da grande maioria dos outros sistemas socioeconómicos, este não nasceu das elaborações de filósofos e especialistas, tendo, pelo contrário, evoluído naturalmente ao sabor da história da sociedade. Isso explica, aliás, a dificuldade de definição e a variedade de mutações que sofreu. Existe capitalismo comercial e industrial, em ditadura e democracia, com e sem sindicatos e segurança social, incluindo finanças rudimentares ou triunfantes, com manifestações nas culturas mais diversas. Assim, apenas um núcleo central muito reduzido se pode considerar definitório, de tal forma são diferentes as suas manifestações concretas. Por outro lado, pode mesmo dizer-se que foi esta realidade multiforme que inspirou a generalidade dos reformadores sociais a criarem os seus sistemas alternativos, conseguindo deste modo imprimir a sua imagem nessas opções, mesmo que em negativo. E a influência foi biunívoca, pois o mesmo capitalismo, sempre versátil, veio a absorver em si mesmo muitas das ideias desses críticos, evoluindo à custa dos adversários.

Este aspecto vê-se bem na dinâmica semântica da própria palavra. Segundo o grande historiador francês Fernand Braudel, capitalismo é «uma palavra muito recente [...] foi talvez Louis Blanc que, na sua polémica com Bastiat, lhe deu o seu novo sentido, quando escreveu, em 1850: «[...] A que chamarei "capitalismo" [e emprega aspas], isto é, apropriação do capital por uns com exclusão dos outros». Mas a utilização do termo continua a ser raro. Proudhon emprega-o por vezes, e com correção: «A terra é ainda a fortaleza do capitalismo», escreve ele – é toda uma tese. E define a palavra perfeitamente: «Regime económico e social no qual os capitais, fonte de rendimento, não pertencem em geral àqueles que os põem a funcionar com o seu próprio trabalho». Contudo, dez anos mais tarde, em 1867, a palavra é ainda ignorada por Marx»[1].

A lista dos nomes dos inventores do conceito, Louis Blanc, Pierre-Joseph Proudhon, Karl Marx, coincide com a dos inimigos mais radicais que esse sistema teve em meados de Oitocentos. Aliás, a própria definição que usam de capitalismo não parte das características do fenómeno, mas dos seus defeitos. Capitalismo é uma coisa má, algo que se repudia antes mesmo de definir.

A data de surgimento deste sistema também não é consensual na literatura especializada. Max Weber, no seu clássico de 1905 *A ética protestante e o Espírito do capitalismo*, embora afirme que «houve «capitalismo» e empresas «capitalistas» [...] em todas as civilizações do mundo»[2], trata claramente do regime

---

[1] BRAUDEL, Fernand, *Civilisation matérielle, économie et capitalisme, XVe–XVIIIe siècle*, tome 2 – *Les jeux de l'échange*, Paris, Armand Colin, 1979; tradução portuguesa *Civilização material, economia e capitalismo, século XV–XVIII*, vol. 2 – *Os jogos das trocas*, Lisboa, Teorema, 1992, pp. 205–206.

[2] WEBER, Max (1905) 1983, p. 13.

posterior à revolução industrial de Setecentos. Essa concepção foi desafiada abertamente pelo historiador e político italiano Amintore Fanfani, na sua obra também clássica *Catolicismo e protestantismo na formação histórica do capitalismo*, em que identifica a plenitude do processo logo nos finais do século xv[3]. Por sua vez, Rodney Stark, um dos maiores sociólogos americanos contemporâneos, situa o nascimento muito antes: «O capitalismo não foi inventado numa casa comercial veneziana, nem num banco protestante holandês. Foi desenvolvido, a partir do início do século ix, por monges católicos que, apesar de desprezarem as coisas terrenas, procuraram assegurar a boa economia dos respectivos centros monásticos»[4].

Estas várias opiniões podem ser, de certo modo, conciliadas pela admissão, que todos estes autores fazem, de que não existe um momento concreto em que o sistema capitalista tenha surgido inteiro e perfeito, mas que se verificou uma lenta maturação, em que vários elementos se iam adaptando e conjugando até chegarmos, não a um produto final, pois ele continua a evoluir, mas a uma realidade suficientemente contrastada para poder ser identificada em si mesma. Esta simples constatação é a melhor confirmação de que, ao contrário de quase todos outros sistemas, o capitalismo não resulta de um esforço intelectual particular, mas da ação de inúmeras pessoas que, tentando melhorar a sua situação, foram estabelecendo os vários elementos que o compõem.

2. O repúdio do capitalismo

Provar a generalizada repulsa moral pelo capitalismo não é difícil. Basta uma simples inspecção aos debates político-

---

[3] FANFANI, Amintore (1944), *Cattolicesimo e protestantesimo nella formazione storica del capitalismo*, Veneza, Marsilio, 2005, p. 43.

[4] STARK, Rodney (2006), p. 104.

-económicos e à cultura popular para constatar essa aversão. Em todos os países não capitalistas, por muitos variados que sejam, os próprios regimes justificam-se pelos terríveis vícios que identificam no capitalismo. Mas pode dizer-se que os piores ataques se encontram precisamente nas sociedades que adoptam esse sistema.

Considerando, por exemplo, os filmes como representantes da atitude cultural, encontramos severas condenações do sistema. Desde os clássicos *Metrópolis*, de Fritz Lang de 1927, *Modern Times*, de Charles Chaplin, em 1936, e *Citizen Kane*, de Orson Wells, em 1941, até obras muito recentes, como *Capitalism, A Love Story*, de Michael Moore, em 2009, ou *The Big Short*, de Adam McKay, em 2015.

Verificámos como foram os inimigos mais implacáveis que formularam o conceito e popularizaram a palavra. Mais significativo é observar as violentas críticas de alguns que deveriam ser seus partidários. O filósofo escocês David Hume, amigo de Adam Smith e um dos fundadores do liberalismo, escreveu que: «A avareza, espora da indústria, é uma paixão tão obstinada e opera através de tantos perigos e dificuldades reais, que não é provável que seja assustada por um perigo imaginário, que é tão pequeno que mal admite cálculo»[5]. O próprio Smith reserva palavras de grande violência para o que chama «o sistema mercantil ou comercial», cujo «absurdo a experiência fatal já desmascarou perante a sociedade»[6]. Pelo seu lado, um dos maiores economistas americanos do início século XX, John Bates Clark, afirmou que «Aquilo que costuma ser chamado um

---

[5] HUME, David (1741), *Of Civil Liberty* in *Essay Moral Political and Literary*, Indianápolis, Liberty Fund, 1987, p. 93.

[6] SMITH, Adam (1776), *An Inquiry into the Nature and Causes of the Wealth of Nations*; tradução portuguesa *Inquérito sobre a natureza e as causas da riqueza das nações*, Lisboa, Fundação Calouste Gulbenkian, 1981, livro IV, cap. viii, par. 15, vol. II, p. 225.

bom negócio é, moralmente, um mau negócio»[7], e Thorstein Veblen disse: «A gestão de empresas sábia e, mais particularmente, aquilo que é considerado uma gestão segura e sensata [...] reduz-se em geral a uso sagaz de sabotagem»[8].

O capitalismo tem também suscitado forte repúdio por parte de, por exemplo, autores e reformadores católicos. O britânico Gilbert Keith Chesterton, um dos autores católicos mais influentes do século xx, lançou-se mesmo numa cruzada contra o sistema: «Eu disse repetidamente (e vou continuar a dizer repetidamente em todas as ocasiões inapropriadas) que devemos atacar o Capitalismo, e atacá-lo com força, pela simples e definitiva razão de que ele está a ficar mais forte»[9]; «O capitalismo é um monstro que cresce nos desertos. A servidão industrial surgiu quase em todo o lado naqueles espaços vazios em que a civilização mais velha era frágil ou ausente»[10]. Por sua vez, o citado Fanfani, na mesma obra, afirma com toda a clareza que: «Entre a concepção católica e o capitalismo existe um abismo intransponível» (p. 117); «A essência do capitalismo [...] tem no Catolicismo nada senão a mais resoluta aversão» (p. 121); «Em linhas gerais a ética social católica está sempre nos antípodas da capitalista» (p. 122).

É verdade que a doutrina social da Igreja Católica tem tomado uma atitude de crítica aos exageros de todos os sistemas económicos, sem privilegiar nenhum deles. No entanto, no ano 2000, o intelectual marxista britânico Eric J. Hobsbawm,

---

[7] CLARK, J. B. (1887), *The Philosophy of Wealth: Economic Principles Newly Formulated*, Nova Iorque, Ginn & Co, 1894, cap. IX, p. 162.

[8] VEBLEN, Thorstein, *An Inquiry into the Nature of Peace and the Terms of Its Perpetuation*. Nova Iorque, MacMillan, 1917, cap. VII, p. 325.

[9] CHESTERTON, G. K., *Utopia of Usurers*, Nova Iorque, Boni and Liveright, 1917, cap. I.

[10] CHESTERTON, G. K., *The Outine of Sanity*, Londres, Methuen and Co. Ltd, 1926, part One – Some General Ideas; cap. I.

ao fazer a sua análise para o século XXI, afirmou: «João Paulo II é o último grande ideólogo que critica o capitalismo enquanto tal [...]. Por enquanto, o Papa é a única figura de relevo mundial que sistematicamente recusa o capitalismo»[11]. Se ainda estivesse vivo, o autor veria como hoje a crítica é muito mais generalizada. Também encontraria o papa Francisco na primeira linha das críticas ao sistema económico, fazendo a afirmações contundentes como «Esta economia mata!»[12]; «Se tu escolhes o caminho do dinheiro, no fim serás um corrupto»[13]; ou «O dinheiro é o esterco do diabo»[14].

Deste modo, não é difícil demonstrar que a avaliação ética do capitalismo é geralmente negativa. No entanto, o capitalismo persiste e, na opinião generalizada dos mesmos críticos, até vai ganhando força e influência. Este é o paradoxo que merece análise mais detalhada. Só que, como se disse, esta é dificultada precisamente pela dita hostilidade, como explicou o austríaco Joseph Schumpeter, em 1943:

> A atmosfera de hostilidade contra o capitalismo que iremos explicar torna muito mais difícil formar uma opinião racional sobre a sua prestação económica e social. A opinião pública evoluiu de tal forma que lhe é tão totalmente desfavorável, tornando a condenação do capitalismo e todas as suas realizações uma conclusão preconcebida – quase uma exigência da etiqueta da discus-

---

[11] Hobsbawm, Eric, *On the Edge of the New Century*, Nova Iorque, The New Press, 2000; tradução portuguesa *O século XXI: reflexões sobre o futuro*, Lisboa, Editorial Presença, 2000, p. 57.

[12] Francisco, *Exortação Apostólica «Evangelii Gaudium»*, Vaticano, 2013, n.º 53.

[13] Homilia em Santa Marta, 20 de setembro de 2013, in Francisco, *A verdade é um encontro. Homilias em Santa Marta*, Prior Velho, Paulinas Editora, 2014, p. 306.

[14] Francisco, Discurso aos representantes da Confederação das Cooperativas Italianas, 28 de fevereiro de 2015.

são. Qualquer que seja a sua preferência política, todo o escritor ou orador apressa-se a conformar-se com este código e enfatizar a sua atitude crítica, a sua falta de «complacência», a sua crença nas inadequações das realizações capitalistas, a sua aversão aos interesses capitalistas e simpatia pelos anticapitalistas. Qualquer outra atitude é tomada como, não apenas tola, mas anti-social e considerada um indicador de servidão imoral.[15]

3. Causas do repúdio

Estabelecida a rejeição, o mais interessante para a avaliação ética do capitalismo é deslindar as suas causas. Por que razão um sistema, indiscutivelmente responsável pela maior prosperidade que a humanidade alguma vez viu, se encontra geralmente censurado pelos mesmos que dele beneficiam? As grandes justificações podem ser arrumadas em quatro grandes classes, cuja descrição nos permite avançar no nosso propósito de fazer uma avaliação ética do capitalismo.

Desigualdade
O motivo mais invocado para justificar o repúdio é a desigualdade e a injustiça que o sistema geral. A maioria dos críticos fala em nome dos pobres, que considera vítimas do capitalismo. No entanto, essa visão é, em geral, enviesada. O sistema é, antes de mais, responsável pela criação de uma classe média, a qual, em si mesma, implicou uma grande redução de desigualdade. Na sociedade tradicional existia um punhado de ricos e multidões de pobres. É precisamente esse equilíbrio que o capitalismo quebrou, não apenas melhorando a vida de todos, mas sobretudo dos mais pobres. A maior parte da actual classe média corresponde a descendentes de antigos pobres que o

---

[15] SCHUMPETER (1943), cap. V; p. 66.

capitalismo trouxe a uma abundância que nem os ricos antigos tinham. Como explicou Schumpeter na obra citada:

> Existem, sem dúvida, algumas coisas disponíveis ao trabalhador moderno que o próprio Luís XIV ficaria deliciado se as tivesse, mas que não tinha possibilidade de ter – um dentista moderno, por exemplo. No conjunto, porém, um balanço a este nível pouco tem do que realmente interessa obter do sucesso capitalista. Mesma a rapidez de viagem pode ser considerada como uma consideração menor para cavalheiro tão distinto. A iluminação eléctrica não é grande benefício para quem tenha dinheiro suficiente para comprar um número suficiente de velas e pagar a criados para as cuidar. A roupa barata, o tecido de algodão, botas, carros e coisas semelhantes baratas é que representam o sucesso típico da produção capitalista, e não, em regra, melhorias que signifiquem muito para o homem rico. A rainha Isabel [I] tinha meias de seda. A façanha capitalista não consiste tipicamente em fornecer mais meias de seda às rainhas, mas em trazê-las ao alcance das raparigas das fábricas, em troca de um montante de esforço cada vez menor (*op. cit.*, p. 73).

Só que, como costuma acontecer, os ganhos não geram gratidão, mas suscitam novas exigências. Numa sociedade mais igualitária, são precisamente as melhorias na justiça que geram um grande aumento da sensibilidade social, tornando qualquer desigualdade mais repudiada. Todos os cidadãos actualmente gozam de muito mais direitos e equilíbrio social do que os seus antepassados na sociedade pré-capitalista. Mas, admitindo isso, protestam e exigem muito mais, sentindo-se mais injustiçados do que esses predecessores. Assim, o sucesso capitalista é o seu pior inimigo.

Mas terá o capitalismo realmente gerado grande desigualdade? Vivemos uma época excelente para colocar essa questão, pois a generalidade dos estudos indica um agravamento da desigualdade nos países ocidentais nas últimas décadas, com especial ênfase nos Estados Unidos. Essa constatação explodiu no apoio entusiástico e insólito à tradução norte-americana, de um grosso volume académico, *Le capital au XXIᵉ siècle*, do economista francês Thomas Piketty[16]. O livro pretende demonstrar que, na ausência de guerras e revoluções, o capitalismo conduz a uma concentração crescente da riqueza. No entanto, como clarificou a discussão posterior, essa visão é demasiado simplista. Apesar de todas as críticas, o melhor que podemos dizer acerca da relação entre capitalismo e desigualdade continua a ser o que afirmou o clássico Simon Kuznets[17]: a aceleração do desenvolvimento tende a aumentar a disparidade, que depois é contrariada a níveis de prosperidade mais elevados. Só que essa dinâmica tende a repetir-se na história, como mostram as recentes revoluções tecnológicas. Por esse motivo, o mais sensato é considerar a existência de «ondas» de desigualdade, que repetem o ciclo, aumentando perante uma aceleração da dinâmica económica, para se reduzirem posteriormente[18].

Assim, esta questão da desigualdade, embora consensual nas críticas ao capitalismo, é bastante mais frágil do que parece. Temos, portanto, de ir mais ao fundo para encontrar as razões para o repúdio moral do capitalismo.

Dicotomia
A verdadeira justificação para a repulsa pelo sistema de economia de mercado está nas suas características mais essenciais.

---

[16] PIKETTY, Thomas, *Le capital au XXIᵉ siècle*, Paris, Éditions du Seuil, 2013; tradução norte-americana *Capital in the Twenty-First Century*, Belknap Press, 2014; tradução portuguesa *O capital no século XXI*, Lisboa, Temas & Debates.

[17] KUZNETS, Simon, «Economic Growth and Income Inequality», in *The American Economic Review*, 1955, vol. XIV, março, n.º 1, p. 1-28.

[18] Ver MILANOVIĆ, Branko, *Global Inequality: A New Approach for the Age of Globalization*, Harvard, Belknap Press da Harvard University Press, 2016.

Não se trata tanto de resultados práticos, mas da forma de os obter.

Antes de mais, na base do sucesso produtivo do sistema está, indiscutivelmente, o uso intenso de maquinaria e de outros instrumentos de produção. É esse o «capital» que o define, e é ele que permite ao trabalhador atingir uma capacidade de produção que as suas simples forças nunca conseguiriam. Deste modo, um contributo essencial para a geração abundante dos bens desejados vem precisamente do capital – os equipamentos que foram usados no processo de produção –, qualquer que ele seja, e que dão o nome ao sistema.

A principal consequência deste elemento é que uma fatia importante dos resultados da empresa acaba na posse dos investidores, aqueles que tornaram possível o acesso aos referidos instrumentos. Mas essas pessoas, em geral, não participam no próprio processo produtivo. Ao trabalhador, que se cansou para obter o resultado, parece sempre uma injustiça que os seus ganhos acabem nos bolsos de ociosos, mesmo que estes lhe tenham facultado os instrumentos sem os quais quase tudo seria impossível.

A isto deve juntar-se a crescente complexidade do sistema financeiro, que define as múltiplas formas como esse capital é pago. Dados os montantes astronómicos de fundos necessários às empresas contemporâneas, é preciso canalizar as poupanças de multidões para esses investimentos, partilhando de múltiplas formas a rentabilidade, mas também os riscos da actividade. O sector bancário e o mercado financeiro, a quem compete essa função, e que hoje controlam grande parte dos fluxos de capital, permitem uma grande eficácia na afectação de fundos às empresas, mas concentram em si o aspecto mais odioso de todo o processo capitalista.

É deste modo que os trabalhadores, depois de terem sofrido todo o esforço, cansaço e perigos da produção, vêem boa parte dos seus ganhos serem levados por quem nada fez, e que muitas vezes se encontra a enorme distância da actividade que o alimenta. Por muito que se entenda que o contributo dos financiadores é essencial à existência da empresa, este facto é sempre difícil de aceitar.

Karl Marx expressou este dilema da forma mais extrema, ao afirmar que apenas o trabalho é produtivo, e «o capital é trabalho morto que, tal como o vampiro, vive apenas para sugar o trabalho vivo, e vive tanto mais quando mais suga»[19]. Embora esta visão não seja conceptualmente sustentável, por negar o evidente impacto produtivo do capital, expressa bem a delicadeza moral da situação, que suscita o repúdio. Será sempre com muita dificuldade que o trabalhador verá o produto das suas mãos ser desviado para quem nada fez.

Este fenómeno costuma ser expresso na imagem sugestiva da omeleta de fiambre. Na sua preparação, a galinha está interessada, mas o porco está envolvido. Esta é a diferença propriamente ontológica entre o capital e o trabalho. O capital são coisas, mas o trabalho são pessoas. Por outro lado, e tomando consciência desta diferença, é preciso não esquecer que os níveis de sucesso de produção só surgem graças à utilização de instrumentos crescentemente sofisticados, os quais impõem a intervenção dos financiadores. Repudiar o capital implica perder os enormes ganhos que o desenvolvimento trouxe, como têm mostrado os falhanços de tantos sistemas que pretenderam substituir o capitalismo. Por isso o dilema é tão difícil de resolver.

Concorrência

Existe ainda outro aspecto, mais lateral à produção mas igualmente definitório, que justifica muitas das razões de queixa contra o capitalismo. Além de produzir com capital, o

---

[19] MARX, Karl (1867) *Das Kapital*; tradução portuguesa *O capital*, São Paulo, Difel, 1985, livro I, cap. 10, vol. I, p. 263.

sistema adopta como mecanismo de afectação a concorrência de mercado. A escolha do que se produz é definida pela globalidade dos consumidores, numa opção livre perante as propostas presentes. Este mecanismo funciona como uma espécie de referendo permanente, onde todos os dias os clientes votam com o seu dinheiro nos produtos de que gostam e não nos outros. Os motivos que justificam uma escolha são muito variados, incluindo o preço, a qualidade, a acessibilidade, a imagem e muitos outros aspectos. Mas o sucesso é determinado exclusivamente pela selecção dos clientes. O famoso «poder económico» baseia-se apenas na satisfação dos compradores. A Apple, a McDonald's e a Shell são poderosas porque muita gente quer o seu produto. No dia em que uma grande empresa não consiga agradar aos fregueses, morre, como já vimos acontecer a grandes potentados produtivos.

Este método impiedoso é muito dinâmico e eficiente, mas gera muitos e complexos problemas morais. O primeiro resulta da luta permanente que, devido a esta opção, os vários produtos e as várias empresas que produzem o mesmo produto travam todos os dias no mercado. Aí se assiste a um embate intenso e contínuo, muitas vezes de vida ou de morte comercial. Tal como na guerra, este conflito traz ao de cima o melhor, mas também o pior da natureza humana. O grande economista Alfred Marshall falava das possibilidades da «cavalaria económica»[20], apelando para a dignidade que, no meio das sangrentas batalhas, os cavaleiros andantes tinham atingido. Mas, se essa hipótese de elevação ética perante o combate é real, mesmo se frequentemente ignorada, todos sabemos como nessas difíceis situações de batalha é costume cair em truques, violências e baixezas para vencer o confronto.

---

[20] MARSHALL, A. (1907) «Social Possibilities of Economic Chivalry» in Pigou, A. C. (dir.) (1925) *Memorials of Alfred Marshall*, Nova Iorque, Augustus M. Kelley, 1966, pp. 323–346.

Pelo seu lado, os vencidos, que perderam os seus negócios, os seus empregos e o seu ganha-pão nessa contenda, sempre se consideraram injustiçados por um sistema perverso. Por muito má que fosse a sua proposta, existe sempre uma boa razão para explicar por que deveriam ter ganho, atribuindo à maldade do mecanismo a derrota injustificada. Pior, o vencedor de hoje nunca pode ficar seguro, pois amanhã enfrentará novo desafio. É este mesmo referendo comercial que impulsiona o desenvolvimento, com o aparecimento de novos produtos, novas técnicas, novas ideias, novos mercados; o que gera um grande ganho para todos, também cria a terrível tensão e instabilidade latente que assola as sociedades.

O mercado é dinâmico, eficaz e inovador, mas tem de ser a sociedade e o Estado a acalmarem e a regularem esta turbulência, tal como são a cultura e as leis a reger a justiça e a liberdade. Mas, neste magno processo de evolução humana, o capitalismo toma simultaneamente o papel de motor e de vilão, gerador de perturbações e conflitos.

Corrupção

Finalmente, é de referir outro elemento que, sendo muito mais básico e profundo, e por isso muito anterior ao capitalismo, tem nele a sua expressão mais plena. A riqueza e a abundância, em que reside o grande mérito do capitalismo, se são indiscutivelmente valores positivos, trazem consigo uma decadência axiológica que o seu brilho nunca consegue disfarçar. Todas as culturas se tentaram proteger do fascínio do ouro, precisamente aquele que o capitalismo colocou no altar da sua devoção.

Podemos apresentar esta questão na formulação de Aristóteles, num dos textos mais marcantes da história da reflexão sobre temas sociais. Na verdade, a análise económica do filósofo grego, indiscutivelmente pré-capitalista, mas, ainda assim, muito influente nos primórdios da futura ciência, encontra-se sobretudo no livro V da *Ética a Nicómaco*. Contudo, no livro I do tratado da *Política*[21], o Estagirita apresenta uma distinção básica na actividade económica, a qual viria a ser glosada em muitas análises posteriores.

Para o autor, existe uma forma legítima e natural de economia, a «administração familiar», em grego οικονομικη, *oikonomikê*, de onde nasceu a nossa palavra economia. Os termos são inequívocos: «há uma espécie da arte de adquirir que naturalmente é uma parte da administração familiar: ela deve pôr à disposição dos que administram a casa, ou dar-lhes os meios para conseguir os bens que devem estar em reserva, e que são indispensáveis à vida, e vantajosos a uma comunidade política ou familiar» (*op. cit.*, 1256b, 26). Esta actividade é não só razoável, mas necessária. No entanto pode ser corrompida, e a causa é o dinheiro: «uma vez inventada a moeda por causa das necessidades da troca, nasce uma outra forma de arte de adquirir, a forma comercial, [...] que procura o maior lucro possível» (1257 b, 1-5). Esta segunda forma, a que o autor dá o nome de χρηματιστικη, a *crematistikê*, é contra a natureza e, portanto, intrinsecamente perversa.

O raciocínio de Aristóteles segue a evolução da sociedade. No início havia a família auto-suficiente (1257 a, 20), depois da qual aparece a comunidade, onde tem de existir troca (1257a, 23). Mas «esta troca não é nem contrária à natureza nem uma espécie da arte de adquirir (*crematistikê*)» (1257 a, 29). É quando surge a moeda que, como vimos, aparece a degradada *crematistikê*, que procura o máximo lucro.

O autor tem consciência da semelhança entre as duas formas: «A causa da confusão entre elas é a proximidade das duas artes, pois os empregos das duas formas da arte de adquirir têm um ponto comum, sendo emprego da mesma coisa: a

---

[21] Aristóteles, *Politics*, Cambridge, Mass., Harvard University Press, 1932, The Loeb Classical Library, vol. XXI.

propriedade é igualmente utilizada por estas duas artes, mas não da mesma maneira, uma servindo-se em vista de outra coisa, a outra em vista do seu crescimento puro e simples» (1257b, 35–38). Por outro lado, a razão do repúdio pela *crematistikê* não vem tanto das suas consequências como da sua própria natureza. De facto, a distinção fundamental é que a arte natural de adquirir riqueza tem limites (1256b, 30; 1257b, 30) por, tal como as outras artes (1256b, 35), se destinar a satisfazer uma necessidade humana. Entretanto, a *crematistikê* é uma acumulação sem limites (1257b, 25), pois está ligada ao «desejo de viver que não tem limite» (1257b, 40).

Fica assim claro que o elemento central da distinção é a ganância, a corrupção que o desejo pela riqueza introduz na actividade, quando o dinheiro se torna a finalidade de si mesmo. Como Jesus diria mais tarde, «nenhum servo pode servir a dois senhores; porque, ou odiará um e amará o outro, ou se apegará a um e desprezará o outro. Não podeis servir a Deus e ao dinheiro» (Lc 16,13). Esta é a corrupção de que repetidamente se acusa o capitalismo[22].

É bastante clara a avaliação moral das duas actividades básicas. Em particular, a *crematistikê* é condenada, não apenas em si

---

[22] Aliás, esta mesma distinção encontrou um lugar de destaque em *O capital*, de Karl Marx, gerando a separação entre «dinheiro» e «capital». Na troca entre mercadorias (*ware*, W) e dinheiro (*geld*, G), existem duas versões, a circulação simples, trocando um bem por outro através do dinheiro (W = G = W), e a circulação capitalista, onde o bem serve apenas para obter mais dinheiro (G = W = G). O autor explica: «A circulação simples de mercadoria – vender para comprar – serve de meio a um fim situado fora da circulação, a apropriação de valores de uso, a satisfação de necessidades. A circulação de dinheiro como capital, ao contrário, tem a sua finalidade em si mesma, pois a expansão do valor só existe nesse movimento continuamente renovado. Por isso o movimento do capital não tem limites» [Marx (1867) livro I, cap. 2, vol. I, p. 171]. A distinção de Aristóteles é explicitamente referida em nota no original.

própria, mas porque pode corromper as outras actividades: «a coragem, [...] a estratégia ou a medicina, não têm como fim fazer dinheiro, mas dar a vitória ou a saúde. No entanto, essas pessoas tornam tudo isso objectos de especulação, na ideia de que essa é a finalidade e que é preciso dirigir tudo para esse fim» (1258a,13–14).

Dessa condenação sai também a das suas manifestações, a qual é extremamente relevante, pois estamos a falar do comércio e do juro. No que toca ao comércio, a posição de Aristóteles é de que «o comércio não é criador de valor absolutamente, mas de troca de valores» (1257b, 20). Pelo seu lado a posição acerca do juro é ainda mais violenta: «é perfeitamente normal odiar o negócio do usurário pelo facto de que o seu património vem do próprio dinheiro, e este foi feito para a troca, enquanto o juro (tokos) não faz mais do que multiplicá-lo. E foi daí que ele tomou o seu nome: os filhos (tokos), com efeito, são semelhantes aos seus pais, e o juro é dinheiro nascido do dinheiro. Na verdade, esta forma de adquirir é a mais contrária à natureza» (1258b, 2–8). É deste trecho que sai a expressão, que Aristóteles nunca usou, mas que lhe foi atribuída, de que a moeda é «vil metal estéril».

As consequências que estas censuras de uma figura tão influente como Aristóteles tiveram na avaliação ética da actividade comercial e financeira foram vastas e profundas, e tornar-se-ão congénitas com a afirmação do sistema que tem o comércio e o juro no seu âmago essencial[23].

---

[23] Símbolo desse debate intelectual é a obra de Jeremy Bentham *Defense of Usury* (www.econlib.org/library/Bentham/bnthUs.html), de 1787, que representa uma nova atitude. Chesterton afirma mesmo que «O mundo moderno começou com Bentham escrevendo a *Defense of Usury*, e terminou após cem anos quando até a opinião de um jornal vulgar acha a Finança indefensável» [G. K. Chesterton (1933) *Thomas Aquinas*, c. VIII].

4. Capitalismo ético

Estaremos então condenados a viver num sistema intrinsecamente perverso? Para responder a esta questão, é importante regressar aos fundamentos éticos e lembrar alguns conceitos muito simples que a discussão ideológica tende a omitir. O elemento central foi expresso por Santo Agostinho logo no século IV, ao formular a grande refutação da condenação de Aristóteles. Colocando-se na posição de um comerciante censurado, responde: «Eu, comerciante, não passo a minha culpa para o negócio; pois se minto, sou eu que minto, não o negócio. [...] se eu for mau, o que me faz mau não é o negócio, mas a minha iniquidade»[24].

O capitalismo, aliás pelo seu próprio pragmatismo e indefinição conceptual, é um instrumento poderoso, mas indeterminado, que pode ser usado para o bem ou para o mal, conforme a orientação que a sociedade nele quiser imprimir. A responsabilidade é sempre mais do utilizador do que do instrumento. O papa Bento XVI expressou de forma cristalina este princípio na sua encíclica social: «a economia e as finanças, enquanto instrumentos, podem ser mal utilizadas se quem as gere tiver apenas referimentos egoístas. Deste modo é possível conseguir transformar instrumentos de *per si* bons, em instrumentos danosos; mas é a razão obscurecida do homem que produz estas consequências, não o instrumento por si mesmo. Por isso, não é o instrumento que deve ser chamado em causa, mas o homem, a sua consciência moral e a sua responsabilidade pessoal e social»[25].

Este aspecto costuma ser omitido em grande parte das análises do capitalismo, as quais se centram numa abstracção

---

[24] AGOSTINHO DE HIPONA, *Enarrationes in Psalmos*, sermão I do *Comentário* ao Salmo 70, n.º 17, PL 36 col. 886–887.

[25] BENTO XVI, Encíclica *Caritas in Veritate*, 2009, n.º 36.

conceptual de um sistema sem fé nem lei, um «mercado selvagem» autodeterminado e auto-suficiente, operado por um *homo oeconomicus*, sumamente egoísta e boçal. Mas essa construção, se constitui um conveniente truque retórico, não só nunca se verificou, como nunca se pode verificar. Todos os sistemas económicos, e em especial o capitalismo, só existem dentro de uma forte ossatura cultural e legislativa, no quadro de uma sociedade e de um Estado que os definem, não apenas em termos éticos, mas também nas suas coordenadas operativas, políticas e sociais. Os defeitos morais que encontrarmos numa concreta manifestação capitalista, como os pecados do mercador de Santo Agostinho, resultam, não do sistema em si, mas da cultura e da legislação, e até da atitude particular de cada uma das pessoas que o operam.

Os sistemas capitalistas vivem dentro de um certo espírito. Foi essa a genial intuição de Max Weber, ainda que tenha cometido o erro de o limitar a uma orientação particular. Foi a ética protestante, mas também a ética católica, judaica, muçulmana, budista, liberal ou maçónica, que foram inspirando o espírito das várias manifestações capitalistas. Como exemplo, podemos terminar descrevendo a atitude que prevalecia nos primórdios do sistema, nas corporações da Itália, na Baixa Idade Média.

«Cada vez que faziam ou reviam um orçamento era criado, com algum capital da empresa, um fundo para os pobres. Estes fundos aparecem registados em nome «do nosso bom Senhor Deus», como representante dos pobres. Assim os pobres eram parceiros da empresa. Quando havia dividendos, uma parte ia para os pobres. Efectivamente, quando uma empresa era liquidada, os pobres eram sempre incluídos entre os credores, em proporção da sua percentagem do capital. A maioria das companhias também mantinha uma caixa de dinheiro em notas, e os aprendizes recebiam ordem para dar dinheiro a mendigos que aparecessem a pedir esmola. Tais actividades caridosas estão registadas nos livros de contabilidade, juntamente com agradecimentos a Deus»[26].

Podemos dizer, parafraseado a clássica definição de democracia, que o capitalismo é o pior dos sistemas, se exceptuarmos todos os outros. A sociedade está bem consciente dos seus defeitos, mas é bom nunca esquecer que, tratando-se de um sistema aberto e livre, este é determinado, como na democracia, por aquilo que os cidadãos fazem com ele. Por isso se trata, antes de mais, de uma questão ética.

Leituras recomendadas

CALVEZ, Jean-Yves,*Changer le capitalisme*, Paris, Bayard, 2001.

NOVAK, Michael, *The Spirit of Democratic Capitalism*, Nova Iorque, Simon & Schuster, 1982; tradução portuguesa *O espírito do capitalismo democrático*, Coimbra, Gráfica de Coimbra, 1985.

NOVAK, Michael, *The Catholic Ethic and the Spirit of Capitalism*, Nova Iorque, Free Press, 1993; tradução portuguesa *A ética católica e o espírito do capitalismo*, Cascais, Princípia, 2001.

SCHUMPETER, Joseph, *Capitalism, Socialism and Democracy*, Londres, George Allen e Unwin Ltd., 1943; tradução portuguesa *Capitalismo, socialismo e democracia*, Rio de Janeiro, Editora Fundo de Cultura, 1961. www.libertarianismo.org/livros/jscsd.pdf

STARK, Rodney, *The Victory of Reason: How Christianity Led to Freedom, Capitalism, and Western Success*, Random House, Nova Iorque, 2005; tradução portuguesa *A vitória da razão*, Lisboa, Tribuna da História, 2007.

WEBER, Max, *Die protestantische Ethik und der Geist des Kapitalismus*, 1905; tradução portuguesa *A ética protestante e o espírito do capitalismo*, Lisboa, Editorial Presença, 2001.

---

[26] STARK (2005), p. 167.

Avaliação ética dos socialismos

José Reis
Faculdade de Economia da Universidade de Coimbra

No exercício que desenvolvo neste texto, não isolo os socialismos enquanto objecto de análise. Pelo contrário, discuto-os no contexto de referenciais mais amplos, como é o caso das noções de «democracia» e de «capitalismo». Começo por recorrer a Amartya Sen para compreender como as ideias de justiça e de conjugação plural e democrática de alternativas através da argumentação pública podem ser encaradas e avaliadas. Com Sen, opto por uma preocupação pelas sociedades concretas e pelas realizações sociais, em vez de uma perspectiva transcendental, que é a que define um padrão liminar de perfeição que sirva de medida. Interessa-me o «governo pela discussão» e as várias «ordenações parciais», quer dizer, as diferentes ponderações de valores que permitem que na vida colectiva se confrontem alternativas e se delibere. As ideias de escolha, de comparação de prioridades, de diferentes razões argumentativas como questão pública no quadro democrático e tendo em vista a alcançar mais justiça, são aqui essenciais.

Coloco-me, assim, num plano muito distinto daquele a que aconselharia a genealogia do socialismo, cujo nascimento filosófico, na sua dimensão utópica e como proposta de acção libertária, radica, como se sabe, em Saint-Simon (1760-1825), Charles Fourier (1772-1837) e Robert Owen (1771-1858), prosseguindo com o pensamento de Karl Marx (1818-1883) e de Friedrich Engels (1820-1895), a quem se deve o maior alcance como análise crítica e concepção histórica. Logo aqui surgem várias correntes. Mas as vicissitudes históricas e políticas tornariam as distinções ainda mais amplas e, porventura, irredutíveis a uma taxonomia simples.

Por outro lado, parece-me claro que socialismo e capitalismo são cada vez mais realidades que se interpenetram. Por isso, dou valor aos contributos dos que, como Albert Hirschman, nos mostraram que no capitalismo rivalizam modos de acção de diferente natureza, incluindo precisamente os que se colocam para além do interesse pessoal, sabendo-se que o individualismo é o que alguns definem como a marca dominante de um sistema assente na racionalidade instrumental. E daí, apontará Karl Polanyi, a sua debilidade originária. Relembro Joseph Schumpeter quando afirma que os socialismos são essencialmente construções ideais e entro na discussão contemporânea, em que se mostra que dentro do capitalismo, contra a sua lógica principal e estabelecendo objectivos de mudança, há concretizações diversas de valores socialistas, numa tendência evolutiva e transformadora que não se confina a algo reificado.

Adicionalmente, identifico uma aproximação teórica distinta das que estou a invocar. É a chamada «economia constitucional»[1], que estipula os termos em que se conferem mandatos

---

[1] A economia constitucional, fundada por James Buchanan, mais conhecido pela sua associação à teoria da escolha pública, prémio Nobel da Economia em 1986, que reconheceu o seu contributo para o «desenvolvimento das bases contratuais e constitucionais da teoria da decisão económica e política». Esta subdisciplina distingue-se por se considerar, contra a economia

e se atribui legitimidade para agir no plano colectivo. Estamos perante uma abordagem radicalmente individualista, para além de irredutivelmente conservadora, assente numa distinção intrínseca entre os sujeitos (os indivíduos) e as formas de acção. Ao separar-se o sujeito do objecto, a avaliação é fácil. Mas o que resta saber é se não se perde pelo caminho a matéria em avaliação. Por esse motivo, e ao contrário de uma avaliação absoluta como a que esta perspectiva sugere, proporei que a avaliação tome em conta as contribuições dos ideais socialistas para a realização de múltiplos objectivos de mudança humana e para uma maior justiça dentro de sociedades concretas, sabendo-se que tal avaliação não distingue, por um lado, uma «autoridade» com capacidade para avaliar e, por outro, uma acção que ocorra objectivamente separada daquela. Pelo contrário, o que mais me interessa é a confluência de ideias e de realizações, em que os sujeitos da acção e a própria acção coincidem. Interessam-me também as situações polimórficas e contingentes e o que é alcançado em vários tipos de sociedades, através da argumentação plural. A avaliação que defendo é, pois, relativa, subjectiva e processual.

1. Os socialismos como utopia e «governo pela discussão»

No ambiente intelectual e político ocidental, vejo o socialismo, ou, melhor, os socialismos como um referencial utópico recriado na prática e plasmado em situações muito diversas e dificilmente unificáveis sob o mesmo significado e o mesmo significante. Enquanto objecto de análise, encaro-os como

---

ortodoxa, que os indivíduos são também capazes de escolher as restrições dentro das quais vão agir. Essas escolhas são constitucionais, originam delegações constitucionais e atribuem mandatos políticos.

um projecto, uma utopia, uma ambição, uma linha de conduta para a acção[2] e considero que, mais do que um objecto, estamos perante sujeitos da acção colectiva. E é neste último plano que tudo isto ganha expressões concretas, pelas quais a solidariedade (e não o egoísmo), a justiça social (e não as desigualdades), a transformação progressista (e não o conservadorismo), o poder assente na escolha democrática (e não na propriedade e no capital) se manifestam enquanto coordenadas fundamentais dos socialismos. É esta a minha definição da natureza dos socialismos.

Considero, assim, que constituir os socialismos como objecto de análise depende da atenção às práticas sociais e políticas que envolvam tais coordenadas e valores, em contextos diversos. Na perspectiva que adopto, e que dá prioridade aos modos da acção, os socialismos não são redutíveis a um estereótipo de construção institucional, a um determinado tipo de instituições justas, embora a sua influência dependa de consolidações institucionais – são essencialmente uma expressão da democracia enquanto «regime do "governo pela discussão"», isto é, da nossa «capacidade para reforçar a participação ou comprometimento discursivamente sustentados por meio de um alargamento das disponibilidades informacionais e da viabilidade de discussões interactivas»[3]. Quer dizer, a noção de socialismos pode partilhar a mesma condição que Sen assumiu ao optar por uma das versões do Iluminismo, a que adopta uma posição comparativa e busca superar as injustiças

---

[2] Schumpeter, Joseph, *Capitalism, Socialism and Democracy*. Londres, Unwin Paperbacks, 1987, p. 187, referia-se ao socialismo como «uma ideia», «uma imagem ideal», sugerindo também «uma indeterminação cultural do socialismo» e duvidando que «a civilização socialista signifique só um padrão de definição».

[3] SEN, Amartya, *Uma ideia de justiça*, Coimbra, Almedina, 2010, pp. 16–17.

em «ligação com a vida e a liberdade das pessoas[4], afastando-se de um «institucionalismo transcendental»[5]. Este último é o que busca «arranjos institucionais», «instituições justas», através de um contrato social e no pressuposto de que se «pode caracterizar a justiça perfeita», quer dizer, estabelecendo as características que «não são passíveis de ser transcendidas», «não se ocupando directamente das sociedades» concretas e fixando-se numa «certa alternativa ideal» (*idem*: 42-43). Por isso, esta é também a perspectiva em que não sobra lugar para a razão prática e para os modos da vida, para a acção e para as dinâmicas sociais, em múltiplas situações.

Não sendo aconselhável reduzi-los ao que é mais delimitável histórica e temporalmente[6], os socialismos podem ser vistos como uma das alternativas que o exercício aberto da democracia e a busca de uma sociedade justa têm de incluir nas ordenações que geram, tendo em vista diferentes prioridades. Representam, na verdade, «a possibilidade de graduar o mundo». consoante este inclua ou não os princípios que definem os socialismos. Nisso consiste a condição dos socialismos na acção. Neste caso, a noção de socialismos não exige à democracia que assuma uma definição completa e fechada, mas

---

[4] Este iluminismo é o de Adam Smith ou Condorcet.

[5] O iluminismo transcendental tem como referências principais Hobbes (1588–1679), Rousseau (1712–1778), Kant (1724–1804) e, contemporaneamente, Rawls (1921–2002) e Nozick (1938–2002).

[6] De que falaríamos então, se o fossem? Dos socialismos ditos «reais», isto é, das formações estatais que assumiram a natureza «soviética»? E, sendo assim, quais deles – o da linha dominante na revolução bolchevique ou o das diversas fases que se lhe seguiram? Ou da fase final, gorbachoviana? Ou o de expressões semelhantes, contemporâneas, em países diferentes? Ou antes o chinês ou o cubano? E cuidaríamos dos «princípios» ou das concretizações? Ou, pelo contrário, falaríamos do movimento intelectual, das ideias? Na tradição marxista, incluindo a gramsciana, ou na social-democrata? Ou falaríamos de hoje? E, nesse caso, de quê?

apenas que se abra a alternativas, num quadro de argumentação pública. «Uma teoria da justiça sempre terá de se apoiar em ordenações parciais baseadas na intersecção – ou área de comunhão – de distintas graduações inspiradas por diferentes razões de justiça, e capazes, todas elas, de resistir ao escrutínio da argumentação pública»[7]. E é daí, aliás, que resultará a própria possibilidade de alargamentos mais profundos da democracia, como os que colidem com a propriedade enquanto fonte de poder e de sujeição de pessoas, questão básica dos socialismos. Esta é também uma perspectiva em que há «comparações valorativas acerca de distintas realizações sociais»[8], o que a distingue de uma apreciação meramente positivista.

Estamos, pois, perante um conjunto de razões que nos colocam no centro de debate democrático, da acção multipolar e da procura de melhores soluções, isto é, de realizações sociais que reduzam a injustiça e aumentem a solidariedade. É aqui que os socialismos entram enquanto projecto assente na liberdade, em valores que procuram a igualdade e constituem referenciais de acção colectiva. Sendo disto que se trata, os socialismos são então uma ideia e uma prática onde a distinção sujeito/objecto não faz sentido. Não havendo um titular distinto a quem caiba realizar a avaliação, os socialismos

---

[7] SEN, Amartya, *Uma ideia de justiça*, Coimbra, Almedina, 2010, p. 522.

[8] A perspectiva que Sen adopta, depois de rejeitar o iluminismo transcendental, é a da teoria da escolha social, estabelecida contemporaneamente por Kenneth Arrow. Para ele, e ao contrário da leitura dominante, esta teoria não deve ficar limitada pelo chamado «teorema da impossibilidade» de Arrow, que afastaria uma escolha social racional (porventura na base do mesmo raciocínio pelo qual a economia constitucional logo estabelece que os mandatos dos indivíduos são necessariamente pervertidos – cf. ponto seguinte do texto). Para sem, serve para análises sociais construtivas porque permite avaliações comparativas, reconhece a pluralidade de razões, dá oportunidades para se proceder a reavaliações, admite graduações incompletas, permite interpretações de diferentes alternativas e dá lugar à argumentação pública.

só podem ser avaliados parcial e subjectivamente pelo modo como inscreveram os seus princípios e as suas prioridades (as «graduações parciais» que lhes são próprias) na ordem prevalecente nas nossas sociedades. Nesse caso, será indiscutivelmente uma avaliação positiva – esses valores tornaram-se presentes – e ética, no sentido em que se agiu, não em nome de interesses pessoais, mas de valores colectivos. Mas refere-se sempre a contributos no quadro de processos mais amplos, de um envolvimento relacional, e não de um resultado isolável, muito menos transcendente. E a verdade é que há, nas sociedades contemporâneas em que a ideia de justiça mais avançou, múltiplas manifestações e várias realizações que não podem deixar de ser directamente associáveis às ideias socialistas e a práticas guiadas por princípios de libertação (e não apenas de liberdade), de equidade e de progresso colectivo, para além de objectivos de reversão de desigualdades e de injustiças. Basta falar do trabalho – da sua valorização e dignidade e da lógica de inclusão que deve presidir ao seu uso –, da repartição do rendimento, dos princípios de protecção e solidariedade sociais e, enfim, do humanismo igualitário. Por mais funcionais que estes valores fossem para os capitalismos que necessitam de um «chão» relacional com que mais facilmente se desenvolvam, isso não ocorreria sem contraditório e mesmo sem a conflitualidade que decorre da contraposição de propostas na acção. E este tem sido, parece-me, o campo principal dos socialismos.

2. Avaliação ética e o individualismo radical

A circunstância de os socialismos não serem uma ordenação geral ou um esquema institucional aconselha que os avaliemos comparativamente, e não de forma absoluta. Há, contudo, quem pense que esta última possibilidade é realizável, que é possível delimitar um sujeito da avaliação. São os individualistas radicais. Para estes, bem representados pelo economista sofisticado e hiperconservador que foi James Buchanan, «não se supõe apenas que o indivíduo autónomo existe: supõe-se que esse indivíduo é capaz de escolher entre várias alternativas de forma tão regular que permita descobrir uma racionalidade no seu comportamento»[9]. É o que lhe permite aprovar certos projectos, aos quais concede delegações e atribui mandatos políticos. Por analogia com o que Buchanan diz sobre o Estado Providência[10], podíamos admitir que os socialismos, enquanto projectos, resultariam de uma racionalidade e da delegação conferida por indivíduos. E é por essa razão que eles, como qualquer outro processo, começariam por dispor de uma quasi-legitimidade. A avaliação a fazer seria então sobre o modo como a usam. Isto é, sobre o que foi realizado com tal mandado e com tal delegação. Se estes foram integralmente cumpridos, a avaliação será positiva e trata-se necessariamente de uma avaliação ética, dado que se executou o que a fonte de legitimidade (os indivíduos) determinou. Se não a executou e se, por exemplo, as autorizações foram excedidas, ultrapassando-as, ou, pior ainda, se o projecto adoptou uma «função--objectivo» própria, passando a autogovernar-se, desligando-se do mandato, de forma que a sua acção e a sua racionalidade não resultam de mais nada senão do «paralelogramo» do peso ponderado das preferências e dos interesses dos seus «funcionários», então a avaliação é negativa.

Pressupõe-se aqui que os modos de acção colectiva e as próprias as instituições são aprovados por «acordos» que estabelecem um «contrato hipotético» em que os indivíduos

---

[9] BUCHANAN, James, *The Economics and the Ethics of Constitutional Order*, AnnArbor, The University of Michigan Press, 1991, p. 15.

[10] Que vê como não mais do que o resultado de uma perversão por parte de funcionários de um mandato que lhes foi conferido por razões individualistas.

participam, mas sem que ninguém consiga determinar totalmente o seu papel no funcionamento daqueles modos de acção ou das instituições que lhe correspondam[11]. Esse contrato baseia-se na separação radical entre indivíduos e práticas. Aqueles são apenas mandantes, fonte de legitimidade e de delegação, enquanto a acção é concebível de forma separada. Quer dizer, pressupõe-se um indivíduo desligado da comunidade, assim como se admite que é possível definir a acção colectiva a partir das delegações individuais. E não se cuida de saber quais as condicionantes da acção e muito menos que renovação da relação entre a fonte de legitimidade e a acção terá havido. «Tal como em anteriores trabalhos meus, a minha metodologia continua a ser estritamente individualista», adverte Buchanan[12], a propósito da discussão das interdependências pessoais em economia, que ele obviamente rejeita.

Para além disto, o individualismo radical pressupõe que as delegações são sempre pervertidas. Eis a razão por que esta abordagem da «economia constitucional» se torna rapidamente uma apreciação vulgar das instituições e, do mesmo modo, da acção colectiva. Porquê? Porque, na verdade, não dispõe de uma teoria para este último efeito. Apenas encontramos o argumento de que toda a forma de delegação a que tenha sido conferida autorização vai, na prática, desrespeitá-la, ultrapassando-a, visto que há sempre uma tendência natural das instituições para exorbitarem o seu papel. Este argumento é sobretudo um preconceito. A convicção de que as instituições são incapazes de respeitar os limites, porque tal vai contra os incentivos da atividade política, são as ideias de base do contratualismo quando procura raciocinar sobre a esfera institucional.

---

[11] BUCHANAN, James, *The Political Economy of the Welfare State*, Estocolmo, The Industrial Institute for Economic and Social Research, 1988, p. 10.

[12] BUCHANAN, James, *The Economics and the Ethics of Constitutional Order*, Ann Arbor, The University of Michigan Press, 1991, p. 88.

É que quem executa as políticas de bem-estar são políticos normais, vulgares, cujos interesses autónomos não se compaginam com as manifestações de autonomia do indivíduo que lhes atribuiu o mandato para administrar. Abre-se assim a contradição de, afinal, nem todos os indivíduos serem... verdadeiros indivíduos. Os que são fonte da deliberação são racionais e perfeitos, os que a executam são também racionais, mas perversos. Ou seja, os indivíduos com capacidades «constituintes», os que atribuem mandatos e delegações, possuem as devidas qualidades, mas não são parte da acção, que caberá a outros indivíduos, bem menos «puros» do que os primeiros.

É de uma versão naturalista da democracia que aqui se trata. Ela é democrática porque os postulados anteriores (autonomia individual e escolha racional) se aplicam a todas as pessoas, segundo pesos iguais. Os três fundamentos da teoria – autonomia individual, escolha racional e peso igual – são assim somados – a razão final para que não haja lugar para raciocínios autónomos sobre a acção colectiva, isto é, para «fontes extra-individuais de valores». A escolha, a escolha racional, é sempre um procedimento radicalmente individual e é natural porque resulta de indivíduos formalmente reduzidos ao seu auto-interesse e a uma racionalidade própria.

Mas afinal, por que se delega? Porque os indivíduos são frágeis. «A incerteza de um indivíduo racional sobre o ponto onde reside o seu interesse numa sequência ou num conjunto de actos leva-o a preferir, no seu próprio interesse, regras, compromissos ou constituições que pareçam «justas», independentemente das eventuais consequências»[13]. A preferência pelas regras ou normas e por mandatos e delegações é uma resposta à incerteza e, ao mesmo tempo, um elogio aos benefícios da cooperação. É também o reconhecimento de que não podemos

---

[13] BUCHANAN, James, *Constitutional Economics*, Oxford, Cambridge, Basil Blackwell, 1991, p. 35.

passar sem dar um lugar às interacções. Mas postula-se que tais interacções se fazem num mundo estruturado apenas por decisões intrinsecamente individuais, isto é, em que os efeitos das influências recíprocas se não manifestam e, por isso, os resultados da interdependência complexa entre actores não estão disponíveis como objecto de escolha[14].

O contratualismo (a construção contratualista das instituições) é, deste modo, o resultado desta soma de duas parcelas: um acordo individual generalizado mais um cálculo prévio sobre a incerteza e as vantagens da cooperação e da delegação. O contrato é também o produto da existência, em estado conceptualmente puro, de indivíduos irredutivelmente individualistas, no sentido em que agem sempre como partes e nunca como sujeitos articulados com instituições e com a vida colectiva. Este é, pois, um mundo bem diferente daquele onde podemos encontrar a acção e a busca da concretização de valores e princípios.

3. Os socialismos como referencial de acção prática: capitalismos e socialismos

Provavelmente, é no quadro dos capitalismos que os referenciais socialistas mais se têm exercido e mesmo realizado. Na verdade, é no contexto de um hibridismo prático que a acção colectiva se desenrola. Se é caso de avaliar, então é essa realização, nestes contextos e circunstâncias, que é avaliável.

Num registo anti-socialista, Schumpeter lembrou «a proposta marxista de que o processo económico tende «ele próprio» a socializar-se – tal como a alma humana». E que «o progresso para o socialismo, que é inerente ao processo

---

[14] BRENNAN, Niel, e James BUCHANAN, *The Reason for Rules: Constitutional Political Economy*, Cambridge, Cambridge University Press, 1985, p. 1.

capitalista, ocorre gradualmente, [...] moldando as coisas e as almas para o socialismo»[15]. De forma muito diferente, Erik OlinWright, um sofisticado autor socialista, assume essa sobreposição histórica, pois define o socialismo com «a matriz ideológica central para pensar em alternativas ao capitalismo e para conduzir lutas anticapitalistas, mesmo quando o estabelecimento de uma ordem socialista não é um objectivo político imediato», e reconhece que os socialismos partilham «um compromisso com uma sociedade de bem-estar mais ampla», num «*cluster* de princípios e visões»[16].

O que se diz sobre os socialismos, enquanto parte de um regime de governo pela discussão, pode também dizer-se dos capitalismos ou, melhor, de uma forma de capitalismo, histórica e espacialmente delimitada, como o que se tem designado por capitalismo democrático, onde a presença de acções de raiz socialista é notória. Hirschman sugeriu em devido tempo que no capitalismo se desenvolvem igualmente modos de acção não instrumentais, que reforçam a identidade colectiva e a melhoria generalizada do bem-estar, em vez de se centrarem nos interesses individualistas. Quer dizer, há uma «base moral da sociedade capitalista [que pode] ser vista como estando constantemente e ao mesmo tempo a enfraquecer-se e a reconstituir-se – um "excesso de enfraquecimento relativamente à reconstituição" conduz à crise, enquanto "condições específicas" conduzem à "coesão e à legitimidade"»[17]. Não será

---

[15] SCHUMPETER, Joseph, *Capitalism, Socialism and Democracy*, Londres, Unwin Paperbacks, 1987, pp. 219-220

[16] WRIGHT, Erik Olin, «Compass points: towards a socialist alternative», in *New Left Review*, 41, 2006, 93-124, p. 93

[17] HIRSCHMAN, Albert, «Rival Interpretations of Market Society: Civilizing, Destructive, or Feeble?», in *Journal of Economic Literature*, vol. XX, 1982, 1463--1484, p. 14.

este último campo aquele em que a utopia socialista e a acção colectiva de raiz socialista intervêm? Eu defendo que sim e que é essa a expressão da acção prática que tenho referido.

Polanyi mostrou-nos também que o capitalismo, reduzido à imposição de uma sociedade de mercado, estaria ferido por uma «fraqueza congénita». É pelo «primado da sociedade» que isso se pode ultrapassar, e tal não acontecerá se apenas se construírem as instituições «requeridas para tornarem aos direitos efectivo», visto que «uma mera declaração de direitos não é suficiente»[18]. Ora, é também aqui que a acção, que toma como referencial as ideias socialistas, teve e tem um papel, num quadro de grande heterogeneidade. Tal como Wolfgang Streeck fala de capitalismo democrático enquanto «tipo específico de ordem social»[19] e alude à «constituição económica formal e informal» que possibilitou uma «fórmula de paz» e um «contrato social no qual as expectativas recíprocas do capital e do trabalho»[20], Wright defende uma «teoria da transformação», sabendo que «mecanismos não-capitalistas [...] contrariam os efeitos do capitalismo»[21] dentro si próprio, por várias razões, incluindo porque origina transformações fundamentais, procurando estabilidade.

---

[18] POLANYI, Karl, *The Great Transformation: The Political and Economic Origins of our Time*, Boston, Bacon Press, 2010, p. 256.

[19] STREECK, Wolfgang, «The politics of public debt: neoliberalism, capitalist development, and the restructuring of the State», in *MPIfG Discussion Paper*, 13/7, 2013, p. 2, e STREECK, Wolfgang, «Taking capitalism seriously: toward an institutionalist approach to contemporary political economy», in *MPIfG Discussion Paper*, 10/15, 2010, p. 5.

[20] STREECK, Wolfgang, *Tempo comprado: a crise adiada do capitalismo democrático*, Coimbra, Actual, 2013, p. 55.

[21] WRIGHT, Erik Olin, «Compass points: towards a socialist alternative», in *New LeftReview*, 41, 2006, 93-124, p. 101.

Defendi noutro lugar[22] que certas variedades de capitalismo só podem ser compreendidas se considerarmos que lhes corresponde uma ordem organizacional que está para lá do mercado, que é de natureza institucional e que depende, por exemplo, da formação de continuidades relacionais, de estratégias adaptativas, de contratos e de aprendizagens. O quadro da acção colectiva torna-se aqui essencial. Para além desta dimensão relacional e organizacional, que não é apenas mercantil, há uma ordem social e política que é também pública. As diferentes dimensões da democracia (a económica, a redistributiva, a social e a política), aberta e sujeita ao contraditório, não esconde o facto de as relações entre capitalismo e democracia serem necessariamente contingentes – não estão presentes na matriz genética deste sistema, podem ser meramente transitórias e são susceptíveis de serem contornadas e falseadas. Por esse motivo, são calibradas pela acção e são circunstancialmente construídas em função de finalidades que se tornam centrais em determinado momento.

O capitalismo não é, de facto, nem estável nem monolítico. Não fica automaticamente caracterizado pelo facto de ser um sistema onde predominam transacções realizadas em mercados, de se basear num determinado regime de propriedade e num tipo preciso de relação salarial. Também não pode ser deduzido a partir do sistema tecnológico. Muito menos se pode considerar que é tudo isto *mais* um sistema social e legal de regulação exterior, instrumental e subordinado. O capitalismo, enquanto sistema social historicamente longo e modo de organização moderna das sociedades, foi gerador de realidades históricas diversas, entre as quais se incluem aquelas em que, no meio de desigualdades e injustiças, se gerou também

---

[22] REIS, José, «A ordem relacional do capitalismo», in *Boletim de Ciências Económicas*, LVII, 2014, pp. 2991–3022.

abundância e capacidade de inclusão pelo trabalho, pela repartição do rendimento e pela qualificação das pessoas.

Tal constituição, complexa, de uma ordem relacional, onde a coordenação ocupou um lugar central, tornou-se tão «intrínseca» a certas modalidades de capitalismo que estas não podem deixar de ser também definidas por ela, isto é, pelo «chão» social e político sobre o qual as suas dinâmicas se desenvolvem. O capitalismo democrático, baseado na inclusão pelo trabalho, na institucionalização de direitos e na prioridade à produção e à provisão, ilustra esta hipótese. Tal torna-se particularmente notório nas situações em que lhe sucede um capitalismo que dá à esfera financeira toda a liberdade e todo o poder de controlo, passando a subordinar aquela em que se localizam a produção e o trabalho.

São estas, pois, as circunstâncias em que os socialismos, como projecto e ideal de acção, intervêm e vêem os seus contributos adoptados ou rejeitados.

4. Conclusão

Pressupus, no que estive a discutir, que a questão ética que se pode colocar à forma de interpretar ou exprimir motivações humanas, sociais e colectivas é a que, por exemplo, foi formulada por Sen[23]. Também o podia ser por Adam Smith no livro extraordinário que é a *Teoria dos sentimentos morais*. Assim sendo, concluo que a motivação principal da ética é responder à pergunta «Como devem as pessoas viver?»[24]. O que está em causa é a *friendliness*, a relação com as finalidades humanas e, enfim, as realizações sociais, consideradas de forma agregada e não

---

[23] SEN, Amartya, *On Ethics & Economics*, Oxford, Blackwell, 1987.
[24] Esta é a pergunta de Sócrates, que SEN (1987) p. 2 retoma.

individualisticamente[25], e, no fim, a capacidade para reduzir as injustiças. Quando Sen discute e critica os termos redutores em que a economia baseada no pressuposto «implausível» da dominância do auto-interesse individual se desenvolveu[26], concede que há alguns contributos positivos que resultam dessa metodologia-padrão e sublinha os que dão valor aos «problemas da interdependência», que «podem ser de importância substancial quando se lida com problemas éticos complexos, mesmo quando as variáveis económicas não estão envolvidas». Quer dizer, aquilo a que ele chama as «questões logísticas» da economia, os seus «aspectos de engenharia», conduz, por si, inevitavelmente, a interconexões e a interdependências. Aqui chegada, mesmo esta economia deixa à distância o individualismo que apreciámos na sua forma mais radical. Ou seja, «muitos problemas éticos apresentam aquilo a que temos chamado dimensões de «engenharia»»[27] (*idem, ibidem*).

É, portanto, com questões relacionais, com hibridismo fenomenológico, com convergência conflitual de dinâmicas, com a procura de realizações parciais, com a acção prática onde se conjugam alternativas em sociedades concretas que nos confrontamos. E tal não autoriza uma rígida, ou mesmo metodológica, distinção sujeito/objecto.

Defendi que não me parecia proveitoso que representássemos a ideia de socialismo nas reduções históricas do socialismo real, visto que o que melhor a caracteriza é a sua dimensão de projecto e o seu conjunto de valores, que constituem referenciais para a acção em múltiplas situações. É no quadro da argumentação pública, do «governo pela discussão», e não numa forma transcendental, que esta perspectiva faz mais sentido.

---

[25] Esta é, lembra SEN (1987), p. 10, a visão de Aristóteles.
[26] SEN (1987), p. 10.
[27] Sen refere-se à questões da economia que têm a ver com a locação de recursos e com outras decisões, as quais envolvem pessoas.

Se acrescentarmos a noção *seniana* de que é nas realizações que importa que nos concentremos, somos levados a discutir os socialismos dentro do capitalismo, chegado às modalidades em que muitos dos aspectos propostos no debate democrático se tornaram prevalecentes. Eis o que ajuda a compreender que tanto uns como os outros – os socialismos e os capitalismos – são implicações de sujeitos na acção, são relacionais. É esta «destruição» do sujeito na acção, no objecto, que inviabiliza uma avaliação ética no sentido proposto pelos individualistas, visto que esta depende criticamente da distinção entre sujeito/ objecto. Inviabiliza a dos socialismos como inviabilizaria a dos capitalismos. Resta saber se há outras formas de os avaliar. Parece que há. O lugar destinado às graduações diferenciadas que se estabelecem na discussão democrática, a percepção da centralidade das interdependências e da forma implausível como se dá a redução individualista, a atenção às pessoas, aos outros, assim como as realizações que permitem avaliar como se vive e que avanços se obtiveram na redução das injustiças, no sentido de maior justiça, tudo isto são campos de identificação de razões éticas. É essa a forma, parece-me, de interpelar os socialismos, tal como, aliás, os capitalismos.

Leituras recomendadas

BUCHANAN, James, *The Economics and the Ethics of Constitutional Order*, Ann Arbor, The University of Michigan Press, 1991.

BUCHANAN, James, *Constitutional Economics*, Oxford, Cambridge, Basil Blackwell, 1991.

HIRSCHMAN, Albert, «Rival interpretations of market society: civilizing, destructive, or feeble?», in *Journal of Economic Literature*, vol. XX, 1982, 1463-1484.

SEN, Amartya, *On Ethics & Economics*, Oxford, Blackwell, 1987.

Sen, Amartya, *Uma ideia de justiça*, Coimbra, Almedina, 2010.

Schumpeter, Joseph, *Capitalism, Socialism and Democracy*, Londres, Unwin Paperbacks, 1987.

Wright, Erik Olin, «Compass points: towards a socialist alternative», in *New Left Review*, 41, 2006, 93-124.

Trabalho e economia no Estado de Direito

Mário Pinto
Instituto Superior de Ciências do Trabalho e da Empresa (ISCTE)
e Universidade Católica

> «Não há dúvida de que a verdadeira dignidade do trabalho flui da sua origem, que é a pessoa humana»
>
> BRUCCULERI, Ângelo S. J.[1]

1. Sobre a dignidade do trabalho humano

Na presente obra colectiva – intitulada *Ética aplicada: economia* –, uma referência especial à «questão do trabalho» encontra um lugar merecido. Desde logo, se tivermos presente que toda a iniciativa económica e toda a gestão empresarial é trabalho – aquele trabalho que os juslaboralistas chamam «trabalho autónomo», por contraste com o «trabalho subordinado». Mas ainda porque um grande número de empresas (como células do sistema económico) «emprega» muitos trabalhadores

---

[1] *O trabalho*, Porto, Livraria Apostolado da Imprensa, 1959, p. 9.

subordinados. De onde resulta que a «ética da economia» é também sempre «ética do trabalho»: do trabalho por conta própria e do trabalho por conta de outrem (dito trabalho «subordinado» ou «empregado»).

Se há questão social em que, de forma aguda, estejam em conflito as maiores divergências filosóficas, sociais e políticas – sobretudo nos últimos séculos, desde a Revolução Liberal que abriu a Contemporaneidade –, essa é a questão do trabalho, na sua articulação com a questão da propriedade, da economia e do Estado: desde uma concepção em que o trabalho humano é analogia da actividade divina até uma concepção em que o trabalho é escravidão. Aquela primeira encontra-se na Bíblia judaico-cristã, já o veremos adiante; e a segunda encontra-se na tese de Marx, que escreveu: «Na verdade, o reino da liberdade começa a partir do momento em que cessa o trabalho ditado pela necessidade e os fins exteriores». Entretanto, passou-se por muitas outras, entre as quais a concepção jusnaturalista que ainda actualmente se encontra no Preâmbulo da Constituição Política da França (e nos merece destaque por se reclamar como continuidade da Declaração Francesa dos Direitos do Homem e do Cidadão de 1789), «Todos os homens têm o dever e o direito de trabalhar e de obter um emprego», a qual, por sua vez, se funda no princípio da dignidade da pessoa humana, entendida à luz da herança humanista e teísta que abriu a Idade Contemporânea e inspirou a história do Ocidente.

Será neste quadro de referência ética que, necessariamente em traços muito gerais, se nos impõe aqui uma curta dissertação descritiva, mas também apreciativa, da problemática do trabalho, no nosso tempo: num olhar sobre a sua génese histórica e o seu desenvolvimento típico, para melhor compreendermos a situação actual, em que ocorrem novas e profundas reformas, nas quais se podem vislumbrar algumas tendências de evolução futura.

O trabalho é, antes de mais, um dever natural da pessoa humana e só por isso é também um seu direito fundamental, na organização social e política. É pela precedência do dever, e não pela do direito, que o trabalho enobrece a pessoa humana: porque é assim que, na alteridade social, ele traduz a solidariedade, em vez do egoísmo. Neste sentido, e na simbólica humanística original do Ocidente, que é bíblica, as pessoas humanas trabalham à imagem e semelhança do trabalho divino. Mais ainda: trabalham em prolongamento e delegação do trabalho das pessoas divinas, que trabalham constantemente – como Jesus Cristo afirmou, para justificar perante os judeus a sua operação de uma cura milagrosa durante o dia de sábado: «o meu pai celeste trabalha constantemente, e eu também» (Jo 5,17)[2]. A esta luz, ainda que admitida apenas simbolicamente, o trabalho é de princípio um carácter essencial sumamente dignificante da pessoa humana[3].

No Livro do Génesis, descreve-se que Deus deu expressamente à pessoa humana (*Adão,* que em hebraico, אדם, significará terra vermelha ou sangue vermelho, criada como homem e mulher) três mandatos: [1] o do seu próprio «crescimento»; [2] o da sua «multiplicação», pela geração e [3] o do «governo fecundo» de toda a Terra – «crescei, multiplicai-vos, enchei

---

[2] As traduções bíblicas mais próximas da expressão literal são diversas, mas sugerem sempre a mesma ideia essencial de que «Deus opera» – por exemplo, na tradução recente portuguesa de Frederico Lourenço: «O meu Pai até agora realiza obras e eu também» (v. Frederico Lourenço, *Bíblia,* vol. I, Lisboa, Quetzal, 2016, p. 342).

[3] Na Antiguidade, Séneca disse que «o trabalho é o alimento das almas nobres». E, no nosso tempo, um membro da Academia Francesa, Roger Caillois, disse que «o trabalho efectivamente cumprido é medida da justiça. Não se podem desprezar, nem a igualdade nem o esforço. Um ser humano entregue à ociosidade assemelha-se a uma espécie de sono improdutivo, não apenas relativamente às transformações das coisas naturais, mas ainda do espírito e da ambição de o homem se superar a si mesmo».

e dominai a Terra» (Gn 1, 28). Correspondentemente, teríamos, para a organização da Sociedade Humana, os três fundamentais «estatutos» ou «estados» da pessoa humana: o «estado pessoal», o «estado familiar» e o «estado profissional». Tratando-se de uma simbólica tão antiga, impressiona encontrar aqui, flagrantemente, as três actuais e universais «marcas» comummente identificadoras dos cidadãos, isto é, nome, estado familiar e profissão. Mas que, note-se bem, não são formalmente definidas como estatuto de direitos, e sim como fundamentais «mandatos de trabalho», portanto, mandatos criadores de deveres, por esta ordem: primeiro, para o desenvolvimento da própria personalidade; segundo, para a constituição e manutenção da família; por fim, para o governo e o desenvolvimento de todo o mundo, humano e natural.

O desenvolvimento da personalidade, aqui referido, corresponde ao feixe de «direitos pessoais» que – obviamente depois do primacial direito à vida e à integridade pessoal (arts. 24.º e 25.º) – a nossa Constituição consagra primariamente na listagem dos «direitos, liberdades e garantias», nestes termos: «A todos são reconhecidos os direitos à identidade pessoal, ao desenvolvimento da personalidade, à capacidade civil, à cidadania, ao bom nome e reputação, à imagem, à palavra, à reserva da vida privada e familiar e à protecção legal contra quaisquer formas de discriminação» (art. 26.º). Quanto à propagação do género humano, pela família – numa delegação do poder criador original –, a dignidade do «trabalho pessoal» ocupa, por sua vez, a base da vida social, como a Constituição portuguesa muito bem define no art. 67.º: «A família, como elemento fundamental da sociedade, tem direito à protecção da sociedade e do Estado e à efectivação de todas as condições que permitam a realização pessoal dos seus membros» (e note-se a reciprocidade entre a realização da família, como célula da vida social, e a realização pessoal). Finalmente, quanto ao cuidado de toda a Terra (da humanidade e da vida natural), o trabalho da pessoa humana ganha uma amplitude universalista, em que tudo, de certo modo, lhe fica dependente e submetido.

Em suma, o trabalho humano surge assim, nesta original simbólica, como carácter e dignidade fundamentais da pessoa humana em ordem a um desígnio essencial de autodesenvolvimento, de perenidade da humanidade e de providência do mundo.

Dito isto, seria oportuno considerar aqui a questão da paradoxal penosidade do trabalho. Segundo a antropologia cristã, a penosidade do trabalho nasce de uma «decadência» da humanidade: quando deixa de viver segundo a ordem do amor-doação e passa a viver segundo a ordem do amor-próprio. Mas esta «decadência» não alterou a dignidade original do trabalho, uma vez que não deturpou a sua função antropológica, que se mantém – tripla função, como já vimos. Apenas se modificou, e isso sim, a ordem em que passou a viver, isto é, na sua confrontação com o bem e com o mal. Ou, talvez melhor dizendo, na sua confrontação com duas ordens alternativas: a do amor/solidariedade e a do egoísmo/conflitualidade. E assim redescobrimos o encontro do trabalho com a ética.

Na verdade, é *sub specie* da penosidade[4] que o trabalho se inscreve na matriz da troca e ganha toda a sua problematicidade ética na ordem social, económica e política. Na matriz do dom, o trabalho não levanta problemas, nem à justiça social nem ao direito político. E por isso nem a economia nem o direito o tomam em consideração como tal. De certo modo, numa síntese desta apreciação, um grande economista francês da segunda metade do século xx, François Perroux, insistia sempre, no seu ensino universitário, na distinção fundamental

---

[4] Deixaremos de lado a questão da actividade lúdica, que se define por encontrar em si mesma a sua compensação, que não apresenta em regra uma conflitualidade relevante para a ordem social ou para a economia da troca. Como tal, também não é em princípio considerada como trabalho.

entre «economia do dom» e «economia da troca». Com toda a razão, porque o dom e a troca são instituições diferentes, e até de certo modo opostas, quer na sua economia quer na sua juridicidade: o dom é pacífico, porque não se impõe; e a troca é intrinsecamente conflitual, porque pede um juízo e uma sentença. Nem a ordem social-económica nem a ordem social-jurídica têm muito a tratar com a gratuitidade e a paz do amor; mas têm muitíssimo a tratar com a conflitualidade da troca. E quem diz troca, se for em liberdade, diz mercado, *hoc sensu*.

É nesta direcção que continuaremos as nossas considerações. Mas o que se disse anteriormente é indispensável para que, sob uma perspectiva humanista e personalista, se não percam de vista as fundas raízes antropológicas e éticas do trabalho humano, tratando a sua problemática ideologicamente, num primarismo prático, de índole economicista ou juridicista.

Como é sabido, sob um ponto de vista económico-social e jurídico-político, nas «sociedades de mercado» (troca), nem toda a actividade do homem é considerada como trabalho, *stricto sensu*. E é por isso necessário operar, na actividade da pessoa humana (que em rigor não é divisível), uma distinção com base em três distintas esferas de «economia» (no sentido originário do termo): em economia pessoal, economia familiar e economia política. A primeira quando o trabalho se inscreve numa relação íntima da pessoa individual consigo própria; a segunda quando nas relações familiares; e a terceira quando, para além disso, nas relações da mais ampla sociedade civil e política. Verifica-se, mais uma vez, uma correspondência com a tripla missão bíblica do trabalho.

De facto, não é de uso sequer falar de trabalho, na primeira daquelas esferas, se bem que não poucos esforços e penas exija, a si próprio, o desenvolvimento espiritual e material da pessoa. Mas esta esfera de actividade humana é especialmente respeitada pela consciência social e pelo direito como uma esfera de vida reservada o mais possível à intimidade pessoal.

Quanto ao «trabalho familiar», aqui, sim, já entra na linguagem corrente, mas ainda num sentido social-jurídico menor e distanciado: nem o direito nem a política económica regulam e contabilizam significativamente o trabalho no interior da família. A ordem jurídica confia (salvo em casos de manifestas injustiças) na não conflitualidade do labor no interior da família, entregue quase inteiramente à «ordem do amor»; e a economia política (sublinhe-se: política) nem o contabiliza para o produto económico nacional.

De facto, sob o ponto de vista económico, a economia doméstica provém milenarmente de uma «economia de subsistência». E sob um ponto de vista jurídico, provém milenarmente de uma «ordem natural amorosa». Ora, quer a economia, quer o direito, são hoje «políticos»: a ciência económica moderna nasceu apropriadamente chamada de economia «política»; e o direito moderno é político estadual.

2. A matriz laboral da contemporaneidade ocidental

Na história das formas jurídicas das relações de trabalho, que caracterizaram as sucessivas épocas históricas no mundo europeu, a conjunção (ocorrida no século XVIII) da Revolução Industrial e da Revolução Liberal introduziu uma ruptura substancial com o universo jurídico-laboral anterior, onde predominavam o trabalho servil (na agricultura) e o trabalho corporativo (na economia artesanal e comercial das cidades). Procedente do humanismo e do jusnaturalismo anteriores, a declaração constituinte da liberdade natural da pessoa humana, que abriu a Contemporaneidade, determinou a declaração específica de que todo o homem deve poder exercer livremente qualquer actividade laboral, quer por sua conta (liberdade de indústria e de comércio), quer por conta de outrem (liberdade de trabalho contratado).

Pode ver-se nitidamente esta ruptura em duas célebres leis da Revolução Francesa. A lei *d'Allard* (1791) estipulou que «todo o indivíduo é livre de empreender qualquer actividade económica ou de exercer qualquer profissão, arte ou ofício, como bem lhe aprouver, e não necessita de qualquer qualificação ou autorização, ou de ter subido a hierarquia profissional». E a lei *Le Chapelier* (do mesmo ano) veio estabelecer a proibição formal das organizações profissionais e das coalizões de produtores ou trabalhadores: «os cidadãos de um mesmo estado ou profissão, os que têm porta aberta, os operários e oficiais de qualquer arte, não poderão, quando se juntarem, nomear presidentes, nem secretários, nem síndicos, organizar registos, tomar decisões ou deliberações, elaborar regulamentos sobre os seus pretensos interesses comuns».

É de notar que a lei *Le Chapelier*, ao pretender extinguir a organização das antigas formas corporativas estatutárias do trabalho, drasticamente contingentadas, estabeleceu uma proibição «excepcional» das liberdades de associação para os trabalhadores, argumentando com a inexistência de interesses comuns. Dizia-se expressamente no relatório que precedia o respectivo corpo normativo: «sem dúvida que é permitido que os cidadãos se associem, mas não deve permitir-se aos cidadãos de certas profissões que se associem para os seus pretensos interesses comuns».

Este atomismo individualista, assim imposto a um mercado de trabalho forçadamente inorgânico, harmonizou-se com o jacobinismo, que é expresso no mesmo lugar, quando se diz, como que em esclarecimento doutrinário, que «não há corporações no Estado» e se acrescenta que «não há mais do que os interesses particulares de cada indivíduo e o interesse geral. Não é permitido a ninguém representar interesses intermédios e separar os indivíduos da coisa pública, por meio do espírito de corporação». Aqui temos, de facto, lapidarmente, a concepção jacobina: o pluralismo associativo e representativo dos «interesses intermédios» na sociedade civil não existe, pelo que «não há corporações no Estado». Só existem «os interesses particulares de cada indivíduo e o interesse geral» (*l'intérêt général*), representado este na «coisa pública», no centralismo de Estado (*l'intérêt publique*). Reduzindo a sociedade civil a uma multidão de indivíduos, que entre si podem celebrar contratos individuais de trabalho, mas estão proibidos de se associar, a posterior teoria marxista-leninista não teve de inventar nem a sociedade de massas nem o centralismo de Estado, mas tão-somente de libertar estas ideias jacobinas da sua contradição com as autênticas raízes liberais da dignidade da pessoa humana, que lhe reconheciam o direito fundamental de livre associação.

O novo regime jurídico contratual-individualista do trabalho, estabelecido em plena revolução, foi posteriormente confirmado e completado pela legislação napoleónica: o Código Penal napoleónico estabeleceu penas para as coalizões e associações de mais de 20 pessoas, quando não autorizadas; e o Código Civil apenas proibia a celebração de contratos de trabalho por toda a vida, do mesmo passo que o art. 1781.º, relativo à prova do contrato de trabalho, dizia que, num conflito entre patrão e trabalhador, o pagamento dos salários, bem como o seu montante, se provava pela afirmação do patrão – assim se pressupondo, em contrário da igualdade civil, que a moralidade deste era sempre superior à moralidade do trabalhador[5].

Em terminologia actual, resumir-se-ia o alcance daquelas leis francesas a uma «desregulação» das relações de trabalho, assim entregues à liberdade contratual individual. E a sua justificação doutrinária pode reconduzir-se às palavras lapidares de

---

[5] Para uma maior explanação, cf. Mário Fernando de Campos Pinto, *Contributo para o estudo das controvérsias colectivas de trabalho*, Dissertação para o Curso Complementar de Ciências Histórico-Jurídicas da Faculdade de Direito de Coimbra, 1963.

um filósofo francês, Alfred Fouillé: «quem diz contratual, diz justo» – que, aliás, pretendeu com elas fundamentar uma tese «liberal», e não tanto «individualista».

Desde então, e até hoje, nas sociedades pluralistas de Estado Liberal de Direito e economia de mercado, o trabalho ficou fundamentalmente institucionalizado na liberdade pessoal de iniciativa «económica» e de iniciativa «laboral», ganhando assim duas formas típicas: a de trabalho autónomo (por conta própria, em mercado económico) e a de «trabalho subordinado» (por conta de outrem, em mercado de emprego).

A época histórica que se seguiu ao histórico estabelecimento jurídico-constitucional da matriz liberal, nos mercados da economia e do trabalho, foi, a breve passo e como é sabido, caracterizada por fortes movimentos colectivos de trabalhadores empregados, em defesa de uma legislação sua protectora, no mercado inter-individual em que se encontravam em grande desigualdade de forças, dada a escassez da oferta de emprego perante uma abundantíssima oferta de trabalho. Após longo tempo, a persistência dos protestos dos movimentos operários, sindicais e partidários, e a maior consciência social de práticas de extrema exploração do trabalho, inclusive de crianças, provocaram a emissão gradual de leis de protecção ao trabalhador empregado, principalmente sobre a idade mínima para o trabalho, o tempo máximo de trabalho diário, descansos, feriados e faltas, higiene e segurança nos locais de exercício laboral – sem dúvida bem justificadas pela degradação das condições de trabalho que o maior poder contratual patronal provocou, no livre mercado entre empresário-empregador e trabalhadores. Além disso, esses movimentos reivindicavam a legalização das associações de trabalhadores e da sua acção colectiva no mercado do trabalho. Resumindo: uma «legislação de protecção mínima» do trabalhador, incidente na relação «individual de trabalho»; e uma «legislação liberal» para as «relações colectivas de trabalho», que incluísse a liberdade sindical e de contratação colectiva, bem como o direito de greve como meio de pressão nas negociações colectivas.

Ora, foi efectivamente neste sentido, justamente favorável às pretensões dos trabalhadores, nos países mais avançados do Ocidente, que a legislação veio sempre evoluindo, desde então: a princípio lentamente e depois em ritmo mais vivo, até se formar um novo ramo de direito, a que se chamou precisamente Direito do Trabalho, constituído por duas grandes partes, a do «direito da relação individual de trabalho» e a do «direito das relações colectivas de trabalho».

Se quiséssemos identificar o nervo doutrinal de cada uma destas duas partes do moderno Direito do Trabalho, diríamos que, na primeira, do Direito do contrato de trabalho, ele veio estabelecer uma limitação à liberdade contratual dos empregadores, na defesa da parte contratual mais fraca, os trabalhadores, em nome de interesses evidentes de ordem pública. Foi essencialmente uma regulação do mercado inter-individual do trabalho. No que toca à segunda parte, das relações colectivas de trabalho, o novo Direito veio permitir, e, mais ainda, veio institucionalizar, que a contratação das condições de trabalho se fizesse ao nível colectivo (entre sindicatos de trabalhadores e entidades patronais), nas empresas, nos sectores de actividade económica ou até ao nível nacional, e ainda – o que é muito importante – com algumas formas de intervenção «administrativa» e «normativa» dos Governos, num original sistema de negociação e regulação colectiva das relações de trabalho. É o Direito das relações colectivas de trabalho. E este direito veio em grande medida substituir o mercado individual de trabalho por um mercado social, colectivo.

Salvo dramáticas experiências de alguns países em regimes políticos autoritários ou totalitários, uns de esquerda outros de direita, o novo direito do trabalho, dos países que se mantiveram fiéis à matriz do sistema constitucional liberal, conservou sempre na sua base dois pilares fundamentais: o do direito de propriedade e de iniciativa económica privadas, por um lado, e o da liberdade de escolha da profissão e de trabalho, por outro, isto é, economia de mercado e mercado de trabalho – e sempre no quadro constitucional do Estado de Direito e da democracia pluralista.

Sobre uma teorização jurídica miúda deste novo Direito das relações individuais de trabalho, correspondente ao termo da fase de criação do modelo ocidental, na parte em que se refere ao Direito do contrato individual de trabalho – não havendo aqui espaço para a sua explanação –, remete-se para a obra, entre nós fundadora, da autoria do Prof. Raul Ventura, aliás tese do seu doutoramento em Direito, intitulada: *Teoria da relação jurídica de trabalho*, de 1944.

Quanto ao Direito das relações colectivas, a sua configuração europeia foi (desde os primeiros anos trinta) entre nós acomodada na matriz do direito corporativo do Estado Novo antiliberal. A greve foi excluída do sistema português de contratação colectiva, e as negociações colectivas eram tuteladas por uma agência do Governo (o Instituto Nacional do Trabalho e Previdência). O Governo exercia uma importante intervenção directa de regulamentação colectiva, que supria a falta de força negocial dos sindicatos. Só numa fase mais tardia se introduziram mecanismos de arbitragem obrigatória nos conflitos colectivos de trabalho, que, depois de uma breve experiência mais liberal, foi também ela reconduzida a uma arbitragem intracorporativa[6]. Embora o sistema corporativo português já possuísse estruturalmente um esqueleto de relações colectivas de trabalho, vivia contudo num enquadramento de corporativismo de Estado. Só com o advento da Terceira República Portugal teve um sistema de relações colectivas de trabalho

---

[6] Permitimo-nos a este propósito remeter para o nosso estudo, anteriormente citado.

análogo ao que se tipificou nas democracias europeias: liberdade sindical; liberdade de contratação colectiva; valor normativo destas convenções sobre os contratos individuais de trabalho; direito de greve; sistemas de solução pacífica para os conflitos colectivos; especiais garantias dos dirigentes dos trabalhadores na sua acção sindical.

Permita-se aqui um parênteses para apenas registar que houve uma importante e radical alternativa, paralela a esta evolução reformista do sistema de mercado social de trabalho, ao longo do século XX, representada no Estado Soviético (1917–1989). Modelo marxista-leninista baseado num Estado de «ditadura da classe trabalhadora» e numa «sociedade de massas», em que os cidadãos não eram titulares de direitos fundamentais de liberdade individual, os quais eram substituídos por outros direitos no âmbito de um igualitário providencialismo estatal, chamados «direitos sociais» por contraposição a «direitos individuais». A base económica para este outro modelo político estava no monopólio da propriedade e de todos os meios de produção por parte do Estado, que assim se tornava o único empregador. Paradoxalmente, os sindicatos de trabalhadores, sem confronto com entidades patronais privadas, não assumiam o confronto com o seu único empregador, de acordo com a tese da identificação do Estado com a classe trabalhadora; e, nessa lógica formal, ficavam oficializados como «alavancas» do Partido político único de Estado.

A esperança ideológica de que este modelo desenvolveria muito mais as forças produtivas do que o sistema capitalista (acusado por Marx de malthusianismo) e de que era muito mais libertador dos trabalhadores do que o Estado liberal provou estar historicamente errada, quer no que respeita ao desenvolvimento das forças produtivas, em que o capitalismo ocidental ganhou folgadamente a corrida, quer no respeitante à liberdade dos trabalhadores, que depois de uma longa opressão político-ideológica concluíram que a libertação do comunismo soviético era liberticida. O modelo ocidental (de democracia liberal, economia de mercado e Estado social) venceu finalmente pela prova dos factos, perante a espontânea implosão do modelo soviético.

O modelo ocidental, assente na base filosófica humanista da preeminente dignidade da pessoa humana, opera uma integração das três ordens, política, laboral e económica, numa harmonização global de direitos e deveres humanos fundamentais, que se encontra bem representada na actual Constituição da Terceira República Portuguesa, uma das mais avançadas do mundo: primeiramente, e como fundamento de tudo, direitos de liberdade pessoal; em segundo lugar, direitos sociais dos cidadãos, como direitos a prestações em vista de uma (quanto possível) igualdade de oportunidades fácticas para o exercício efectivo das liberdades fundamentais; em terceiro lugar, como base liberal e social da ordem laboral e da ordem económica, inevitavelmente conexas entre si, específicos direitos de liberdade e sociais dos trabalhadores e (como base da economia de mercado) direitos fundamentais de propriedade e de iniciativa privadas.

Assim, no Estado de Direito Democrático e Social, não há liberdades fundamentais sem liberdades de trabalho e de iniciativa económica. A própria iniciativa económica é uma liberdade fundamental de trabalho autónomo. Por outro lado, e dado que o trabalho produtivo exige a disponibilidade de meios de produção, é impossível a liberdade individual de trabalho sem liberdade de propriedade privada e de iniciativa económica. Em poucas palavras: não há economia de mercado sem mercado de trabalho e vice-versa.

Nesta inevitável conexão se explica o conflito entre empresários-empregadores e trabalhadores-empregados. E, se este conflito é sempre latente, é porque, precisamente, as duas partes não se podem socialmente separar; e, ainda que em subjectivo conflito, a inevitabilidade da combinação entre iniciativa económica e trabalho é uma colaboração objectiva e sistémica. Razão pela qual – uma vez mantida a matriz de Estado liberal de direito, economia de mercado e Estado social – o princípio da colaboração vale, quer para o direito do trabalho, quer para o direito da economia, sem que, por efeito deste princípio, desapareça no seu interior uma típica dualidade de interesses e o correspondente conflito. Classificar esta dualidade como uma antítese insanável entre o económico e o laboral é errado, porque o económico é laboral, e o laboral é económico. O que parece certo – e deve ser mantido em justo equilíbrio – é classificá-lo como um conflito típico inerente à vida social em liberdade, que as partes interessadas devem continuamente concertar, sob os auspícios da justiça, que presta contas à ética e à antropologia da dignidade da pessoa humana e dos direitos humanos fundamentais, expressamente garantidos na Constituição. O que não parece razoável é alimentar uma esquizofrenia, pelo cultivo do *ethos* da luta de classes como luta de morte (como no marxismo-leninismo), do mesmo passo que se aceita e se defende a Constituição Portuguesa. A qual se integra num internacional espaço europeu, constitucionalmente sustentado nas quatro liberdades fundamentais: liberdade de movimento de produtos e mercadorias; liberdade de movimento de serviços; liberdade de movimento de pessoas e trabalhadores; liberdade de movimento de capital.

Em suma, a ética da economia inclui a ética do trabalho, e vice-versa, porque a economia é trabalho, e o trabalho é economia. Numa concepção constitucional, como é a portuguesa, baseada nas matrizes da preeminente «dignidade da pessoa humana» e na «democracia pluralista» (uma e outra expressas logo nos dois primeiros artigos da Constituição), a ética económica e laboral é também a ética da dignidade da pessoa humana e da democracia pluralista. O respeito desta matriz é portanto necessariamente cooperativo na pluralidade e moralmente concertativo da conflitualidade.

Leituras recomendadas

Chenu, Marie-Dominique, *Pour une théologie du travail*, Paris, Seuil, 1955.

Conselho Económico e Social, *A doutrina social da Igreja Católica e o mundo do trabalho*, Lisboa, 1992.

Olson, Mancur, *Logique de l'action collective*, (c/pref. de Raymond Boudon), Paris, PUF, 1978.

Possenti, V., *Il principio-persona*, Roma, Armando, 2006.

Rodrigues, António dos Reis, *Pessoa, sociedade e Estado*, Lisboa, Rei dos Livros, 1991.

Sturmthal, Adolf, *Workers Councils*, Cambridge, Harvard University Press, 1964.

Utz, Arthur Fridolin, *Etica politica*, Milão, San Paolo, 2008.

Weil, Simone, *L'enracinement*, Paris, Gallimard, 1949.

Ciência económica e filosofia moral

José Luís Cardoso
Instituto de Ciências Sociais, Universidade de Lisboa.

1. O verbo da filosofia moral

No princípio era a filosofia moral. E a filosofia moral se fez ciência, a ciência da economia política. A afirmação pode parecer excessiva. Porém, quando examinamos os antecedentes próximos da ciência económica moderna, faz todo o sentido reclamar essa comunhão vital entre filosofia moral e economia política. Claro que uma ciência, para o ser, deve proclamar o seu estatuto de autonomia, mesmo sabendo que não é possível apagar os traços de percursos preliminares. Em linhas gerais, vejamos como se processou a emergência da economia política como ciência, num contexto de predomínio da filosofia moral enquanto modo de pensar as relações entre os homens vivendo em sociedade.

Na abordagem do delicado e complexo processo de autonomização da esfera económica em relação aos domínios da moral e da política, há um lugar muito especial a atribuir à obra de Adam Smith. Sem negar a existência de outros momentos fundadores que se prestariam ao desenvolvimento do tema – e porque a história a contar neste capítulo terá de ser necessariamente breve –, parece não haver grandes dúvidas sobre a primazia atribuída ao autor da *Investigação sobre a natureza e as causas da riqueza da nações.*

Este livro, publicado em 1776, constitui um marco cimeiro na conceptualização do funcionamento económico do mercado enquanto processo explicativo da realização dos interesses individuais e, simultaneamente, da realização do bem-estar colectivo. Os mecanismos de equilíbrio que operam numa sociedade comercial constituem o principal desenlace explicativo que possibilitou a autonomização do discurso económico moderno. Todavia, não podemos esquecer que tal análise pressupõe a prévia definição de um conjunto de atributos característicos da natureza humana. E, neste âmbito, uma questão central a discutir é a de saber se existe algum tipo de incompatibilidade entre tal natureza, definida em abstracto, e o comportamento do homem, enquanto agente económico que busca a satisfação do interesse próprio.

Trata-se de uma questão vital para a compreensão da obra de Adam Smith, cuja resposta se encontra no livro que escreveu dezassete anos antes da publicação da *Riqueza das nações*. De acordo com a *Teoria dos sentimentos morais*, o homem é naturalmente portador de um conjunto de sentimentos – prudência, justiça, bondade, gentileza, generosidade, compaixão, etc. –, de cuja interacção resulta a felicidade colectiva e a harmonia da sociedade. Entre tais sentimentos avulta o da empatia ou compaixão (*sympathy*), que Adam Smith define como apreço pelos demais, ou julgamento moral no sentido da aprovação ou desaprovação do comportamento alheio, com base na noção de que a natureza dotou o homem de um desejo de agradar e de uma aversão a ofender que estão na base do seu relacionamento social.

Daqui decorre a noção de que cada indivíduo deve procurar ser um «espectador imparcial» das suas próprias acções, analisando o seu comportamento em função das consequências que para os outros resultam, e na perspectiva de ele próprio poder ser objecto de idêntica acção desencadeada por terceiros. Desenvolve-se, assim, um sentido de responsabilidade, de altruísmo e de justiça que o indivíduo transporta consigo, consciente ou inconscientemente, quando se relaciona com outros indivíduos no mercado. Por conseguinte, a satisfação do interesse individual não constitui a participação num combate egoísta e fratricida. O mercado é, acima de tudo, um espaço de realização social, regulado por um conjunto de normas éticas de comportamento, gravadas na natureza humana e geradoras de laços de solidariedade e de interdependência.

Em síntese, a explicação dada por Adam Smith sobre o modo de funcionamento da esfera económica, que fez deste professor de Filosofia Moral na Universidade de Glasgow o incontroverso patriarca da ciência económica moderna, não consegue romper com as condicionantes éticas que definem a natureza do homem enquanto ser dotado de vontade e propósitos económicos. Retomando e ampliando a tradição iluminista do ambiente intelectual escocês de meados do século XVIII, e os princípios de filosofia moral que lhe foram transmitidos através das obras de Frances Hutcheson, Adam Ferguson e David Hume, Adam Smith manteve intacta a relação de mútua dependência entre filosofia moral e economia política.

2. Ética da distribuição e do bem-estar

A obra de Adam Smith ilustra bem o tema do enquadramento ético da satisfação do interesse próprio, o qual se vai manter presente na reflexão desenvolvida pelos seus imediatos seguidores, porventura mais interessados em demonstrar que a busca de utilidades não pode ser desligada dos efeitos de um processo de crescimento económico que afecta diferentemente as parcelas distributivas do rendimento. Os mecanismos autocorrectores do mercado nem sempre correspondem à expectativa construída acerca da sua eficácia, pelo que se torna imprescindível atender aos princípios éticos e às determinações políticas que deverão regular os processos de troca e de distribuição da riqueza. Por esse motivo, autores tão distintos como David Ricardo, John Stuart Mill, Karl Marx ou Léon Walras – para referir apenas autores do século XIX em que é óbvia e explícita a articulação entre ética, economia e política – nunca perderam de vista as preocupações com as possibilidades de aperfeiçoamento, reforma ou transformação de um modelo de organização económica e social. Ou seja, nunca deixaram de ter em atenção que a tarefa do cientista económico e social não é apenas a de explicar o que é o mundo em que vivemos, mas também o que deve ser o mundo que se deseja melhorado.

Um dos pensadores económicos de relevância universal que melhor contribuiu para demonstrar que a ciência económica não é imune a considerações de carácter moral foi Alfred Marshall, indiscutivelmente aclamado como um dos mestres formadores do raciocínio económico moderno. A obra de Marshall distingue-se pelas suas múltiplas contribuições analíticas e pelo estilo rigoroso que soube imprimir à abordagem dos fenómenos económicos, numa perspectiva metodológica de equilíbrio parcial. A responsabilidade directa que teve no processo de disciplinarização e profissionalização da ciência económica não oferece qualquer margem de refutação. A aprendizagem económica dos nossos dias, sobretudo no domínio da microeconomia, ainda é largamente devedora em relação a Marshall, de quem herdou uma parte substancial do seu aparelho conceptual.

CIÊNCIA ECONÓMICA E FILOSOFIA MORAL | 101

Todavia, a presença de tais atributos conceptuais, analíticos, não impede o reconhecimento da presença de uma fortíssima componente normativa e ética nos seus escritos económicos. Segundo Marshall, o espírito racional do homem económico traduz-se numa crescente eficiência nos processos de afectação de recursos e factores produtivos e na obtenção de níveis acrescidos de riqueza e bem-estar. Porém, verifica-se simultaneamente um processo de enfraquecimento ou fragilização das condições de vida de vastas camadas da população, o que, em seu entender, seria resultado de uma acentuada desigualdade na distribuição do rendimento criado.

Talvez por isso tenha Marshall considerado – em alinhamento com outros economistas britânicos seus contemporâneos, nomeadamente Henry Sidgwick e Philip Wicksteed – que eram as situações de pobreza, miséria e degradação humana que confeririam interesse e significado aos estudos económicos. Assim se justificam os seus apelos, tão tipicamente vitorianos, ao altruísmo e à filantropia dos homens de negócio, cientes da missão de responsabilidade social que a sociedade deles exigia. Também por isso se compreendiam os seus apelos e propostas de acções correctoras do Estado, em benefício de grupos sociais mais desfavorecidos. E Marshall não hesitava em atribuir aos economistas a nobreza de carácter de quem tinha de estar preparado para ajudar o mundo a ser melhor, conforme lapidarmente ensinou aos seus estudantes de Cambridge:

> A minha mais estimada ambição, o meu mais elevado propósito, será o de, com a minha fraca capacidade e a minha força limitada, poder aumentar o número daqueles que, partindo de Cambridge, a terra mãe dos homens fortes, vão para o mundo com a cabeça fria, mas com o coração quente, dispostos a oferecer, pelo menos, parte das suas capacidades para lidar com o sofrimento social que nos rodeia, decididos a não sossegarem enquanto não tiverem feito o que estiver ao seu alcance para

descobrir em que medida é possível proporcionar a todos os meios materiais para uma vida nobre e digna.[1]

A publicação póstuma deste e de outros textos de Marshall, com forte pendor normativo, ficou a dever-se ao seu discípulo Arthur C. Pigou. E a Pigou se devem também os primeiros passos na consolidação de um subdomínio da ciência económica, a economia do bem-estar, reconhecido pela enorme permeabilidade a considerações de carácter ético e político. O conceito de externalidades associado a falhas de mercado e à justificação de intervenção do Estado para corrigir desequilíbrios que o mercado não consegue regular foi matéria que deu a Pigou brilho momentâneo na galeria de discípulos de Marshall. No entanto, viria a ser ofuscado por John Maynard Keynes, outro incondicional subscritor da visão de que a ciência económica integra um sistema mais amplo de filosofia moral e social, do qual é inseparável.

3. Crítica da razão utilitarista

Esta breve incursão histórica ajuda a compreender os dilemas em que se enredam os economistas contemporâneos que convivem mal com as complexas relações entre a ética, a moral, a política e o funcionamento real da vida económica. Ora, a realidade quotidiana obriga permanentemente a considerar imagens e relatos que captamos e que são prova e sintoma de que o discurso e as preocupações dos economistas não são imunes a considerações de natureza ética. Fenómenos de corrupção política ditada por interesses económicos, delitos e fraudes fiscais, enriquecimentos pessoais alcançados à custa de

---

[1] MARSHALL, Alfred, «The present position of economics», in A.C. Pigou (dir.). *Memorials of Alfred Marshall*, Londres, Macmillan, 1925, p. 174.

empresas falidas ou mal geridas, ou graças a benefícios e auxílios providenciados pelo Estado, sinais exteriores de riqueza fácil mas de origem duvidosa, lado a lado com crescentes indícios de degradação e miséria, desigualdade crescente na distribuição da riqueza, abusos de utilização de recursos que colocam em risco a sustentabilidade ambiental, excessos de agressividade competitiva e perda progressiva dos ideais de cooperação e de solidariedade, enfim, um conjunto diversificado de problemas com que nos deparamos no quotidiano forçou o aparecimento de uma linguagem mediática que constantemente nos recorda aquilo que é ou deveria ser politicamente correcto e eticamente condigno.

Neste quadro, os economistas (mais precisamente, os professores de Economia) são vulgarmente apelidados de insensíveis, ou de praticarem ofício irrelevante, por não serem capazes de integrar estas preocupações nos seus diagnósticos sobre os males que afligem as nossas sociedades. Não quer isto dizer que os economistas neguem a ocorrência de situações ou problemas que suscitam reacções no plano ético. Mas procuram deslocar a sua presença para níveis explicativos que não interfiram com as explicações convencionais sobre a lógica pura do funcionamento dos mercados.

É nessa lógica, afinal, que o raciocínio analítico da ciência económica procura assentar os seus alicerces. Ou seja, a visão de que os agentes individuais buscam a satisfação do seu interesse próprio e que, nesse processo, não submetem o seu comportamento a influências ou considerações de ordem moral. Apenas se regem pelas regras implícitas e convencionais das trocas e transacções que ocorrem no mercado.

De acordo com tal visão, o mercado surge como a instituição que desempenha uma dupla missão: coordenar as acções individuais resultantes da existência de processos de divisão do trabalho mais ou menos complexos e transmitir a toda a sociedade a informação e energia que os agentes privados detêm. Por outras palavras: o mercado promove a realização de múltiplos interesses individuais e, através de uma suposta mão invisível, assegura a realização do bem-estar colectivo. Ou ainda, parafraseando a célebre *Fábula das Abelhas* de Bernard de Mandeville: os vícios privados obtêm o estatuto involuntário de públicas virtudes.

Este resultado obtém-se através de processos de troca em que agentes rivais lutam por objectivos distintos ou até contraditórios, envolvendo-se em jogos de cooperação e de competição. Deste modo, o interesse individual, e toda a carga normativa que poderia ser associada à análise das preferências e das motivações dos agentes económicos, deixa de ser o problema central do funcionamento do mercado. O que então importa é a consideração de que existe um vasto número de agentes com objectivos suficientemente divergentes para poderem ocasionar situações de concorrência, rivalidade, disputa, mas também de harmonia e cooperação. Assim, os processos de troca que ocorrem no mercado geram espontaneamente sinais de informação (preços) que, em última análise, coordenam o conjunto da vida económica.

A aceitação incondicional deste tipo de pressupostos definidores do programa e do objecto da ciência económica tem originado, todavia, algumas distorções e distracções que prejudicam a compreensão de problemas essenciais. Com efeito, a predilecção por temas supostamente mais atractivos ou fracturantes foi transformando a ciência económica num exercício metodológico de análise de problemas de cálculo de incentivos e maximização de utilidade, num contexto em que ocorrem limitações e restrições aos processos de escolha e decisão que visam a obtenção de níveis máximos de satisfação individual. A ciência económica mudou a identidade do seu objecto, e este adquiriu nova dimensão heurística, passando a confundir-se com a análise de qualquer gesto ou motivação de comportamento dos agentes económicos, desde que servido por um modelo conceptual rigoroso e por um método de abordagem apropriado.

No entanto, o triunfo dos instrumentos e do método deixou a ciência económica a debater-se com a irrelevância do seu novo objecto. Bem longe e ao abandono ficaram os temas que estiveram na origem da formação da economia como ciência, ou seja, o sistema de actividades e relações entre os homens nos domínios da produção, distribuição, troca e consumo de bens e serviços, assim como a articulação dinâmica de tais actividades no tempo e no espaço, numa perspectiva que contempla os problemas cruciais do crescimento e desenvolvimento económicos.

Muitos economistas transformaram-se em intérpretes do comportamento humano nas suas mais diversas vertentes e dimensões: na família, na vida política, no crime, nas práticas sexuais, no vício e transgressão, na religião, enfim, em qualquer domínio de actividade em que seja possível definir uma função de utilidade e testar padrões e modelos de desempenho dos agentes, com maior ou menor dose de rigor e de sofisticação na formulação de hipóteses e na escolha de variáveis e parâmetros.

Por esta via se foi construindo uma perspectiva amplamente redutora que revela o alcance limitado de uma ciência que parece ter esquecido ou perdido o seu verdadeiro objecto e ser incapaz de compreender o quadro mais amplo da acção humana. À primeira vista, parece que estamos diante de um processo de enriquecimento de pesquisa, já que se considera que todos os temas que a imaginação abarca são susceptíveis de abordagem e explicação económica. Todavia, essa invasão de territórios inexplorados acaba por transformar o objecto da economia numa matéria sobre a qual quase apenas incide a análise de custos e benefícios e o cálculo e gestão de incentivos. É pobre e é pouco, para uma ciência que nasceu como ramo da filosofia moral.

4. A ética do (e no) discurso económico: modos de leitura

A ideia de que o homem é essencialmente movido pela busca do seu interesse individual – por outras palavras, a ética do individualismo económico – é uma componente central, mas não exclusiva, do discurso construído a partir da herança smithiana que viria a cristalizar na concepção de *homo economicus* fixada por Lionel Robbins, na década de trinta do século XX. Com efeito, ao exagero das teses utilitaristas, tão em voga ao longo do século XIX, juntou-se quase sempre a defesa de uma diferente ordem ética para a economia política, consubstanciada na noção de que a existência e o bem-estar individual têm de respeitar e de ser compatíveis com a existência e o bem-estar de terceiros. Robbins também deve ser reconhecido por ter instituído e popularizado a ideia de que a ciência económica se ocupa do problema da escolha que os agentes económicos efectuam de forma racional e ponderada, tendo em atenção os recursos de que dispõem e a melhor forma que têm ao seu alcance para deles retirarem proveito máximo.

Robbins consolidou uma senda de investigação que parece negar aos agentes económicos outros atributos para além dos que decorrem das hipóteses inerentes à racionalidade do seu comportamento. Neste quadro, reforça-se a convicção acerca da possibilidade de uma ciência positiva imune ao contágio de padrões de natureza ética ou jurídica. Porém, essa afirmação de cidadania da economia positiva não apaga do mapa as preocupações de âmbito normativo de que as ciências sociais dificilmente prescindem. Assim o corrobora George Stigler quando afirma que:

> «Os economistas raras vezes discutem questões éticas quando invadem o terreno da teoria económica ou do comportamento económico. Eles (e eu) acham(os) este assunto complexo e vago,

em comparação com a relativa precisão e objectividade da análise económica. É evidente que as questões éticas são inevitáveis: tem de haver objectivos na apreciação das orientações de política económica, e tais objectivos terão certamente conteúdo ético, por muito escondido que esteja» (Stigler 1982, 3).

Na perspectiva de Stigler, a separação das duas esferas é reconhecida de forma artificiosa, para poder melhor demonstrar que existe uma ética específica do comportamento económico dos agentes (tomados individualmente ou em conjunto). Ou seja: o próprio sistema de livre concorrência não institui formas de acção económicas independentes de condicionantes de carácter ético. Pelo contrário, a livre concorrência constitui-se como sistema que implica e pressupõe uma ética associada ao comportamento dos agentes económicos.

Segundo Stigler, a ética não é tanto uma espécie de corpo estranho que introduz normas e regras na mente dos economistas. Com efeito, o desenvolvimento que o autor dá a este assunto (não imediatamente visível no pequeno excerto acima transcrito) vai no sentido de considerar que a ética não é um hóspede desejável ou incómodo que se aloja na ciência económica, mas uma componente endógena do discurso que a ciência produz sobre a realidade económica. Usando expressões mais simples e porventura mais esclarecedoras: não faz sentido sustentar que o sistema económico em que vivemos necessita de um enxerto de ética que reponha a bondade, a moralidade e a eficiência perdidas; o importante é reconhecer, no próprio sistema, os elementos de ordem ética que o caracterizam e que lhe dão alma. No caso do sistema capitalista, baseado num modelo de funcionamento em regime de livre concorrência, essa ordem ética decorre do próprio conceito de *homo economicus*, isto é, dessa tal concepção da natureza humana que faz de cada indivíduo um ser racional que busca de forma eficiente a satisfação máxima das suas necessidades. Este comportamento optimizador não tem de ser classificado, para Stigler, como bom ou de mau. É um comportamento que traduz uma atitude ética de valorização do interesse próprio, por ser essa a via mais eficiente para a obtenção de um bem-estar colectivo.

Diferente é a posição que a este propósito sustenta outro conhecido economista contemporâneo, Amartya Sen:

> A ciência económica, tal como se tem vindo a desenvolver, pode ser tomada mais produtiva se se der uma maior e mais explícita atenção às considerações éticas que dão forma ao comportamento e ao julgamento humanos. (SEN 1987, 9)

A separação entre as esferas positiva e normativa é um pretexto para Amartya Sen denunciar a forma como a ciência económica esquece ou despreza um conjunto determinado de normas e valores habitualmente identificados com uma visão progressiva e gradualmente construtiva do espírito humano ou, mais prosaicamente, com uma concepção de realização humana em que os direitos individuais mais elementares e a dignidade das pessoas são motivo de permanente preocupação e respeito. E, assim, Sen invoca a dimensão ética para a abordagem de problemas no âmbito primordial da economia do bem-estar, da distribuição do rendimento e da equidade social.

A ética surge como uma dimensão externa ao discurso da ciência económica, devendo ser por esta incorporada e internalizada, tendo em vista a obtenção do bem comum e a realização dos ideais humanos em toda a sua plenitude. Trata-se de uma visão que procura humanizar um discurso científico abstracto, ao mesmo tempo que visa moralizar o comportamento dos agentes económicos nas diversas áreas em que se relacionam. Neste sentido, o tipo de preocupação que é implicitamente transmitido por A. Sen conduz-nos à reivindicação de uma mais forte presença da ética nos «negócios humanos», digam eles respeito aos problemas da pobreza e da exclusão social, do desemprego e da marginalidade, da dívida externa e da fome nos países subdesenvolvidos, da concorrência desleal e dos excessos de competitividade, da corrupção e da venalidade pública, da fraude e da evasão fiscal ou dos desastres ambientais e dos direitos dos consumidores.

Verifica-se nos dias de hoje uma crescente procura social de atitudes éticas nestes e noutros domínios, o que obviamente explica quer o recrudescimento dos problemas da ética empresarial, quer o crescente peso simbólico dos conselhos e comissões de ética criados a nível institucional, quer ainda a difusão generalizada de um discurso moralista, cuidadosamente embalado em marketing e retórica, que convida a um regresso ordenado às coisas básicas e essenciais.

As repercussões da análise económica no terreno político revelam igualmente a inevitabilidade de se ponderarem objectivos, escolherem instrumentos, estabelecerem prioridades e metas, de se agir de acordo com determinados códigos e sistemas de valores. Nestes termos, deixa de fazer sentido a separação litigiosa entre economia positiva e economia normativa, e parece adquirir validade inequívoca a ideia de que os compromissos éticos, os empenhamentos valorativos e também os envolvimentos políticos são indissociáveis do labor do analista económico.

5. Considerações finais

A ciência económica permanece inseparável da matriz de filosofia moral da qual emergiu. Por isso convive, desde as mais remotas origens – que nos podiam fazer regressar a Aristóteles, São Tomás de Aquino ou Luis de Molina, numa relação saudável com elementos de natureza ética e política. Existem duas formas de olhar para esta relação: através da incorporação explícita de tais elementos como parte integrante do próprio sistema de análise económica; ou através da aceitação implícita da importância de uma visão normativa que confere enquadramento ético à análise positiva e racional do funcionamento da economia.

A imagem de uma ciência económica pura, positiva e progressiva, verdadeira e universal, reveste carácter ilusório. Tal ilusão decorre do vício epistemológico que consiste em desvalorizar a presença de elementos normativos na análise económica, que se supõe imune a juízos de valor, no pressuposto de que essa interferência menoriza o estatuto da ciência e as suas capacidades heurísticas ou que contribui para instalar excessos relativistas.

A adopção de princípios éticos, a realização de julgamentos de valor, a assunção de escolhas ideológicas e políticas não são pecados que condenem os praticantes da ciência económica. Pelo contrário, são virtudes cívicas inevitáveis, porque inerentes ao processo de formação de uma ciência que nasceu e cresceu no ambiente da filosofia moral. Afirmar os pressupostos e implicações de carácter ético e político do comportamento humano contribui para valorizar o papel de uma ciência que procura explicar como podem os seres humanos encontrar o caminho mais eficiente e mais seguro que conduz à satisfação do interesse próprio individual, mas também à realização do bem-estar social e ao acréscimo da riqueza das nações.

Leituras recomendadas

GROENEWEGEN, Peter (dir.), *Economics and Ethics?*, Londres e Nova Iorque, Routledge, 1996.

HAUSMAN, Daniel M., e Michael S. MCPHERSON, *Economic Analysis and Moral Philosophy*, Cambridge, Cambridge University Press, 1996.

ROBBINS, Lionel, *An Essay on the Nature and Significance of Economic Science*, Londres, Macmillan, 1932.

Sen, Amartya, *On Ethics and Economics*, Oxford, Basil Blackwell, 1987.

Smith, Adam, *Theory of Moral Sentiments*, Oxford, Oxford University Press, 1980.

Stigler, George J., *The Economist as Preacher*, Oxford, Basil Blackwell, 1982.

Winch, Donald, «Adam Smith: scottish moral philosopher as political economist», in *The Historical Journal*, 35:1, 1992, pp. 91-113.

II

PROBLEMAS ÉTICOS NA ECONOMIA

Ética, famílias e consumo

Francisco Sarsfield Cabral
Jornalista

A crise da família é uma questão conhecida e muito debatida que decorre, em boa parte, de políticas que facilitam a dissolução do agregado familiar e também do individualismo egoísta que contraria valores de comunhão e solidariedade. A ética incita a repudiar estas tendências nocivas, até porque muitos jovens, hoje, encaram a família como uma zona de refúgio, de amparo moral e psicológico. Aborda-se, aqui, o que a ética recomenda às famílias, na prática, quanto às suas relações com a área económica.

Uso a palavra «ética» como sinónimo de «moral». Há quem distinga uma da outra; existem mesmo múltiplas e diferentes distinções. Mas não vejo vantagem nessas distinções.

O bem-estar das famílias não se limita, obviamente, ao seu nível de vida, aos seus rendimentos ou à falta deles. Mas é inegável que muito depende da actividade económica. Basta pensar no desemprego, que pode levar muitas famílias à pobreza, ou no nível dos salários. A ética tem uma palavra a dizer em matérias como essas e em muitas outras que envolvem relações entre a instituição familiar e a economia. Aliás, toda e qualquer decisão humana livre implica uma dimensão ética, que não é determinada pelo bem-estar de quem decide, mas pelo bem-estar dos outros, em particular dos menos favorecidos.

Como se lê no n.º 248 do *Compêndio de doutrina social da Igreja* (Ed. Princípia, 2005), «a relação que incorre entre a família e a vida económica é particularmente significativa. Por uma parte, com efeito, a "economia" nasceu do trabalho doméstico: a casa foi por longo tempo, e ainda – em muitos lugares – continua a ser, unidade de produção e centro de vida. O dinamismo da vida económica, por outra parte, desenvolve-se com a iniciativa das pessoas e realiza-se segundo círculos concêntricos, em redes cada vez mais vastas de produção e troca de bens e de serviços, que envolve em medida crescente as famílias. A família, portanto, há-de ser considerada, com todo o direito, orientada não pela lógica do mercado, mas segundo a lógica da partilha e da solidariedade entre gerações»[1].

Parece aqui necessário abordar uma breve questão prévia: terá sentido citar posições éticas vindas de uma religião? A doutrina social da Igreja não contém, de facto, receitas políticas, sociais ou económicas. É teologia moral (a qual, diga-se de passagem, os próprios católicos nem sempre levam suficientemente a sério) e, na minha opinião, o que mais claramente distingue a ética cristã de outras éticas não se encontra tanto no conteúdo dos apelos morais do Cristianismo, muitos dos quais também se detectam noutras paragens, mas no facto de Jesus Cristo se identificar com os pobres e os marginalizados: «Todas as vezes que fizestes isto a um destes meus irmãos mais pequenos, a Mim o fizestes» (*Mateus*, 25.40).

---

[1] Citado no capítulo sobre «Economia e família na doutrina da Igreja» *in* Pinto e Sardica (2016).

Acontece, porém, que a maioria dos princípios da doutrina social da Igreja pode ser, e é de facto, partilhada por muitos não crentes que seguem éticas de cariz humanista. Admito que, em certos problemas, no campo da bioética, por exemplo, possam surgir sérias divergências entre quem acredita que não é dono da sua vida nem do seu corpo, que considera dons de Deus, e quem não é crente. Contudo, no campo da ética económica, diferenças desse grau são escassas. Repare-se, ainda, que a doutrina social da Igreja não obriga ninguém numa sociedade livre e pluralista, consistindo num conjunto de propostas que, em consciência, pessoas não crentes podem aceitar ou não.

1. A importância do emprego

É manifesta a importância das famílias para o bem comum das sociedades em que se integram, o que exige eticamente políticas económicas públicas que as apoiem. E, como adiante veremos, há múltiplas modalidades de apoio estatal às famílias, que devem incluir, sem a tal se limitarem, incentivos à natalidade.

Por esse motivo, a ética preconiza políticas económicas criadoras de empregos sustentáveis. Como este imperativo se concretiza na prática, é, no entanto, matéria política e técnica. A ética exige que a meta seja sempre o bem comum da sociedade, e não a mera satisfação de reivindicações corporativas, o que implica, por exemplo, que os postos de trabalho criados tenham sustentação económica a prazo e justificação sob o ponto de vista do bem comum – empregos criados na esfera do Estado, apenas para travar estatisticamente o desemprego e que não respondam a necessidades públicas claras, violam princípios éticos elementares.

Do mesmo modo, é eticamente reprovável manter em funcionamento empresas inviáveis, apenas a pretexto de evitar mais desemprego. Também nestas situações o bem comum deve prevalecer sobre o interesse de algumas famílias. De outra forma, os meios humanos e financeiros retidos em empresas sem futuro económico não podem ser aplicados em empreendimentos mais produtivos, que enriqueçam a sociedade.

É evidente que nada garante que esses meios, e em particular as pessoas que ficam desempregadas com o encerramento de uma empresa inviável, sejam encaminhados rapidamente para unidades mais eficientes. Muitas vezes tal não acontece por carência de formação tecnológica dos desempregados. Daí que seja moralmente exigível aos poderes públicos o lançamento de programas de formação para desempregados, de modo a facilitar o seu regresso ao mercado de trabalho.

O desemprego de longa duração, sobretudo quando atinge trabalhadores de meia-idade, demasiado novos para se reformarem, implica quase sempre um terrível abalo pessoal e familiar, o que se tornou mais frequente devido às novas tecnologias, de difícil acesso a quem não possui uma razoável preparação de base. O problema adquire extrema gravidade quando marido e mulher se encontram ambos sem trabalho.

Existe no meio empresarial uma tendência para depreciar o trabalho de pessoas a partir de uma certa idade, o que agrava o desemprego de longa duração, bem como as consequências negativas para as famílias. Embora cada caso seja um caso, não se podendo estabelecer regras gerais, creio existir a obrigação da parte de muitos gestores de examinarem criticamente o que parece ser um preconceito contra os trabalhadores ditos idosos, muitas vezes apenas na meia-idade. Além disso, também se me afigura ser do interesse da sociedade, da própria empresa e obviamente do trabalhador idoso aproveitar a experiência e os conhecimentos dos mais velhos, naturalmente em modalidades flexíveis de trabalho.

2. Salário justo

Um salário justo, que permita o sustento familiar do empregado, é também uma exigência ética. Não é decerto fácil, nem consensual, definir em concreto o que é, ou quanto é, um salário justo, até porque as situações económicas das famílias e dos eventuais empregadores (empresas, entidades públicas, etc.) são muito diversas. Em qualquer caso, o apelo ético à justiça salarial não pode ser ignorado.

Esta exigência tem de se conciliar com a capacidade financeira das empresas. Salários demasiado elevados que levem à falência das empresas são indesejáveis; e utilizar postos de trabalho no sector público, central, regional ou local, bem como nas empresas do Estado, apenas como forma de reduzir o desemprego, não é moralmente aceitável, pelas suas funestas consequências futuras.

Uma ética de responsabilidade deve atender às previsíveis consequências das medidas que o poder político toma ou deixa de tomar. Por vezes, os curtos mandatos dos governantes levam a que estes apenas se foquem em perspectivas de curto prazo, pondo em causa o futuro da economia a prazo mais dilatado.

3. Justiça social

A justiça social reserva ao Estado um papel importante, nomeadamente nos apoios que os dinheiros públicos devem dar aos desempregados e aos que, não obstante terem trabalho, auferem salários que mantêm as respectivas famílias abaixo da linha de pobreza. O mesmo se aplica a eventuais apoios para empresas que não despeçam trabalhadores, se tiverem perspectivas de viabilidade económica a prazo.

Naturalmente, a ética também impõe o combate à fraude na concessão de apoios. O dinheiro do Estado é de todos os contribuintes, pelo que importa assegurar que quem recebe apoios públicos necessita mesmo deles.

O individualismo egoísta, que lamentavelmente caracteriza uma boa parte das nossas sociedades, viola a ética e desconhece a dimensão colectiva de qualquer pessoa, que, em maior ou menor medida, é também constitutiva da personalidade de cada um. Não se trata de defender uma concepção multiculturalista da vida em sociedade; com certeza que não atacar a cultura dos outros é um aspecto importante do respeito pelas pessoas. Mas essa atitude não pode ir ao ponto de, em nome do respeito por outras culturas e outras éticas, violar valores verdadeiramente transculturais, universais.

A família deve ser uma escola de solidariedade entre os vários membros do agregado familiar, mas também em relação aos outros fora da família, sobretudo os mais desfavorecidos, por motivos económicos ou outros. A pedagogia ética no seio da família implica, mais do que discursos moralizantes (por vezes também necessários), atitudes e acções ou omissões dos pais que possam servir de exemplo ou mesmo de modelo aos filhos, nomeadamente o envolvimento dos pais em acções e movimentos de solidariedade social.

Não é esta, porém, a tendência predominante nas sociedades consideradas desenvolvidas e modernas que procuram, frequentemente, tão só o bem-estar material dos indivíduos ou o bem-estar psicológico, como «sentir-se bem consigo próprio». Ora, estes objectivos não são, só por si, eticamente válidos.

4. Limites do mercado

A justiça social, implicando a intervenção do Estado nos mercados, é negada por alguns adeptos do livre funcionamento dos mercados, sem quaisquer interferências estatais. Mas não é essa a concepção que considero correcta. A Igreja

Católica, nomeadamente, tem com frequência chamado a atenção para os limites do mercado, que considera um mecanismo indispensável para a actividade económica, mas que não pode ter a última palavra. Assim, lê-se no n.º 302 do *Compêndio de doutrina social da Igreja* que «o simples acordo entre empregado e empregador acerca do montante da remuneração não basta para classificar como justo o montante da remuneração acordada, porque ele não deve ser insuficiente para a subsistência do trabalhador: a justiça natural é anterior e superior à liberdade do contrato». Deste modo, «é necessário que as empresas, as organizações profissionais, os sindicatos e o Estado se tornem promotores de políticas do trabalho que não penalizem, mas favoreçam o núcleo familiar do ponto de vista do emprego» (*idem*, n.º 294).

A quebra do número de pessoas sindicalizadas reduz a capacidade – o poder – do empregado face ao patrão. Parte da responsabilidade desta situação, porém, cabe aos próprios sindicatos, que, na sua maioria, não souberam evoluir para uma economia pós-industrial.

5. Discriminação positiva

Mais um ponto que merece atenção é a possibilidade de o Estado social discriminar positivamente os mais carenciados. Os puristas rejeitam esta possibilidade. De facto, o ideal seria que, através dos impostos, o Estado concretizasse uma efectiva redistribuição de rendimentos, oferecendo determinados bens e serviços gratuitos para todos.

O Estado social liga-se à obrigação ética de a sociedade proteger os mais desvalidos, os que sofreram uma exploração inaceitável nas fábricas durante as primeiras décadas da Revolução Industrial. Foi preciso, porém, que o sufrágio eleitoral se estendesse à generalidade dos cidadãos (pelo menos, então, os de sexo masculino) para que, através do voto, os pobres levassem os políticos a tomar medidas de justiça social. É que, nessa altura, a maioria da população em países industrializados era pobre.

Depois, as sociedades foram enriquecendo, e as classes médias, e também os ricos, se apropriaram do Estado social – que hoje não dispensam. Entretanto, até por motivos demográficos, como o envelhecimento das populações, o Estado social entrou em crise financeira, que de ano para ano se agrava. Daí que me pareça moralmente razoável que os pobres sejam discriminados positivamente. Já o são, aliás, nomeadamente em Portugal, mas em escala restrita. Decerto que os mais afortunados pagariam então duas vezes: nos impostos (quando os pagam) e no pagamento de bens ou serviços que os pobres receberiam gratuitamente. Mas a solidariedade social exige esta discriminação.

Por outro lado, o chamado desemprego tecnológico – a eliminação de postos de trabalho pela introdução de novas tecnologias, nomeadamente na área informática – assusta hoje muita gente. Claro que o problema não é novo. No início da revolução industrial, em Inglaterra, trabalhadores aos quais as máquinas têxteis tiravam funções destruíram teares. A resposta é conhecida: a médio prazo, a revolução industrial e as suas máquinas criaram infinitamente mais empregos do que aqueles que, num primeiro momento, eliminaram.

Entretanto, milhões de pessoas viveram muito mal. Por isso é do interesse das famílias que os Estados se preparem para a transição no sentido de uma maior automação, protegendo aqueles a quem poderemos designar por «vítimas do progresso».

6. Desemprego jovem

O desemprego, sobretudo quando atinge marido e mulher, é altamente desestabilizador da vida familiar. Combatê-lo é um imperativo ético que se deve traduzir em políticas concretas. Não se trata de proibir despedimentos por decreto, mas de fomentar a criação de postos de trabalho sustentáveis.

O elevado nível atingido pelo desemprego jovem é um fenómeno que se tem acentuado nos anos recentes. O mais grave é a existência de uma importante faixa populacional de gente nova que não está empregada nem trabalha. Situações como esta colocam um desafio moral aos poderes públicos e à sociedade civil. Boa parte dos jovens desempregados é, assim, praticamente forçada a continuar a residir longo tempo em casa dos pais, apesar de muitos deles terem já entrado na idade adulta. Este facto mostra como a família é hoje ainda mais importante do que no passado no apoio económico aos jovens.

Os pais, e frequentemente também os avós, são, em certas circunstâncias, chamados a ajudar economicamente os seus descendentes. Esta situação poderá tornar-se muito complicada se as pensões de reforma se tornarem, no futuro próximo, cada vez mais baixas. Por outras palavras, o bem-estar das famílias exige mudanças no sistema de segurança social, sob pena de este se tornar financeiramente insustentável – mudanças que têm vindo a ser sucessivamente adiadas. Atender a este problema é, além do mais, uma exigência de moralidade entre gerações.

7. Sobrevalorizar a profissão

O emprego e o salário não são os únicos temas a suscitar um apelo ético envolvendo o trabalho e as famílias. «A oscilação do local de exercício da actividade, a dupla jornada de trabalho e a fadiga física reduzem o tempo dedicado à vida familiar» (*idem*).

A desvalorização da família, face a uma prioridade absoluta atribuída à carreira profissional, suscita também preocupações éticas. Trata-se de uma tendência que se tem acentuado, envolvendo profissionais muito bem pagos. Estes são, em geral, pessoas que têm gosto no trabalho que fazem, ao contrário de tantos que trabalham apenas para ganhar a vida.

Estes profissionais «de topo», porém, ao sacrificarem quase tudo ao trabalho, provocam uma certa desumanização no seu estilo de vida: para eles próprios, que passam a ter uma vida humanamente mais pobre, porque «unidimensional»; e também para as suas famílias. Um exemplo: estes profissionais, para não perderem o seu estatuto, têm de estar disponíveis para mudar de residência com alguma frequência e a qualquer momento, deslocando-se para viverem em locais muitas vezes longínquos e com culturas diferentes. Assim se separam de amigos, porventura para sempre. Ora, essas mudanças afectam sobretudo os filhos, crianças e adolescentes, que perdem colegas, professores, enquadramento social, etc., embora possam igualmente beneficiar do contacto com diversas culturas, de conhecimentos diversos, da aprendizagem de línguas, do desenvolvimento do espírito de tolerância, etc.

As políticas económicas devem também favorecer as famílias em sectores como a habitação e o urbanismo. Comprar ou alugar uma casa não está ao alcance das posses de muitas famílias. Daí que seja eticamente exigível alguma modalidade de habitação social. Caso contrário, numerosas famílias são lançadas para as periferias das cidades, tentando sobreviver em condições precárias e vendo os filhos em risco de cair na criminalidade.

Algo de semelhante se deve dizer quanto aos transportes colectivos, única forma de deslocação para quem não possui automóvel por não dispor de meios económicos para tal.

Decisivo é, ainda, garantir o acesso à saúde por parte das famílias que não têm rendimentos para recorrer à medicina e aos hospitais privados. Aqui, como em outras áreas, deveria ser encarada a possibilidade de concretizar uma discriminação positiva em favor dos mais desfavorecidos, como se referiu.

8. Emigrantes

Há muitos trabalhadores que são forçados a emigrar, não para manterem uma elevada posição profissional e social, mas simplesmente para ganharem a vida, pois não encontram trabalho no seu país. Na maioria dos casos, e pelo menos numa primeira fase, emigram isolados, sem os familiares, o que, naturalmente, provoca sofrimento, crises e agitação na família. Permitir o reagrupamento familiar dos imigrantes é um imperativo ético. No actual clima de hostilidade aos imigrantes, este direito parece, porém, ser cada vez mais posto em causa. Decerto que o exercício de tal direito terá de ser rodeado de cautelas para evitar possíveis abusos. Mas é desumano impedir o imigrante de, ao fim de um razoável período de tempo, ter consigo a sua família.

Também cabe às famílias dos países de imigração um importante papel no sentido de fomentar uma cultura de solidariedade face ao estrangeiro imigrante, em particular desenvolvendo um esforço pedagógico junto dos filhos, para que tratem bem crianças filhas de imigrantes com quem convivem na escola.

Por outro lado, sabe-se que a situação de vulnerabilidade em que muitos imigrantes se encontram, nomeadamente no que se refere à legalidade da sua situação, leva a que alguns sejam praticamente escravizados, o que é moralmente intolerável e exige que as autoridades públicas estejam atentas e procurem evitar, tanto quanto possível, crimes deste tipo.

9. As mulheres e o trabalho

A conciliação entre a vida familiar e uma carreira profissional coloca problemas específicos às mulheres trabalhadoras, sobretudo as que são mães. «O génio feminino é necessário em todas as expressões da vida social; por isso deve ser garantida a presença das mulheres também no âmbito do trabalho» (*idem*, n.º 295), ou seja, as mães de família também têm direito a uma actividade profissional.

No entanto, é sabido que muitos empresários e gestores resistem a empregar mulheres, receando nomeadamente que elas engravidem e fiquem por isso impedidas de trabalhar durante meses. Assim, na prática, existe uma efectiva discriminação de muitas mulheres trabalhadoras, o que não é eticamente aceitável. Como evitar tal situação?

Uma pequena parte do problema poderá ser ultrapassada pelas próprias mulheres trabalhadoras, negociando horários flexíveis, por exemplo. Mas o essencial passa pelos gestores empresariais. Estes sentem que agem em função dos interesses das suas empresas ao limitarem o emprego de mulheres. Não é uma posição eticamente ilegítima. Seria necessário, então, que os Estados de algum modo compensassem as empresas que se mostram abertas a empregar mulheres.

A flexibilização de horários deve ser concretizada, sempre que tal não prejudique a actividade profissional. O teletrabalho também é uma oportunidade a explorar para atenuar o afastamento das mulheres trabalhadoras em relação às suas famílias. Mas convém ter presente que trabalhar em casa também pode ser, por vezes, susceptível de causar tensões domésticas: quem trabalha no computador na sua própria casa requer, em regra, um ambiente tranquilo, o que pode limitar as naturais brincadeiras infantis a que as crianças têm moralmente direito.

10. Economias pobres

Convém lembrar que o problema do trabalho feminino se coloca sobretudo em sociedades ricas, em que as mulheres cada vez mais aspiram a aceder a profissões antes reservadas a homens. Em inúmeros países pobres, o facto é que as mulheres têm mesmo de trabalhar, por vezes bem mais do que os homens, simplesmente para sobreviver. Apenas o desenvolvimento dessas sociedades pobres eliminará essa outra discriminação que afecta as mulheres.

Apoiar esse desenvolvimento é também uma exigência ética – ainda que porventura não necessariamente canalizando mais dinheiro para os países pobres, antes contribuindo para que esses países tenham estruturas políticas e empresariais mais sólidas –, abrindo o mercado dos países ricos aos países pobres, em particular quanto a bens agrícolas.

O trabalho doméstico, ainda hoje realizado sobretudo por mulheres, não é contabilizado para efeitos de cálculo do Produto Interno Bruto. E, no entanto, nem por isso deixa de ser trabalho, e trabalho indispensável: uma mãe de família que tenha um trabalho profissional suporta, assim, um duplo encargo, por vezes extenuante – situação que as políticas públicas, económicas e sociais, não podem ignorar.

Por outro lado, a ética exige que quem trabalha por conta de outrem em tarefas domésticas (limpezas, cozinhar, etc.), sobretudo mulheres, receba das famílias às quais presta serviço um tratamento digno e humano, e não apenas em matéria salarial – o que no passado pelo menos nem sempre aconteceu.

Uma palavra ainda sobre o trabalho infantil. Já na encíclica *Rerum Novarum*, de 1891, o papa Leão XIII se insurgia contra a terrível exploração do trabalho de crianças nas fábricas, sobretudo durante várias décadas após a Revolução Industrial. Por outro lado, no mundo rural, um incentivo à natalidade era ter mais filhos para trabalhar a terra. Esta situação, que o crescimento económico foi eliminando nas sociedades desenvolvidas, persiste ainda hoje em muitos países pobres. É um imperativo ético combater a violência que o trabalho infantil constitui.

11. A chaga do consumismo

A finalidade última da actividade económica, que produz e transacciona bens e serviços, é o consumo. Mas o que geralmente se designa por consumismo é uma perversão, que a ética convida a evitar. Com um constante «bombardeamento» publicitário, as famílias com alguns recursos – potenciais compradores – são incentivadas a consumir exageradamente.

É certo que frequentemente as acusações ao consumismo partem de quem consome a nível elevado e há muito tempo. Por vezes, também, essas críticas radicam no interesse de quem as faz: por exemplo, as pessoas que têm automóvel gostariam que o número de carros não aumentasse muito para não se agravarem os engarrafamentos urbanos. Também há reacções contra o consumismo de outros por motivações sociológicas: o facto de uma empregada doméstica possuir carro escandaliza quem se apega a uma rígida estratificação social, o que é moralmente negativo.

Há efectivamente bens que se revestem de um forte valor simbólico sob o ponto de vista social. Ter automóvel, por exemplo, é muitas vezes um sinal – para o proprietário e para o resto da sociedade – de que a pessoa em causa subiu na escala social. O que é mal aceite por outros, mas se compreende em certos casos, nomeadamente em famílias com uma longa tradição de pobreza ou até de miséria e que julgam terem ultrapassado definitivamente essa situação. Daí que, quando surgem problemas económicos, façam tudo, incluindo endividarem-se de forma absurda, para não perderem os símbolos da sua ascensão económica e social.

Se a ética aconselha a uma certa compreensão para casos deste tipo, é inegável que o consumismo é um logro. As famílias em que impera esse espírito consumista procuram em bens materiais, porventura supérfluos, compensação para frustrações da sua vida. Claro que tal compensação não se concretiza, o que leva a que se consuma ainda mais. É um ciclo vicioso que deve ser cortado.

A publicidade, em particular nas televisões, é alvo da crítica, frequentemente justa, de que promove o consumismo. Mas não se exagere o poder da publicidade, como aconteceu na década de cinquenta do século passado, quando ocorreu a enorme expansão da televisão nos Estados Unidos. As pessoas são influenciadas, decerto, mas não são «cãezinhos de Pavlov», isto é, não obedecem automaticamente a estímulos externos. Têm capacidade de reacção, sobretudo se alguém, na comunicação social, fizer uma leitura crítica dos conteúdos televisivos e sobretudo da publicidade.

A consideração das crianças suscita problemas específicos no caso da televisão. Poderá ser cómodo colocar as crianças face ao televisor, de maneira a não incomodarem. Mas essa prática é nociva para as crianças, que devem ter limites no consumo de programas televisivos. Por outro lado, a ética impõe também limitações na publicidade na televisão directamente dirigida a crianças e jovens. Famílias conscientes devem reclamar atenção a este problema, por parte dos reguladores.

12. Poupança das famílias

A ética, além de apelar à sobriedade no consumo, o qual deve ser sempre responsável, defende também a poupança das famílias. A poupança é indispensável nas famílias, pelo menos naquelas que vivem acima do limiar da pobreza, não apenas por razões prudenciais – isto é, por motivos de precaução quanto a eventuais adversidades futuras –, mas também pelo imperativo ético de proteger todos os membros da família, especialmente as crianças, contra essas eventualidades.

O aparecimento do Estado social, que promete apoios na doença, no desemprego e na velhice, levou algumas famílias a esquecerem a obrigação de poupar e a gastarem todo o seu rendimento em consumo – por vezes mais do que esse rendimento, recorrendo ao crédito. Mas os apoios sociais estão a sofrer limitações financeiras, sobretudo por razões demográficas (envelhecimento populacional). Muitos jovens e até pessoas de meia-idade duvidam seriamente de virem a ter uma pensão razoável quando chegarem à idade da reforma.

Este problema é particularmente grave em países como Portugal, que estão a envelhecer rapidamente e em que o Estado social é recente e financeiramente pouco sólido. Não obstante, a poupança das famílias caiu para níveis muito baixos, o que é preocupante. Há cinquenta ou cem anos, a maioria das famílias portuguesas poupava, apesar de serem mais pobres do que actualmente. Não havia então apoios sociais do Estado, e as famílias preveniam-se tanto quanto possível.

Daí a necessidade de uma pedagogia para promover a poupança das famílias – um dever que cabe aos poderes públicos, às entidades da chamada sociedade civil e às próprias famílias mais esclarecidas. Cabe a estas mostrar, sobretudo pelo exemplo, que a sobriedade no estilo de vida, além de ser moralmente recomendável, não é um caminho para a infelicidade. Pelo contrário, não ser escravo do «ter» abre uma porta para a liberdade das famílias e dos seus membros.

13. As crianças e o dinheiro

Educar as crianças para uma atitude saudável em relação ao dinheiro é uma tarefa importante das famílias. Importa que as crianças e os jovens não adquiram uma mentalidade consumista, não vivam, por exemplo, obcecadas com jogos de vídeo caros ou roupas de marca, para não se sentirem inferiores aos amigos e colegas; ao mesmo tempo, convém que não desvalorizem o dinheiro como algo que não merece qualquer preocupação. É um equilíbrio frequentemente difícil de concretizar.

Naturalmente que esta problemática se coloca em termos muito diferentes consoante o nível dos rendimentos familiares. Mas tanto o apego dos jovens a bens materiais como a sua desresponsabilização face ao dinheiro são tendências susceptíveis de surgir em famílias ricas e em famílias pobres. O essencial é o ambiente familiar e a atitude dos mais velhos perante o dinheiro e o bem-estar económico.

14. Propriedade privada

O direito de propriedade privada, nomeadamente a possibilidade de a família possuir a sua própria habitação, deve ser reconhecido. Não quer isto dizer que alugar uma casa seja uma opção errada – consoante as circunstâncias, pode ser até preferível, na perspectiva dos futuros encargos que pesarão sobre a família.

Aqui, como em tudo o que respeita ao uso dos bens materiais pelas famílias, a ética aponta para que as pessoas e as famílias sejam conscientes do destino universal desses bens. O direito de propriedade não é absoluto e não pode sobrepor-se ao dever de solidariedade, tendo em conta que inúmeras famílias não possuem meios para comprar uma casa – em certos casos, nem sequer para alugar uma pequena habitação. Já Tomás de Aquino alertava na monumental *Summa Theologica* (II-II 66, 2) que «o homem não deve possuir esses bens como se eles lhes fossem próprios, mas como sendo de todos, no sentido em que os deve partilhar de boa vontade com os necessitados».

15. Empresas familiares

Existem inúmeras pequenas e microempresas familiares nas quais, para reduzir custos com empregados, todos ou quase todos os membros da família trabalham, por vezes sem limites de horário, em restaurantes, lojas, postos de abastecimento de combustível, etc. Nesse quadro, os mais jovens, assim como os mais velhos e os que sofrem de algum tipo de deficiência física ou psicológica, têm de ser protegidos de eventuais abusos eticamente condenáveis.

Existe também outro tipo de empresas familiares, de maior dimensão. Muitas destas são sociedades anónimas, só que a maioria do seu capital social está nas mãos de uma família que controla a respectiva gestão (directa ou indirectamente). Frequentemente, os lugares de topo destas empresas são preenchidos por membros da família «proprietária» ao longo de sucessivas gerações. Existe, assim, o risco de esses familiares, ou de parte deles, não terem as qualificações necessárias para o exigente exercício da gestão empresarial o que, além de prejudicar o futuro da empresa, afecta o conjunto do agregado familiar que está menos próximo da gestão, pelo que é moralmente reprovável.

Por outro lado, uma empresa familiar exige uma forte unidade dos membros da família envolvidos na sua propriedade. Nem sempre, nestas unidades, é fácil separar a vida profissional da familiar e surgem por vezes conflitos intrafamiliares, sobretudo quando entra em cena a segunda geração de proprietários. Ou seja, numa empresa familiar a ética empresarial é ainda mais exigente do que aquela que se aplica às outras empresas.

Leituras recomendadas

Conselho Pontifício «Justiça e Paz», *Compêndio da doutrina social da Igreja*, Cascais, Ed. Princípia, 2005.

Cordeiro, Mário, *Crianças e família num Portugal em mudança*, Lisboa, Ed. Fundação Francisco Manuel dos Santos, 2015.

Pinto, Helena Rebelo, e José Miguel SARDICA (dir.), *Família – essência e multidisciplinaridade*, Ed. Universidade Católica Portuguesa, 2016.

Neves, João César das, *Introdução à ética empresarial*, Cascais, Ed. Princípia, 2.ª edição, 2014.

Rosa, Maria João Valente, *O envelhecimento da sociedade portuguesa*, Lisboa, Ed. Fundação Francisco Manuel dos Santos, 2012.

Sen, Amartya, *The Idea of Justice*, Canadá, Ed. Allen Lane, 2009.

Silva, Mónica Leal da, *A crise, a família e a crise da família*, Lisboa, Ed. Fundação Francisco Manuel dos Santos, 2012.

Carreira, emprego, trabalho

Mário Pinto

Instituto Superior de Ciências do Trabalho e da Empresa (ISCTE)
e Universidade Católica

1. Descrição esquemática do mercado de trabalho empregado

Desde a Revolução Liberal, e até hoje, nas democracias pluralistas de Estado de Direito[1], as liberdades de trabalho, de propriedade privada e de iniciativa económica, foram consagradas

---

[1] Estado de Direito Democrático, baseado na dignidade da pessoa humana, de que decorrem os direitos humanos fundamentais, que obtiveram uma consagração mundial na Declaração Universal dos Direitos do Homem, da ONU, em 1948. O Preâmbulo desta Declaração começa assim: «Considerando que o reconhecimento da dignidade inerente a todos os membros da família humana e dos seus direitos iguais e inalienáveis constitui o fundamento da liberdade, da justiça e da paz no mundo [...] A Assembleia Geral [...] Proclama a presente Declaração Universal dos Direitos do Homem como ideal comum a atingir por todos os povos e todas as nações [...]». Por sua vez, a Constituição da República Portuguesa diz, nos seus artigos 1.º e 2.º: «Portugal é uma República soberana, baseada na dignidade da pessoa humana [...]»; e «A República Portuguesa é um Estado de direito democrático, baseado [...] no respeito e na garantia de efectivação dos direitos e liberdades fundamentais [...]».

como direitos fundamentais de liberdade individual, em revogação das anteriores formas do trabalho servil e do trabalho estatutário da organização corporativa de origem medieval[2].

Assim, e no que respeita ao trabalho «económico»[3], uma vez institucionalizado naquelas liberdades pessoais, este passou a exprimir-se socialmente por duas formas típicas: a de «trabalho autónomo» (por conta própria, em mercado económico) e a de «trabalho subordinado» (por conta de outrem, em mercado de emprego). Estas duas formas de trabalho, quando intencionalmente contínuas no seu exercício, criam para os seus actores uma posição «profissional», a que o direito corresponde com um regime de carácter *lato sensu* estatutário. É neste sentido que o trabalhador autónomo é profissionalmente um «empresário», e o trabalhador subordinado é profissionalmente um «empregado»: ao primeiro corresponde o direito tradicionalmente chamado comercial, em tempos mais recentes também direito empresarial e económico; ao segundo, o chamado direito do trabalho.

Neste capítulo, tomaremos em consideração o trabalho empregado por contrato de trabalho (económico), isto é, o emprego, o qual, no quadro do Estado de Direito democrático e social em economia de mercado, levanta à sociedade e ao Direito uma problemática importante e complexa, dadas as suas características institucionais e funcionais específicas.

---

[2] Como se proclamou numa célebre lei da Revolução Francesa, a Lei *d'Allard*, de 1791, «todo o indivíduo é livre de empreender qualquer actividade económica ou de exercer qualquer profissão, arte ou ofício, como bem lhe aprouver, e não necessita de qualquer qualificação ou autorização, ou de ter subido a hierarquia profissional».

[3] Nem todo o trabalho, enquanto actividade humana racional, é trabalho «económico»; e nem toda a economia é «politicamente» relevante – como, aliás, bem se quis significar originalmente, quando, no plano histórico, se iniciou a teorização da ciência então chamada «economia política».

Sintetizaremos os aspectos estruturais do sistema social e jurídico do trabalho, no modelo europeu, em três tópicos: primeiro, o nervo principiológico de toda a evolução jurídica da regulação do trabalho, a saber: o princípio do *favor laboratoris*; segundo, os traços gerais do direito das relações individuais de trabalho; terceiro, os traços gerais do sistema das relações colectivas de trabalho.

A Constituição Política da Terceira República Portuguesa (1976) é um bom exemplo deste modelo, político e social – até nas contradições ideológicas que admitiu inicialmente, depois reduzidas (mas ainda não de todo extinguidas) pelas sucessivas revisões constitucionais.

Mantendo na sua base a liberdade de trabalho e de iniciativa económica privada, como direitos fundamentais da pessoa humana, o Direito do Trabalho e da Segurança Social iniciou a sua evolução, muito lenta e atribuladamente, numa primeira fase histórica, até por volta dos anos vinte a trinta do século XX. Ganhou depois, sobretudo após a guerra mundial de 1939--45 e até ao pico dos primeiros anos setenta (período referido como «dos gloriosos trinta anos»), um desenvolvimento cada vez mais intenso, sempre enformado por um princípio que a doutrina cunhou como *favor laboratoris* – isto é, princípio do «favorecimento do trabalhador». Em rigor, do trabalhador vinculado por um contrato de trabalho, isto é, «empregado», mas que se tornou por antonomásia «o trabalhador».

O princípio do *favor laboratoris* seguiu fundamentalmente duas linhas conjugadas de desenvolvimento jurídico: por um lado, em «restrição da liberdade contratual do empregador», no plano das relações inter-individuais de trabalho, por via de novas leis que impunham condições mínimas de tratamento do trabalhador, surgindo assim o chamado «Direito das relações individuais de trabalho»; por outro, legitimando juridicamente formas de pressão e de negociação para uma regulamentação colectiva das condições do trabalho. Nasceu assim o chamado «Direito das relações colectivas de trabalho», que veio reduzir ainda mais a margem de força negocial dos empregadores na contratação inter-individual com os trabalhadores, uma vez que aqueles passavam a ter de negociar com estes «colectivamente» – sob a pressão da greve e em face de dirigentes sindicais representativos de toda ou grande parte da oferta de trabalho, no âmbito empresarial, sectorial ou até nacional.

Quanto ao direito das relações individuais de trabalho, além de uma específica regulação do contrato de trabalho, a designada «legislação de protecção mínima do trabalho» desenvolveu-se numa abundante legislação que estabeleceu mínimos de tratamento laboral nas relações individuais de trabalho. Esta legislação veio com carácter imperativo de ordem pública, não podendo nem o empregador nem o próprio trabalhador convencionar em contrário. São exemplos: questões relativas à idade mínima do trabalhador empregado, ao tempo e horários de trabalho, à higiene e à segurança nos lugares de trabalho, às férias e faltas, ao exercício do poder disciplinar do empregador, à suspensão do trabalho e termo da relação de trabalho, aos seguros de trabalho e à reforma do trabalhador. Mas um dos pontos mais importantes destes novos regimes jurídicos do contrato de trabalho foi sempre o respeitante ao despedimento do trabalhador. A pouco e pouco, a inicial liberdade de o empregador despedir o trabalhador sem ter de alegar motivo (*ad nutum*) foi ficando, primeiro, dependente de indemnização e, mais tarde, de um julgamento do alegado motivo.

No plano das relações colectivas de trabalho, tanto a despenalização da greve (e a sua licitude como facto suspensivo da prestação de trabalho) como o reconhecimento pela lei da validade normativa das convenções colectivas de trabalho abriram a transferência das negociações das condições de trabalho empregado, do mercado inter-individual, para um mercado colectivo, tendencialmente monopolista, em correspondência com o tendencial monopolismo sindical da representação dos trabalhadores.

Neste mercado colectivo, o equilíbrio de força negocial assentava teoricamente na base de uma «paridade de armas», a greve e o *lock-out* (encerramento da empresa). Ainda hoje, no direito do trabalho alemão – considerado um dos mais avançados do mundo –, o princípio da paridade de armas é invocado para legitimar o *lock-out* perante a legalidade da greve, precisamente como adequada arma de resposta a uma greve excessiva. Mas não foi assim no modelo mais comum noutros países, em que se proibiu o *lock-out* por se pressupor que a greve (como «greve profissional», e não como greve política) nunca seria intoleravelmente excessiva (uma vez algo regulada no seu processo e limitada pela imposição de serviços mínimos) e que o *lock-out* poderia anular a pressão negocial da greve.

Podendo elevar os mínimos legais de protecção ao trabalhador, as convenções colectivas de trabalho surgem como uma espécie de híbrido jurídico: por um lado, são contratos, mas, por outro, têm uma eficácia normativa análoga às das leis, vinculando individualmente os empregadores e os trabalhadores para a sua área de referência. O Estado, por sua vez, veio instituir novas formas de intervenção sua, colmatando ou estendendo esta regulamentação sindical colectiva por portarias de extensão ou de regulamentação colectiva das relações de trabalho, incluindo salários mínimos, para sectores laborais em concreto.

Assim, e em conclusão, ficou para o empregador, no âmbito da contratação com cada trabalhador individualmente, apenas a liberdade de acordar condições de trabalho ainda melhores do que as fixadas na lei e nas convenções colectivas aplicáveis. Restou pois para ele, quase desvanecido, o mercado de trabalho, após o momento inicial de liberdade contratual na admissão do trabalhador[4].

2. O pico do garantismo

O modelo estrutural descrito foi permitindo uma melhoria histórica assinalável das condições de trabalho para os trabalhadores empregados. Assim se gerou, nos países europeus mais avançados, uma ampla cobertura da regulação colectiva convencional (sindical-empresarial), sustentada numa legislação imperativa das condições legais mínimas para as relações inter-individuais de trabalho. Mais tarde, o modelo sofreu algumas mudanças que o reforçaram qualitativamente, no contexto da bem conhecida «revolução» social e política que culminou nos últimos anos sessenta, mudanças que merecem especial referência porque se tornaram actualmente eixos das novas reformas do mercado do trabalho.

Podemos fixar como início visível dessas mudanças o tempo da revolta libertária do Maio de 68 parisiense, que se espalhou seguidamente por toda a Europa. Esta revolução contestou, não apenas o alegado conservadorismo do centralismo político, mas também o alegado burocratismo do centralismo sindical, inclusive em países avançados na social-democracia (como os países nórdicos). Os trabalhadores empregados sentiram-se então capazes de assumir por formas organizativas mais directas e imediatas a defesa dos seus interesses e liberdades,

---

[4] Se houvesse espaço, caberiam aqui algumas considerações sobre esforços históricos em prol de uma admissão obrigatória de trabalhadores, que nunca foi além de limitadas aplicações. Como no caso da interessante experiência italiana na economia agrária da Baixa Lombardia que ficou conhecida por «l'imponibile di mano d'opera» (uma imposição obrigatória de empregar um certo número de trabalhadores).

contestando o elitismo e o burocratismo partidário dos sindicatos. E expressaram directamente o seu novo poder num histórico movimento de greves selvagens, com incidência imediata nas empresas, exigindo novas leis com maiores garantias e que consagrassem a presença representativa mais directa dos trabalhadores nas empresas. Foi a vaga de greves selvagens que inundou a Europa, até aos paraísos sociais da Escandinávia, e a cujo estudo foram dedicados muitos livros[5].

Nasceu daí, nos países em que mais se exibiram estes movimentos, uma nova geração de sindicatos de empresa e uma nova geração de comissões de empresa, independentes e rivais das grandes centrais sindicais, como no caso italiano, tendo aumentado a pressão política por novas leis garantistas e por novas formas de acção colectiva no seio das empresas.

Estas importantes alterações ao clima político e sindical anterior têm que ver com um efectivo aumento do poder sociológico do cidadão e do trabalhador empregado, nas condições de maior progresso económico e social das sociedades ocidentais, o qual veio determinar, no campo laboral: uma acentuação legislativa de garantias e de benefícios em favor dos trabalhadores empregados, face aos seus empregadores e também à Segurança Social; e uma legitimação da representação colectiva dos trabalhadores no interior das empresas, as chamadas «comissões de empresa».

O exemplo talvez mais representativo desta nova legislação foi o Estatuto italiano, *Legge n. 300 del 20 maggio 1970 – Statuto dei lavoratori*, que, no célebre art. 18.º, estabelecia «o direito

---

[5] Como especialmente representativo, porque se refere à Escandinávia, zona europeia em geral considerada socialmente mais adiantada, e escrita por um autor muito considerado, pode encontrar-se uma boa análise dos primeiros tempos de crise no livro de Bruno AMOROSO *Rapporto sulla Scandinavia*, Bari, Laterza, 1980. Entre nós, cf. por exemplo, José M. C. Sousa RIBEIRO (dir.), *As greves selvagens na Europa Ocidental*, Porto, Afrontamento, 1973.

de reintegração na empresa» dos trabalhadores despedidos irregularmente, sem justa causa, nas empresas com mais de quinze trabalhadores (o Partido Comunista italiano não votou a favor desta lei, que se aplicava apenas às empresas privadas e não aos trabalhadores da Administração Pública). A história deste estatuto, pelos debates partidários, sindicais e até constitucionais, com referendos e sentenças do Tribunal Constitucional, é ilustrativa das reais mudanças operadas na concepção de um novo sistema de representações e de participações dos trabalhadores, isto é, de um novo «estatuto» dos trabalhadores. Vejamos, em termos breves, os dois tópicos fundamentais nesta mudança legislativa: o do regime do despedimento e o da criação de comissões de empresa.

A garantia jurídica de estabilidade do trabalhador no seu posto de trabalho (no mínimo, como empregado na empresa) reforçou-se por uma nova obrigação legal: a da reintegração forçosa do trabalhador no posto de trabalho, no caso de se verificar judicialmente que a causa do despedimento não fora suficiente em termos de gravidade ou fora irregularmente invocada pela entidade patronal. Recorde-se que a justa causa era definida como «impossibilidade» de continuar a relação de trabalho. Por sua vez, esta reintegração deixou de ser substituível (pelo empregador) por uma indemnização, tornando-se praticamente forçosa em espécie, quando a sua execução passou a dispor da aplicação da chamada «sanção pecuniária compulsória» – que é uma multa irresistível, porque se repete e acumula indefinidamente enquanto não houver cumprimento. Acresce ainda que a reintegração tinha de ser efectiva no exercício das funções, e não apenas nominal e retribuída – em nome de um direito ao trabalho entendido como direito a uma ocupação efectiva. Assim, salvo causa disciplinar gravíssima da responsabilidade do trabalhador (que provocasse a «impossibilidade» de continuar a relação de trabalho), a disponibilidade do posto de trabalho por parte do empregador ficou praticamente anulada

– ao ponto de se falar de uma «apropriação» do posto de trabalho por parte do trabalhador –, restando-lhe apenas a possibilidade da extinção do posto de trabalho, do qual aliás também lhe foi retirada a plena disponibilidade, na medida em que o chamado despedimento económico ficou dependente de uma legitimação por autoridade pública.

Quanto à participação dos trabalhadores na empresa, até aí apenas possível com o livre acordo do empresário, a novidade consistiu em reconhecer-lhes um direito de acção colectiva dentro da empresa. Foi a legalização de uma descida directa ao interior das empresas por parte do poder colectivo dos trabalhadores, para defenderem os seus interesses contra as entidades patronais empresariais. De facto, a tradição europeia do movimento sindical, de ideologia classista, era contrária aos sindicatos de empresa, em princípio merecedores de suspeição (na gíria, «sindicatos amarelos»). Agora, porém, no novo contexto de força social, e com as novas leis garantistas, os trabalhadores adquiriam, também no interior das empresas, imunidades jurídicas e condições materiais de acção, através da criação de comissões de empresa. Embora as novas garantias estatutárias dos representantes dos trabalhadores na empresa se tenham também estendido aos dirigentes dos sindicatos exteriores, sectoriais e nacionais, a relação concorrencial que as novas formas de representação directa dos trabalhadores nas empresas estabeleceram com os sindicatos tradicionais nunca mais deixou de existir e até de aumentar.

3. A nova era das reformas no modelo social europeu

3.1. Aspectos gerais

Enquanto o progresso económico e a competitividade das empresas se mantiveram, os progressos do modelo europeu do mercado do trabalho e das condições trabalho em favor dos trabalhadores foram razoavelmente aceites como quase--sistémicos. Tudo mudou, porém, quando a era dos trinta gloriosos anos foi interrompida por uma sucessão de crises, na economia e no emprego, por toda a Europa, no contexto da revolução das novas tecnologias e da globalização, já desde os últimos anos setenta, mas sobretudo a partir dos anos oitenta. As empresas viram-se então na necessidade de se adaptar a novas condições de produção e de mercado, reorganizando-se dramaticamente; mas os sindicatos de trabalhadores não abriam mão da observância do rígido proteccionismo jurídico que se havia institucionalizado num implícito pressuposto de constante progresso sem crises – que não poucos traduziam num princípio de impossibilidade jurídica de regressão. Por causas várias, designadamente de ordem tecnológica, financeira e de cultura empresarial, mas também devido à dificuldade das reestruturações nos «recursos humanos» das empresas, foram muito significativos os efeitos de destruição e deslocalização de empresas e não menos de aumento do desemprego. Embora se deva aceitar que essas causas se inter-relacionam, não podendo ser analisadas separadamente, aqui, e por motivos óbvios, daremos apenas atenção às questões específicas do mercado do trabalho, designadamente as que são levantadas pela rigidez dos regimes jurídicos de protecção aos trabalhadores empregados, na fisionomia sistémica que já vimos nas suas linhas gerais.

Como numa situação de emergência sobreveio então uma primeira novidade, no sentido da reforma funcional (e também estrutural) do modelo, a da chamada «concertação social», num novo espírito, suspensivo ou diminutivo da conflitualidade ideológica de classe, porque mais gestionário da relação entre o económico e o social. Na Europa de Jacques Delors, foi intensa a promoção doutrinária da concertação social como processo de encontrar novas soluções para novas dificuldades na economia e no emprego. Em Portugal, foi verdadeiramente histórico que (em tempos de crise económica) o princípio da concertação social tivesse sido legislativamente acolhido pelo Governo do Bloco Central, PS-PSD (1983-1985)[6]. Para recordar hoje a força desta novidade, leia-se o que escreveu um autor: «Quando da criação do actual Conselho Permanente de Concertação Social pelo governo do bloco central PS/PSD, em 1984, a CGTP-IN, prosseguindo a experiência e a tradição do movimento sindical português, deixou vazias durante três anos as cadeiras que lhe estavam destinadas neste órgão. Os argumentos fundamentais para esta posição foram a recusa em avalizar com a sua participação um organismo de matriz corporativa e por se considerar que a criação do mesmo se destinava a «abafar» a intensa luta dos trabalhadores contra a ingerência do FMI, no combate à chaga do desemprego e dos salários em atraso e contra a carestia de vida, neste período da vida portuguesa»[7].

Hoje a concertação social é praticada por toda a parte. Esta permitiu facilitar ajustamentos em variáveis gerais do sistema jus-laboral. Não obstante, e enquanto apenas focada na perspectiva sindical-patronal de âmbito nacional, não foi suficientemente operativa no âmbito interno das empresas, ao mesmo tempo que a dinâmica da revolução tecnológica e da globalização continuou a intensificar-se, exigindo sempre mais de reestruturação empresarial. Foi assim que, de novo, foi preciso encarar novas ideias de política, as que se têm aplicado nas

---

[6] Cf. a propósito, entre outros: Aníbal CAVACO SILVA (dir.), *Pacto social e política de rendimentos*, Lisboa, Faculdade de Ciências Humanas da Universidade Católica Portuguesa, 1984; e Maria Manuel Leitão Marques e António Casimiro Ferreira, «A concertação económica e social: a construção do diálogo social em Portugal», in *Revista crítica de ciências sociais*, n.º 31, 1991.

[7] Cf. Américo NUNES, em: http://www.omilitante.pcp.pt/pt/321/Trabalhadores/746/Concertação-social-e-luta-de-classes–A-actualidade-de-Marx-(IV).htm

mais recentes «reformas no mercado do emprego» e que, mais uma vez baptizadas pela União Europeia (UE), se reconduzem à ideia nevrálgica da chamada «flexi-segurança».

A «flexi-segurança», que significa «segurança flexível», visa substituir ou esbater o dilema da segurança-insegurança assente na alternativa emprego-desemprego, isto é, substituir a via tradicional da defesa rígida da segurança no emprego pela segurança social na carreira profissional ao longo da vida com mobilidade de emprego. E, por este meio, conciliar e potenciar, entre si, várias linhas de segurança em flexibilidade, conjugando-as numa maior «socialização» do trabalho.

Essencialmente, nos desígnios de políticas públicas que lhe subjazem, a flexi-segurança pretende dar aos trabalhadores, empregados e desempregados, um novo estatuto de mais e melhor segurança social. E este melhor estatuto tem duas valências principais: a de uma garantia de rendimento durante o desemprego, em correspondência com a posição profissional e familiar; e a de uma garantia de apoio à formação profissional contínua, o mais possível gratificante, não só para o acesso ao evolutivo mercado do emprego (empregabilidade), mas também para o acesso ao mercado da iniciativa económica (empreendedorismo).

Sobre esta base de garantia de segurança social, o modelo da flexi-segurança permite e equilibra a flexibilização dos despedimentos, numa maior e melhor mobilidade dos trabalhadores, não apenas no âmbito da empresa, mas no inteiro mercado de trabalho, contra o efeito perverso da segmentação dos trabalhadores entre empregados super-garantidos e desempregados sem garantia. Em equitativas condições de protecção social e de carreira profissional para todos, a mobilidade dos trabalhadores, no mercado do emprego, permite uma mais justa «socialização» do trabalho entre todos, empregados e desempregados.

Sem dúvida que, ao flexibilizar os despedimentos, a flexi-segurança flexibiliza a reestruturação das empresas, a qual se considera virtuosa para a sua competitividade nos mercados nacionais e internacionais. Em relação ao previsível aumento imediato do desemprego, uma vez facilitados os despedimentos, argumenta-se que os trabalhadores despedidos, neste novo modelo da flexi-segurança, só podem aumentar em número se aceitarmos que, de facto, a actual rigidez nos despedimentos trava a sua saída das empresas à custa da estagnação organizativa e competitiva delas, e a longo prazo piorando o desemprego – porque o emprego está, em última análise, dependente da economia.

Nos países em que esta orientação já foi acolhida, como sempre primeiramente experimentada em países nórdicos, os resultados são positivos. Porém, a resistência a esta mudança continua, por compreensível receio, mas também por conservadorismo ideológico.

3.2. Breve comparativa nas reformas do mercado de trabalho

Postas estas considerações gerais à ideia essencial das chamadas novas reformas do mercado do trabalho, seria ideal descrever e comparar por miúdo as reformas dos anos mais recentes, em muitos países europeus: Irlanda, Grécia, Itália, Espanha, Chipre, Portugal, França, Roménia, Hungria, Croácia e outros países, sobretudo do Leste Europeu, o que está fora de causa, quer pelas dificuldades subjectivas e objectivas que defronta, quer por falta de espaço. Contentar-nos-emos com algumas observações.

Numa primeira nota, pensamos que se deve reconhecer que o princípio do *favor laboratoris* se tem mantido dirigente nas reformas do mercado do trabalho, porém num enquadramento ideológico menos inimigo da empresa capitalista, pelo reconhecimento da necessidade da sua interpretação sistémica na revolução tecnológica, na economia de mercado globalizado, na crise do desemprego e numa evolução mais socializante do Estado Social – em que é irrecusável atender ao imperativo liminar da constante agilidade na reestruturação das empresas, para impedir o seu encerramento e a sua deslocalização. Por outras palavras, reconhecendo uma necessidade de ainda maior e mais concreta concertação entre «o económico» e «o social». Mas – note-se bem – concertação agora descentralizada no interior de cada empresa, permitindo uma flexibilidade do trabalho desde que directamente acordada entre empregadores e trabalhadores, estes numa institucionalização colectiva própria da sua participação na empresa, tudo em articulação com a Segurança Social, o que obviamente vem chocar como «modelo sindical» *típico* das negociações colectivas de âmbito sectorial e nacional.

Num sentido amplo, as reformas do mercado do trabalho têm vindo a reduzir os níveis quantitativos e também qualitativos das exigências legais impostas aos empregadores a favor dos trabalhadores, quer nos regimes das relações individuais de trabalho, quer no das relações colectivas. Nas relações individuais, o sentido dominante repercute-se numa «flexibilização» em matérias como: tempo e horários de trabalho; despedimento do trabalhador por razões disciplinares, tecnológicas e económicas; redução de montantes indemnizatórios; férias, feriados e faltas; suspensão do contrato de trabalho; simplificação de procedimentos, em particular nos despedimentos. Quanto às relações colectivas, a incidência maior, e dando atenção ao caso português, é no sentido de limitar a chamada sobrevigência normativa das convenções colectivas, para além do termo que as partes lhes fixaram no momento da sua negociação. Com efeito, não serviria de muito flexibilizar os regimes legais gerais, se os regimes especiais das relações de trabalho, em cada sector, estabelecidos por convenções colectivas, permanecessem em vigor, por efeito da recusa sindical de os rever face a novas condições das empresas e do mercado.

Uma das questões cruciais é a chamada «flexibilização dos despedimentos», quer nas suas razões disciplinares, quer nas suas razões económicas e de reestruturação empresarial. Essa opera principalmente em duas variáveis: na redução do custo indemnizatório dos despedimentos e na sua facilitação, quer causal (motivos suficientes do despedimento), quer processual (procedimentos mais ou menos burocráticos e morosos).

De facto, foi sobretudo por estas duas vias que as leis e as convenções colectivas vieram dificultando os despedimentos, enquanto a economia e o emprego foram permitindo os sobrecustos crescentes de uma maior rigidez de estabilidade dos trabalhadores nos seus postos de trabalho. Saber se esta evolução de garantismo se tornou excessiva, a partir sobretudo dos anos oitenta, e contribuiu ou não (em conjugação com outras variáveis) para a relativa insuficiência de competitividade empresarial-económica que se verificou sobretudo em alguns países é questão mais que plausível. Sendo que, fundamentalmente, o controlo ético-jurídico da discricionariedade patronal nos despedimentos se afigura sempre necessário, a relação entre as duas partes no contrato de trabalho deve por justiça ser equilibrada segundo uma ponderação de interesses que não prejudique a manutenção e progresso da empresa, interesse comum às duas partes no contrato de trabalho. Sucede ainda que uma rígida garantia de estabilidade do trabalhador, aproximando-se de uma quase-propriedade do posto de trabalho, não pode justificar-se pela analogia com as razões da propriedade privada; porque a propriedade privada dos bens de produção traz consigo responsabilidade da sua gestão e risco económico, enquanto, inversamente, uma maior apropriação do posto de trabalho, por parte do trabalhador empregado, em vez de aumentar, reduz para ele o risco da gestão da sua prestação de trabalho na viabilização económica do seu posto de trabalho.

Por outro lado, a garantia de emprego, como direito social, só pode ser um encargo socializado, isto é, custeado pela Segurança Social pública, sob pena de – ficando a cargo de cada empregador relativamente aos seus empregados – introduzir efeitos injustos e perversos na iniciativa empresarial e na vida económica, desincentivando por exemplo a iniciativa empresarial (ou a sua deslocalização) e favorecendo em excesso as empresas com menor intensidade de emprego.

Outra questão maior é a da flexibilização na articulação «sistémica» das várias medidas de protecção e benefício do trabalhador, quer ao nível das convenções colectivas sectoriais ou nacionais, quer ao nível das empresas, entendendo agora o «princípio da igual ou maior favorabilidade para o trabalhador» num sentido mais «relativo e económico», isto é, no contexto das necessidades de cada empresa, e não apenas em plano nacional ou mesmo sectorial. Tal implica uma consequência com elevadíssimo impacto no modelo tradicional europeu: a da descida para o nível da empresa de um poder de regulação «colectiva» das condições de trabalho, que tem sido predominantemente sediado na lei e na contratação colectiva nacional ou sectorial.

Esta descida do poder de regulação contratual colectiva («colectiva», não regulação contratual inter-individual, como por vezes se dá a entender em intenção crítica) para o nível de cada empresa acarreta duas alterações sísmicas no sistema tradicional: uma, a da flexibilização da normativa legal e convencional de âmbito supra-empresarial, no sentido de que, salvaguardando o seu sentido económico nuclear, a rigidez formal de cada medida legislativa ou convencional (nacional ou sectorial), considerada isoladamente em geral, deve poder ser acomodada em combinações contextuais de economia variável ao nível da empresa, embora sem perder de vista o princípio geral da favorabilidade dos trabalhadores, cuja avaliação, em cada caso, não deve ser impedida à autonomia colectiva dos próprios trabalhadores directamente interessados; outra, a do maior protagonismo das representações de trabalhadores na empresa, por contraste com as organizações sindicais de nível nacional ou sectorial.

O exemplo da empresa portuguesa Autoeuropa, que merece um estudo mais aprofundado, é muito instrutivo, a este propósito, porque demonstra duas coisas inegáveis. A sobrevivência da empresa Auto Europa, em comparação, por exemplo, com o caso da Opel da Azambuja, que fechou porque não houve acordo com os sindicatos, mostra que estão em causa duas estratégias com dois resultados contrários: a antiga, de uma defesa sindical que dissocia os interesses dos trabalhadores e os da empresa no mercado, segundo uma concepção política de luta de classes, levando a empresa a fechar; e a moderna, que, através de uma representação dos trabalhadores focada nos seus concretos e legítimos interesses, integra a negociação colectiva numa lógica de concertação de interesses que tem permitido que as duas partes saiam a ganhar. A segunda prova é que a negociação colectiva de trabalho, na Autoeuropa só foi possível porque se violaram espartilhos legais e convencionais que estavam dados como intocáveis. Tal demonstra a necessidade de uma reforma desse sistema de espartilhos – a tal reforma do mercado de trabalho, ou do sistema de regulação do trabalho empregado.

Ainda a respeito deste ponto, levanta-se a questão das atribuições legais das nossas Comissões de Trabalhadores, relativamente à contratação colectiva ao nível da empresa. O nosso modelo constitucional, que entrega o monopólio da contratação colectiva aos sindicatos e o «controlo de gestão» às comissões de trabalhadores nas empresas, foi sempre um evidente erro de exacerbado ideologismo de luta de classes. Contudo, hoje, é patético, na sua inadequação às realidades. Por falta de verosimilhança da função de «controlo de gestão», as comissões de trabalhadores nas empresas têm vindo a morrer, como órgãos sem função. E as que sobrevivem é pelo exercício de outra actividade, precisamente de concertação ou de codecisão na empresa, em alternativa «ilegal» à regulação colectiva sindical. Foi por isso que, recusando ideologicamente o notável exemplo da experiência da Comissão de Trabalhadores da Autoeuropa, um dirigente de topo da CGTP declarou publicamente que esse caso «faz parte do problema e não da solução». A verdade é que é exactamente ao contrário.

Outra questão das recentes reformas do mercado de trabalho, muito importante, mas ainda pouco saliente entre nós, é a promoção do chamado «empreendedorismo», isto é, a promoção de maiores oportunidades de trabalho autónomo, designadamente ao encontro de trabalhadores desempregados. A própria UE, nos primeiros anos noventa, reconheceu a urgência de uma estratégia reformista para fazer face às dificuldades económicas e sociais, que já então se verificavam com alarme, e que celebrizou no tríptico bem esclarecedor de «Crescimento, Competitividade e Emprego». Para este efeito, publicou um *Livro Branco* e depois um *Livro Verde*, que propôs à discussão de toda a Europa. No Preâmbulo do *Livro Branco*, anunciava-se a ambição de contribuir para «lançar as bases de um desenvolvimento sustentável das economias europeias que as capacite para enfrentarem a concorrência internacional criando simultaneamente os milhões de novos postos de trabalho que são necessários»[8].

A promoção do empreendedorismo, no âmbito da UE e dos Estados-Membros, continuou como uma estratégia com o objectivo de criar condições mais favoráveis para as pequenas e médias empresas (PME), fortemente apoiada por fundos

---

[8] Sobre esta discussão, o Conselho Económico e Social promoveu, em Lisboa, uma Conferência em que apresentámos uma comunicação, intitulada «Reformar o Estado Providência para salvar o Estado Social», que ainda consideramos actual.

comunitários. Mas não como estratégia apenas económica; também, e não menos, como estratégia de mais fácil «acesso ao trabalho autónomo». Hoje, é corrente falar do «empreendedorismo» como «um antídoto para o desemprego».

Ora, em regra, as novas reformas laborais, como sucede exemplarmente no caso de Espanha, incluem uma desenvolvida regulação de velhas e novas formas de trabalho autónomo, com um apoio social correspondente, a ponto de se poder imaginar a emergência de um quase direito social ao financiamento público para iniciativas de trabalho autónomo – mais como forma do direito fundamental ao trabalho do que como modalidade de iniciativa económica privada.

Em suma, se colocarmos a linha de evolução do trabalho subordinado dentro de novos quadros de maior participação e cogestão dos trabalhadores na empresa (e até de participação no capital e nos lucros), ao lado desta outra linha de evolução do trabalho autónomo (desde as variadas posições de «trabalho autónomo em dependência económica» até às cooperativas e às PME), poderemos imaginar a possibilidade de, em algum ponto do futuro, essas duas formas de trabalho se tornarem menos «diferentes» do que hoje são, de tal modo que, em boa medida, se tornem escolhas acessíveis equivalentemente, como opções de carreira profissional, por estarem essas escolhas mais socializadas na sua valoração eminente de trabalho humano.

Leituras recomendadas

MINISTERO DEL LAVORO E DELLE POLITICHE SOCIALI, *Jobs Act, L'Italia cambia il lavoro*: http://www.jobsact.lavoro.gov.it/Pagine/default.aspx

BOLETÍN OFICIAL DEL ESTADO [España], *Reforma del mercado laboral*: https://www.boe.es/boe/dias/2012/02/11/pdfs/BOE-A-2012-2076.pdf

JOURNAL OFFICIEL LOIS ET DÉCRETS, *Loi n° 2016-1088 du 8 août 2016 relative au travail, à la modernisation du dialogue social et à la sécurisation des parcours professionnels*: http://travail-emploi.gouv.fr/IMG/pdf/loi_no2016-1088_du_8_aout_2016_version_initiale.pdf

EUROPEAN COMMISSION, *Flexicurity*: http://ec.europa.eu/social/main.jsp?catId=102

BOGG, Costello, Davies (dir.), *Research Handbook on EU Labour Law*, Cheltenham, Reino Unido, Edward Elgar, 2016.

NEVES, João César das, *Introdução à ética empresarial*, Cascais, Princípia, 2008.

SANTONI, Francesco, *Diritto del mercato di lavoro*, 2016.

XAVIER, Bernardo, *Manual de direito do trabalho*, Lisboa, Verbo.

Empresas e negócios

António Pinto Leite
Morais Leitão, Galvão Teles, Soares da Silva & Associados

1. Ética, operação e rentabilidade

Ética

A ética designa um ramo da filosofia que se dedica aos princípios morais que orientam a conduta humana, respondendo genericamente à questão: «qual a "coisa certa" a fazer nesta situação em que estou envolvido?»[1].

A conduta ética está ligada aos valores morais matriciais de uma sociedade ou de um tempo. O conjunto de valores que enquadram um comportamento ético, a «conduta correcta», pode variar. Por outras palavras, para aferir um comportamento ético, é preciso identificar os valores morais matriciais da sociedade em que vivemos.

---

[1] Neves, João César, *Introdução à ética empresarial*, Cascais, Princípia, 2008, p. 18.

A matriz cultural da sociedade ocidental é humanista e radica na hegemonia da sua tradição judaico-cristã. Ora, o centro vital da ética cristã é o amor ao próximo, amar o outro como a nós mesmos. Para quem não segue a orientação cristã, o termo «amor» pode parecer estranho ou exagerado; para essas, o uso de outras palavras, como «solidariedade» ou «humanidade», pode expressar uma ideia semelhante. Assim, a ética da sociedade a que pertencemos traduz-se no seguinte critério de discernimento e de escolha: devemos tratar os outros como gostaríamos de ser tratados se estivéssemos no lugar deles[2].

Podemos dizer que o conjunto de valores que conforma as «condutas correctas» na nossa sociedade se traduz numa «ética humanista». Este conceito é nuclear, uma vez que projecta o «dever de conduta» para lá da honestidade, do sentido de responsabilidade, da confiabilidade, da verdade, da preocupação do exemplo. A ética que conforma as nossas atitudes e acções tem no seu centro «o outro».

Um segundo passo consiste em saber se a ética humanista tem cabimento na economia e na concorrência empresarial. A conduta empresarial ditada pela ética humanista parte dos valores da vocação social da iniciativa privada e do primado da dignidade da pessoa humana e do bem comum. Por isso, a questão impõe-se: podem as empresas competir com sucesso na economia global conformadas por uma ética empresarial humanista?

A resposta só pode ser positiva e tem duas dimensões.

Primeiro, no plano pessoal: não há empresas éticas, há pessoas éticas que conferem carácter ético às empresas. Ora, para cada pessoa não há, nem pode haver, várias éticas, há apenas uma. Por definição, a ética decorre dos valores que nos são superiores e, assim, a «conduta correcta» terá sempre, em

---

[2] LEITE, António Pinto, *O amor como critério de gestão*, Cascais, Princípia, 2012, p. 29.

qualquer circunstância, de se conformar com os valores matriciais da sociedade a que pertencemos.

A economia não é moralmente neutra. Não há uma ética empresarial de conveniência ou de oportunidade. É inteiramente de excluir a ideia de que a ética empresarial não é a mesma ética da vida privada.

Segundo, no plano empresarial: a ética humanista é um investimento de longo prazo, mas é o melhor investimento de longo prazo. Seja na dimensão mais estrita da honorabilidade, geradora de confiança e de relações duradouras, seja na dimensão da vocação empresarial para o bem comum, geradora de sustentabilidade e de produtividade.

A ética é um factor de competitividade empresarial e não o inverso. Assim sendo, é inteiramente de excluir a ideia de que os líderes empresariais de sucesso têm de ser amorais e, se necessário, imorais.

A operação empresarial

A chamada «operação empresarial» parece ficar restrita à organização de meios técnicos e humanos com vista à produção de bens ou serviços e à sua comercialização. À luz da ética, todavia, a operação é mais do que isso e envolve, na sua própria configuração e sistemas, os *stakeholders* (sujeitos interessados) da empresa. A «conduta correcta» implica integrar na operação empresarial a vocação social da própria empresa.

A conduta empresarial ética exige que se defina e se tenha consciência daqueles com os quais estamos em relação e cujo perímetro foi alargando ao longo do tempo. Os «clientes», os «colaboradores» e os «accionistas» sempre foram centrais. Ainda que com menor consciência das implicações éticas respectivas, tornou-se pacífico incluir os «fornecedores» e os «concorrentes». Mais tarde, a «comunidade» envolvente veio a ocupar grande espaço na responsabilidade social e ambiental corporativa. Mais recentemente, as «futuras gerações» foram identificadas como nucleares para a aferição da «conduta correcta» empresarial.

Tratar cada um destes *stakeholders* como gostaríamos de ser tratados se estivéssemos no lugar deles é um enorme desafio operacional e, há que sublinhá-lo, as empresas, à medida que vão crescendo e ganhando massa crítica, vão tendo cada vez mais responsabilidades no cumprimento deste ditame ético.

Adiante analiso com mais detalhe a relação com cada *stakeholder*. Todavia, tendo presente a operação da empresa, alguns deveres éticos de ordem geral devem ser desde já destacados.

Em primeiro lugar, tem relevância ética definir os valores da empresa e dar-lhe uma orientação estratégica clara. A operação não se confunde com a estratégia nem deve existir por si mesma, sem rumo nítido e bem percebido, interna e externamente. Igualmente, a prossecução íntegra da missão da empresa tem conteúdo ético. Parece óbvio, mas não é assim tão comum. O respeito pelas expectativas dos colaboradores e de todos os que interagem com a empresa exige o cumprimento destes deveres éticos.

Em segundo lugar, no quadro da operação, tem enorme relevância ética o cumprimento das leis aplicáveis à empresa. Uma vez mais, parece óbvio, mas não é tanto quanto seria de desejar. A legislação aplicável é igual para todos e constitui, por isso, a base da concorrência que todos confiam será respeitada universalmente. A promoção de uma concorrência leal e honrada não decorre apenas da lei, tem assento nos valores éticos.

Em terceiro lugar, promover a ética é um dever ético e também operacional. Internamente, definindo, de modo partilhado, e divulgando os valores da empresa; externamente, dando notícia das boas práticas seguidas e seleccionando parceiros com alinhamento de valores. Incluir na operação a selecção de parceiros com alinhamento de valores é um desafio operacional difícil e, simultaneamente, um desafio ético decisivo, pelo efeito sistémico virtuoso que o critério em si contém.

Finalmente, a operação empresarial eticamente exemplar pressupõe um investimento genuíno em processos e sistemas de controlo e informação interna, de *compliance* (cumprimento) e de prevenção. A lei tanto exige em excesso como nada exige, pelo que a intervenção do responsável empresarial é decisiva.

A operação está, assim, para além da produção ou da comercialização de produtos ou serviços. A operação integra, ela própria, um conjunto de tarefas orientadas para assegurar a cidadania empresarial e a promoção em cadeia de uma economia assente em valores humanistas.

Rentabilidade

O lucro é definido, de modo geral, como o retorno financeiro do capital investido. As empresas estão vocacionadas para a obtenção do lucro, o qual é um indicador relevante de sustentabilidade dos negócios. Por outro lado, a procura da maximização do lucro é uma consequência natural da economia assente na iniciativa privada e num modelo de redistribuição da riqueza, assegurado pelo Estado. A questão é esta: se o lucro corresponde ao retorno financeiro dos capitais investidos e a liderança empresarial deve procurar a sua maximização, como compatibilizar a ética empresarial humanista com a maximização daquele retorno?

Diga-se, desde logo, que a «absolutização» do critério da maximização do lucro financeiro é um pecado capital moderno e é incompatível com uma conduta ética. A ética humanista tem uma referência central «no outro», pelo que a orientação estritamente utilitária e egoísta («o que é bom para mim») se afasta dos ditames éticos. Este caminho, mesmo que respeitados os limites da honorabilidade empresarial, ignora a vocação social da empresa e põe em crise o primado da dignidade da pessoa humana e o bem comum.

A melhor via de compatibilização da maximização do lucro (fundamento da economia de mercado) com a vocação social da iniciativa privada (fundamento da ética humanista) é incluir no conceito de lucro a própria vocação social da iniciativa privada. Tenho, assim, defendido a «modificação genética do conceito de lucro»[3]. Por outras palavras, e se o retorno do capital investido não for apenas financeiro? Por que razão, aliás, o retorno do capital investido teria de ser apenas financeiro? Há algum «fatalismo antiético» inscrito na natureza humana que implique a desertificação das motivações de um investidor, reduzindo-as à obsessão do seu ganho financeiro[4]?

No quadro da procura de uma «conduta correcta» ético-humanista, o retorno do investimento não tem, não pode, nem deve ser apenas financeiro. A «modificação genética do conceito de lucro» traduz-se assim: lucro é o retorno financeiro e não financeiro, de ordem material e imaterial, imediato e mediato, que compense adequadamente aquele que investe o seu capital numa empresa, no quadro da definição de interesses e motivações que o próprio investidor tem e estabelece[5].

Seguindo esta via, a maximização do lucro não é perversa, porque o lucro passa a incluir, em si mesmo, resultados e objectivos alinhados com a vocação social da empresa. O passo em falta, a «conduta correcta» em falta, consistirá, tão-somente,

---

[3] LEITE, *op. cit.*, p. 44.

[4] MIRANDA, Artur Cupertino (1892–1988): «Não foi a ambição de ser rico que me fez banqueiro. Foi sim a paixão absorvente de deixar ficar uma obra que justificasse a minha passagem pela vida» – FERNANDES, Filipe, *Fortunas & negócios, empresários portugueses do século XX*, Alfragide, Oficina do Livro, 2003, p. 103.

[5] O moderno movimento conhecido por *Impact Investing* vem neste sentido: investimentos em que o investidor tem *the intention to generate social and environmental impact alongside a financial return*.

em seleccionar aqueles objectivos, bem como as métricas adequadas para medição do lucro atingido, na sua vertente imaterial ou não financeira.

2. Empresa como comunidade

A empresa é uma comunidade humana, fundada em interesses não coincidentes, mas orientada para finalidades comuns, estruturada segundo o princípio da cooperação e não do conflito, vocacionada para a produção e/ou comercialização de bens e serviços, num mercado global, concorrencial e incerto e, por isso, sujeita a princípios racionais de gestão, de organização e de permanência no mercado[6]. Esta definição, à qual adiro inteiramente, está em linha com a ética humanista e promove-a.

Primeiro, coloca as pessoas «no centro» empresarial. Os colaboradores não são mero «capital humano», ou simples «recursos» a afectar correctamente para um fim produtivo ou comercial. São pessoas, o que implica o conhecimento e valorização de «cada um», a dignidade de «cada um». Sendo «cada um», são projectos de vida, são famílias, são expectativas «concretas e vivas». Pressupõe-se que a «conduta correcta» seja sempre aquela que conjuga a procura da competitividade e da excelência com critérios de humanidade, evitando o esgotamento do ser humano na sua dimensão produtiva – tantas vezes alienada.

Segundo, essas pessoas constituem uma comunidade. Não são apenas uma organização, uma empresa ou uma instituição. São uma comunidade. Comungam uma visão e uma missão, e também um destino e um risco. Pressupõe-se que a «conduta

---

[6] ACEGE – Associação Cristã de Empresários e Gestores, *Código de ética dos empresários e gestores*, 2015, p. 6, www.acege.pt.

correcta» seja sempre aquela que une, que exige compromisso, que partilha, que coopera, que responsabiliza todos por todos.

Terceiro, a comunidade empresarial actua num mercado competitivo, tangencial, de sobrevivência. Há vida em abundância no mundo empresarial, mas também há doença, decadência, morte. A economia não escapa ao «programa dramático da natureza», o que pressupõe que a «conduta correcta» tenha presente o «bem maior», e este é a sobrevivência da empresa, a sua sustentabilidade, mesmo que, tal como na vida humana em geral, com ajustamentos dolorosos necessários.

Tal como cada ser humano deve cuidar da sua saúde e de uma vida «justa» para o seu próprio corpo, também a «conduta correcta» empresarial é aquela que usa de prudência, que antecipa crises, que cultiva competências, que nas opções difíceis ou de mero investimento privilegia critérios de justiça social.

3. Lucro e serviço

A base de uma «conduta ética» é o carácter[7]. O conceito de ética provém, aliás, do termo grego *ethikos*, que significa «carácter». Valores todos defendem, actuar segundo valores, já são menos os que o fazem. Por outro lado, o líder empresarial é, por natureza, uma personalidade forte, focada e bem-sucedida. Se não tem valores, estará tudo eticamente perdido; se tem valores e não tem carácter, será aleatório o que a sua liderança possa vir a ser[8].

---

[7] «Não há memória de que alguém se tenha tornado um líder eficaz por ter lido um livro de instruções e, muito menos por saber de cor uma lista de regras ou máximas aplicáveis a todas as situações e a todos os problemas» – Lowney, Chris, *Liderança heróica*, Lisboa, Verbo, 2006, p. 24.

[8] «Para se ser ético, a primeira condição é querer. Claro que nem todos que o querem o são. Mas os que não querem nunca são» – Neves, *op. cit.*, p. 229.

A relação entre lucro e serviço situa-se neste contexto. O serviço é a dimensão do «outro» internalizada na cultura e na dinâmica empresarial. Traduz-se na vocação social da empresa e na centralidade da pessoa humana e do bem comum na acção empresarial. O lucro é a medida do sucesso do responsável empresarial. Se o lucro for concebido como o retorno financeiro e não financeiro do capital investido, gera-se a harmonia entre lucro e serviço. Já se o lucro for concebido, como sucede na generalidade, como retorno estritamente financeiro do capital investido, existe um conflito potencial entre lucro e serviço[9].

A natureza tipicamente ganhadora dos líderes empresariais conduzi-los-á, inelutavelmente, à procura da maximização dos resultados que lhes foram propostos ou que a si mesmos fixaram. E quererão sempre exceder esses resultados e os resultados de todos os seus concorrentes. É a natureza das coisas.

Sendo geral a noção de que o lucro é a medida do sucesso do líder empresarial, que o lucro tem natureza estritamente financeira e que o retorno do accionista deve ser maximizado, neste contexto há apenas uma via de conciliação entre lucro e serviço, entre a maximização do resultado financeiro do investidor e a vocação social da empresa: demonstrar como a liderança, segundo a ética humanista, promove resultados financeiros melhores do que a falta de ética.

Tenho sugerido em aulas de MBA e em sessões com quadros superiores de empresa uma sequência de questões que, invariavelmente, recebe a mesma reacção. Primeiro: «Líderes

---

[9] Note-se que um empresário que apenas pensa no lucro pode, ainda assim, prestar um bom serviço, precisamente porque isso lhe dá lucro. Esta é, aliás, uma característica da economia, que é um jogo de soma positiva, como já Adam Smith dizia: «Não é da bondade do homem do talho, do cervejeiro, ou do padeiro que podemos esperar o nosso jantar, mas da consideração em que eles têm o seu próprio interesse» – *Riqueza das nações*, Livro I, cap. 2.

humanizados fazem organizações humanizadas?». Todos concordaram. Segundo: «Organizações humanizadas fazem pessoas felizes?». A concordância é sempre unânime. Terceiro: «Pessoas felizes fazem empresas produtivas?». De novo, nenhuma hesitação, todos concordam[10]. Quarto: «Empresas produtivas fazem uma economia competitiva?». Todos concordam. Quinto: «Uma economia competitiva é a base de uma sociedade justa?». Acordo pleno também[11].

A resposta espontânea que se obtém vinda da experiência empresarial ao mais alto nível diz-nos duas coisas: a «humanidade do líder» tem relação directa com a «felicidade das pessoas» e a «felicidade das pessoas» é um factor importante de «produtividade e competitividade» de uma empresa. Por outras palavras, no princípio de uma cadeia de valor que conduz à competitividade de uma economia e à base de uma sociedade justa (vocação social da empresa) está a conduta ética humanista.

Neste domínio, tem sido desenvolvido um notável estudo sobre as chamadas «organizações virtuosas»[12], o qual demonstra que, aos mais diversos níveis, estas empresas ficam mais fortes, beneficiando de diversas vantagens competitivas ao nível:

---

[10] Apesar de a resposta a esta questão ser repetidamente unânime, a mesma merece ponderação. É indiscutível que existe uma ligação positiva entre felicidade e produtividade. Todavia, não é susceptível de comprovação que toda a pessoa feliz seja produtiva. Já poderá ser comprovado que a mesma pessoa, perante a mesma tarefa, será mais produtiva se estiver feliz do que se não estiver feliz.

[11] Leite, *op. cit*, p. 54.

[12] Ribeiro, Neuza, Rego, Arménio e Cunha, Miguel Pina, *A virtude nas organizações – fonte de progresso e de sustentabilidade*, Lisboa, Sinais de Fogo, 2013. Esta obra é um sinal dos tempos: a vasta bibliografia recente nela citada, de Harvard a Stanford, de Lisboa a Fontainebleau, revela uma corrente de pensamento e de investigação que irrompeu, na última década, nas ciências de gestão.

da capacidade inspiradora da liderança; da coesão interna e na capacidade de adaptação da comunidade empresarial à mudança; do factor confiança na relação com clientes e fornecedores, confiança que gera parcerias consistentes e recorrência de contactos comerciais; da atracção, retenção e motivação do talento; da criação do ambiente mais propício para a inovação; da redução do stresse (doença do século, segundo a Organização Mundial de Saúde), com poupança em custos de saúde, absentismo e quebras de produtividade; do factor mitigador da ruptura dos elos psicológicos em caso de crises de ajustamento empresarial (fusões, aquisições, redução de pessoal); da facilitação do *commitment* (alinhamento), da *extra mile* (dedicação); e, extremamente importante, vantagem competitiva ao nível do factor de sustentabilidade dos negócios, conferido pelo ADN de longo prazo que a ética humanista tem.

4. Ordenação dos *stakeholders*

Os «clientes» são a principal razão de ser da empresa, a finalidade da actividade. Sem eles a empresa deixaria de existir, e a sua satisfação é decisiva para o sucesso da empresa. Esquecer este aspecto e vê-los como mera oportunidade é um erro. A centralidade dos clientes na acção empresarial está bem expressa na frase «o cliente tem sempre razão».

Os «clientes» são, todavia, um dos maiores objectos de «tentação» empresarial: enganar, manipular, atrasar, abusar são expressões do léxico diário dessas «tentações». A ética tem, assim, um papel decisivo, e a pergunta nuclear um efeito tremendo: como gostaríamos de ser tratados, se estivéssemos no lugar dos nossos clientes, com a informação de que dispomos?

Primeiro, gostaríamos que o bem ou serviço adquirido correspondesse à qualidade esperada e contratada, bem como que as melhores práticas de produção tivessem sido cumpridas.

Segundo, que as condições contratuais fossem lealmente estabelecidas, sem cláusulas abusivas ou obscuras visando benefícios indevidos, no imediato ou no futuro. Terceiro, que as condições acordadas fossem respeitadas, que o tratamento fosse igual para todos e que as ineficiências de quem vende não fossem reflectidas de modo oculto no preço. Quarto, que os riscos associados a determinadas matérias ou produtos, desde logo financeiros, mas não só, fossem evitados, por uso de um critério de «prudência razoável», ou, se os riscos forem elevados, que fossem leal e claramente identificados. Por fim, que em caso de vícios se actuasse com diligência e honestidade.

Os «colaboradores» são outro *stakeholder* essencial para um responsável empresarial. As empresas são feitas por pessoas e para as pessoas. Os deveres éticos são muitos, e as «condutas correctas» não se podem conter numa única reflexão, existindo, porém, aspectos que ajudam a enquadrá-las.

Se somos comunidade, somos próximos. A «conduta correcta» de um responsável empresarial é promover uma cultura de proximidade, sendo acessível, verdadeiro, empático, humilde. Um bom exemplo que pode surpreender: a alegria cultiva-se e é, numa cultura de proximidade, uma conduta ética, pela enorme «potência de acolhimento» que tem.

Se somos comunidade, toda a «conduta correcta» será orientada para a criação de oportunidades de participação por parte dos colaboradores, pelo dever de informar de forma honesta sobre a vida da empresa, pela recusa de qualquer discriminação, pelo dever de cuidar do projecto de vida de «cada um». A saúde e o bem-estar dos colaboradores será um eixo central das políticas da empresa.

Se somos comunidade, devemos ser intransigentes na defesa do equilíbrio de vida dos colaboradores. A flexibilização temporal, a flexibilidade do horário de entrada e de saída, o trabalho parcial, o trabalho a partir de casa, a boa organização que evita tempos de trabalho absurdos, a desconexão profissional digital nocturna, sempre que possível, a ponderação especial nos casos de trabalho internacional são «condutas correctas», pois permitem o desenvolvimento integral do colaborador, um melhor autocontrolo do seu tempo ou da sua própria vida, e favorecem a conciliação entre a família e o trabalho.

Ao invés, os modelos de negócio em que os meios humanos são, calculadamente, estruturados e «calibrados» com base na necessária «disponibilidade patológica» dos colaboradores resultam de condutas empresariais profundamente antiéticas.

Por outro lado, se a empresa tem uma vocação social, a partilha da riqueza produzida constitui um tema ético central. A ética humanista dita que se pague uma remuneração justa, ponderada, pela realidade da empresa e pelo mérito do colaborador. Dita também que a empresa deve pagar salários que coloquem os mais fracos fora do perímetro da pobreza. O salário mínimo deve ser, na medida do possível, tão alto quanto este critério imponha. Implica ainda que a empresa tenha a sua sonda interna e confidencial que lhe permita detectar as situações humanas de aflição e dar-lhes resposta. A vocação social da empresa propõe que não deixe nenhum dos *seus* entregue à sua sorte.

O «accionista» é, por definição, um *stakeholder* angular para o responsável empresarial. Sem o seu investimento, não haveria empresa; sem um retorno adequado do capital investido, a empresa deixará de existir. Em rigor, este *stakeholder* é o *shareholder* (accionista).

O responsável empresarial pode ser o próprio empresário ou um gestor. Sendo o empresário, a «conduta correcta» será aquela em que o próprio inclui no lucro desejado objectivos de retorno não financeiros. O «meu» lucro tem uma dimensão social incorporada. O empresário deve colocar-se na posição dos outros e ponderar o que, de modo razoável, esperaria de si mesmo, se estivesse no lugar dos outros com a informação de que dispõe. Aqui, tem a maior relevância ética a perspectiva de longo prazo do investidor. O *long term shareholder value* é o critério que assegura o bem comum e, desde logo, a sustentabilidade da comunidade empresarial em causa.

Sob a perspectiva de um gestor, este deve assegurar ao accionista o retorno adequado pelo capital investido, mas deve também, na sua relação com o investidor, ser referência da vocação social do investimento, não se disponibilizando para a procura exclusiva da maximização financeira daquele retorno nem se deixando enredar em incentivos que o premeiem precisamente por alcançar objectivos de pura maximização do retorno financeiro do capital investido. Neste âmbito, deve repudiar a visão de curto prazo, a orientação accionista pela rentabilidade imediata, e recusar que ele próprio fique dependente de resultados de curto prazo (exemplo conhecido, os prémios trimestrais, o *quarterly capitalism*).

Os «fornecedores» são parceiros decisivos do sucesso da empresa. No entanto, são também objecto de «tentação» empresarial: «pagar e morrer, quanto mais tarde melhor». Pagar pontualmente aos fornecedores, isto é, dentro do prazo acordado, seja ele qual for, é o mínimo ético empresarial.

Os estudos demonstram que interromper a cadeia de pagamento pontual entre empresas provoca um tsunami de destruição de valor, seja através da falência de milhares de pequenas empresas, seja na destruição de milhares de postos de trabalho, seja, ainda, em termos de «lucro cessante», isto é, em termos do crescimento do produto que não acontece por este efeito e do emprego que seria criado e não é[13].

Por outro lado, a tentação do abuso de poder é grande quando existe um desequilíbrio negocial muito acentuado. O esmagar das margens de pequenas empresas é uma via de

---

[13] Estudo sob coordenação de Augusto MATEUS, *Compromisso de pagamento no prazo acordado – uma cultura de pagamentos atempados*, 2011, in http://www.ver.pt/compromisso-pagamento-pontual.

enriquecimento que, podendo não violar a lei, e até «glorificar» o gestor impiedoso, põe em crise a vocação social da empresa. Toda a forma de ganância e de anulação do «outro» é inimiga da ética empresarial humanista.

Os «concorrentes» colocam imensos desafios éticos e também enormes «tentações». Como gostaríamos de ser tratados por nós próprios se estivéssemos no lugar dos nossos concorrentes?

A primeira «conduta correcta» reside em não falsear os sãos princípios da economia de mercado, recusando, nomeadamente, a economia paralela e a fuga aos impostos.

Promover uma concorrência leal, actuar com boa-fé no mercado, respeitar os direitos de propriedade dos outros (aspecto tão desconsiderado, por exemplo, no domínio da inovação e dos direitos industriais), evitar todas as formas de abuso do poder são condutas que decorrem da lei, mas que a ética deve reforçar e assegurar.

A vocação social da empresa tem presente que a concorrência desleal possui um enorme potencial de destruição de valor, para além de gerar sofrimento humano directo ao inviabilizar concorrentes leais e que agem de boa-fé. Como mero exemplo, adiantamos que, se somarmos as taxas de IRC e IVA que um concorrente desleal pode evitar, temos uma «vantagem competitiva ilícita» na ordem dos 50%.

O cumprimento do contexto legal em que a empresa actua é da maior relevância, porque constitui a base de que todos os agentes leais e de boa-fé partem para a competição económica. Alguns exemplos são bem tocantes: o uso de mão-de--obra infantil, o *dumping* (despejar no mercado abaixo de custo), o incumprimento de normas de protecção ambiental, as políticas de gestão financeira baseadas no pagamento intencionalmente tardio aos fornecedores, as políticas de comunicação organizadas para descredibilizar os opositores ou a corrupção para conquista de negócios.

Outro *stakeholder* essencial é a «comunidade envolvente» e, em especial, as suas margens de sofrimento. Desde logo, a empresa dever ser «boa cidadã»: pagar impostos, contribuir para o progresso, cumprir as leis em vigor são a base de uma sã cidadania empresarial.

Por outro lado, a caracterização da empresa como comunidade de pessoas e a consciência da vocação social da empresa implicam uma consequência relevante na política de responsabilidade social corporativa. A comunidade que produz riqueza está em relação com comunidades carentes ou em sofrimento. A consciência de sermos comunidade implica uma responsabilidade para com as comunidades a quem podemos, na medida adequada, ser úteis. A questão volta a ser a mesma: devemos tratar as comunidades em sofrimento como gostaríamos de ser tratados se estivéssemos no lugar delas, conhecendo a riqueza, material e de competências, que temos.

A construção «ética da produção de riqueza» implica, como «conduta correcta», ir, «metodicamente», ao encontro do sofrimento, implica o fomento da cultura do serviço entre os colaboradores e implica uma gratuidade íntegra, isto é, a não manipulação da ajuda às comunidades carenciadas como peça do marketing empresarial[14].

O voluntariado empresarial é, assim, um dever ético, correspondendo ao conjunto de acções realizadas por empresas, ou qualquer forma de apoio ou incentivo dessas mesmas empresas, que vise o envolvimento dos seus colaboradores, disponibilizando o seu tempo, conhecimento e competências, em actividades voluntárias na comunidade, no contexto da actividade laboral e no tempo de trabalho[15].

---

[14] Leite, *op. cit,* p. 65.
[15] ACEGE, IAPMEI, CIP, APIFARMA, COMPETE, QREN e União Europeia, *AconteSer – Liderar com responsabilidade,* módulo Comunidade n.º 1, con-

A relação com o terceiro sector é igualmente fundamental para compreender o que espera a economia social da intervenção empresarial e como as empresas podem ajudar as estruturas da sociedade civil na prossecução dos seus objectivos solidários. A «conduta correcta» está em estabelecer a prioridade, definir a estrutura orgânica de missão, seleccionar as entidades beneficiárias, estabelecer parcerias, envolver a «nossa» comunidade empresarial nos projectos e acompanhar, exigir e avaliar[16].

As «futuras gerações» são um *stakeholder* cada vez mais presente e actual. As patologias do nosso modelo de desenvolvimento económico tornam imperioso sentar as gerações futuras à mesa das nossas decisões. A vocação empresarial para o bem comum exige a protecção do mundo que vamos deixar a quem hoje não existe ou ainda não tem voz.

Por se tratar de um *stakeholder* quase invisível, é mais difícil colocá-lo no nosso centro. O bom caminho será imaginarmos um filho pequeno, um neto, um futuro filho ou um futuro neto, alguém que amemos muito, e tomarmos consciência do mundo que nos preparamos para entregar, por acção ou omissão, a esse alguém que tanto estimamos. O futuro distante torna-se presente e urgente.

Neste âmbito, constitui um dever ético de todas e cada uma das empresas ter um programa de responsabilidade ambiental e procurar medir e diminuir a sua pegada ecológica. As «condutas correctas» são todas aquelas que partam desta consciência e se comprometam com esta finalidade. Uma estratégia de eco-eficiência é um imperativo ético empresarial.

---

teúdo produzido pelo GRACE – Grupo de Reflexão e Acção para a Cidadania Empresarial, 2010.

[16] Montepio, *Construir pontes – guia metodológico para a cooperação com o terceiro sector*, http://www.montepuio.pt/imagens/34/Construir%20Pontes_net.pdf.

5. A questão do ajustamento da empresa (fusões, aquisições, despedimentos)

O processo de reestruturação de empresas, quando implica o despedimento, é o momento de máxima tensão ética para um responsável empresarial com valores humanistas. Para além de as decisões de dispensa de pessoas terem enorme impacto humano naqueles que são dispensados, os processos de *downsizing* afectam negativamente o conjunto da comunidade por enfraquecerem o «cimento» que a todos une.

Nestes contextos de decisão tão difíceis, a «conduta correcta» tem alguns critérios orientadores: primeiro, defender o «bem maior», a sobrevivência da empresa; segundo, esgotar as soluções que evitem ou mitiguem o despedimento; terceiro, ponderar factores sociais de decisão (idade, qualificações, contexto socioeconómico, agregado familiar); quarto, proteger o mais fraco, maximizando até ao limite as condições indemnizatórias e mitigando os impactos negativos; por último, ajudar a reintegração no mercado de trabalho, acompanhando o colaborador após a cessação do vínculo laboral.

6. Corrupção

Em sentido literal, «corrupção» significa «decomposição física de alguma coisa», «deterioração» ou «adulteração das características originais de algo». Existe também um significado figurado para corrupção: «acto de corromper a moral, de gerar uma perversão». Nos comportamentos humanos, a corrupção é, necessariamente e sempre, um assunto do foro da ética.

Um dos fenómenos abrangidos pela expressão «corrupção» constitui um exemplo sugestivo: a putrefacção de alimentos. Em rigor, aquele que corrompe apodrece eticamente. Adultera as características originais da ética.

O sentido mais usual de corrupção é a «corrupção pública». O responsável empresarial que corrompe fere, em cadeia, valores essenciais da ética. Logo à partida, viola a lei, incluindo a lei penal, viola as condições de uma concorrência sã e leal, dá origem a fraude fiscal e, assim, penaliza o bem comum. Fere, igualmente, o valor da transparência, estimula a falsidade e o cinismo, cria ineficiências, desvia recursos da sua melhor afectação.

Mas vai mais longe: promove a putrefacção dos homens públicos, a desconfiança nas instituições, o desprezo do cidadão pela lei e pela própria Justiça. Contamina também a reputação de todo o sistema empresarial, gera desconfiança na economia de mercado[17], atrai outros comportamentos empresariais anti-éticos.

O caso mais grave é a corrupção endémica, a corrupção generalizada. Neste âmbito, deve ainda distinguir-se «corrupção» de «sensação de corrupção». O responsável empresarial corruptor contribui para uma grave forma de deterioração social: a «sensação de corrupção», com a espiral anti-ética que esta arrasta, na economia e fora dela.

Situações dilemáticas ocorrem em quadros de corrupção generalizada. A identificação e defesa do bem maior pode determinar que o responsável empresarial tenha de se envolver em certas formas de corrupção para fazer sobreviver a empresa e os seus trabalhadores e familiares. As condenações sem apelo podem ser injustas[18].

---

[17] «Algumas das mais emblemáticas empresas têm feito mais pelo descrédito da economia de mercado do que qualquer movimento ou partido anticapitalista», RIBEIRO, Neuza, *et al. op. cit.*, p. 15.

[18] «É verdade que em muitos casos a única reacção válida é abandonar a actividade e partir para outra. Mas a saída é muitas vezes impossível. Mais ainda, pode acontecer que ficar e melhorar um pouco a situação é muito mais corajoso e meritório», NEVES, *op. cit.*, p. 316.

Em todo o caso, o enquadramento da «conduta correcta» perante dilemas tão graves terá de ter em conta três pontos: ser uma «escolha de excepção», ser motivada por um «estado de necessidade» e encontrar-se o próprio numa «prisão de consciência». No plano da consciência, o responsável empresarial deve rejeitar de forma absoluta a corrupção a que é forçado e deve lutar para que essa corrupção deixe de existir.

7. Conclusão

A matriz cultural da sociedade ocidental é humanista e radica na hegemonia da sua tradição judaico-cristã. Essa matriz deve conformar a nossa ética e é um erro, na dimensão pessoal e na dimensão dos negócios, afastarmo-nos dela.

Como referi, o centro vital da ética cristã é o amor ao próximo, amar o outro como a nós mesmos. Assim, mesmo que usando outras palavras, como humanismo ou solidariedade, a nossa matriz cultural remete a ética da sociedade a que pertencemos, incluindo a ética dos negócios, para um critério de discernimento e de escolha: devemos tratar os outros como gostaríamos de ser tratados se estivéssemos no lugar deles.

O conjunto de valores que conforma as nossas «condutas correctas» traduz-se numa ética humanista. Este conceito projecta o «dever de conduta» para lá da honestidade, do sentido de responsabilidade, da confiabilidade, da verdade, da preocupação, do exemplo. A ética que conforma as nossas atitudes e acções tem no seu centro «o outro».

O mais curioso, ou fascinante, é que a ética humanista tem pleno cabimento na concorrência empresarial. Mais do que isso, conforme procurei evidenciar, a conduta empresarial ditada pela ética humanista, que parte do critério de que devemos tratar os outros como gostaríamos de ser tratados se estivéssemos no lugar deles, é, sem paralelo, a mais rentável regra de conduta nos negócios e a que melhor assegura a maior preocupação de todos os que intervêm na actividade económica, a sua sustentabilidade. Como tantos caminhos menos percorridos, é o melhor.

Leituras recomendadas

Leite, António Pinto, *O amor como critério de gestão*, Cascais, Principia, 2012.

Lowney, Chris, *Liderança heróica*, Lisboa, Verbo, 2006.

Lucca, Newton, *Da ética geral à ética empresarial*, São Paulo, Quartier Latin, 2009.

Neves, João César, *Introdução à ética empresarial*, Cascais, Princípia, 2008.

Projecto ACEGE, IAPMEI, CIP, APIFARMA, COMPETE, QREN e União Europeia, *AconteSer – Liderar com responsabilidade*, 2010.

Ribeiro, Neuza, et. al., *A virtude nas organizações – fonte de progresso e de sustentabilidade*, Lisboa, Sinais de Fogo, 2013.

Marketing e publicidade

João Borges de Assunção
Faculdade de Ciências Económicas e Empresariais
da Universidade Católica Portuguesa

1. Definir marketing e publicidade

As palavras «marketing» e «publicidade» são por vezes usadas como sinónimos. Num trabalho sobre ética aplicada ao marketing e à publicidade, convém começar por definir esses conceitos com um pouco mais de rigor.

Marketing é o conjunto de actividades desenvolvidas por uma entidade, regra geral uma empresa com fins lucrativos, com o objectivo de criar, distribuir e divulgar ofertas de valor em troca de qualquer coisa, normalmente dinheiro. O termo poderá ser usado para outras actividades, quando tal não gerar equívocos, como o sector social ou a política, em que suporá clarificação sobre o que se espera receber em troca, por exemplo, o voto, a adesão às ideias ou a aprovação.

Nesta perspectiva, marketing é mais lato que publicidade, uma vez que inclui também o desenho dos produtos ou serviços e os seus sistemas de distribuição, e não apenas as denominadas actividades promocionais.

Na linguagem comum, a palavra «publicidade» engloba todas as actividades promocionais das empresas que sejam publicamente divulgadas. No presente texto, será usada num sentido mais restrito, como é normal em contextos académicos das ciências empresariais. Assim, publicidade é o conjunto de actividades de comunicação originadas por uma empresa, dirigidas aos seus clientes actuais ou potenciais, através dos meios de comunicação social, e em que o uso do espaço ou tempo público é pago directamente. O uso da televisão, da rádio, dos jornais, das revistas, dos painéis (*outdoors*), dos cinemas e dos sítios na internet cai nesta definição. A utilização do telefone, das SMS, do e-mail ou do correio directo inscreve-se dentro ou fora da definição, consoante o alvo da comunicação seja amplo ou estreito, respectivamente. Em particular, as chamadas promoções de vendas estão conceptualmente fora da definição de publicidade, embora as empresas façam muitas vezes ampla publicidade das promoções, o que, por essa via, as coloca dentro.

Outras formas de comunicação empresarial em que o uso do espaço não seja pago directamente não são classificadas como publicidade. Por exemplo: as menções favoráveis na imprensa (não pagas) resultam de esforço de relações públicas; os patrocínios de actividades diversas, como eventos desportivos, vulgarmente designados por *sponsorships* – são actividades de comunicação da empresa, mas não se consideram publicidade. Também o patrocínio de acções de responsabilidade social não deve ser visto como publicidade.

De igual modo, a comunicação que é feita regularmente por vendedores, por qualquer meio, com os seus clientes não é considerada publicidade. Mas um denominado *informational* com a presença de um vendedor profissional pode ser considerado publicidade.

Neste capítulo, irão abordar-se alguns temas éticos aplicados ao marketing empresarial, que abrange naturalmente a publicidade e todas as formas de comunicação e actividades promocionais da empresa.

Também nos debruçaremos sobre alguns temas éticos de marketing e publicidade, mesmo quando a entidade que as desenvolve não é necessariamente uma empresa comercial.

2. A ética no marketing

Pela sua natureza, objectivos e práticas, o marketing empresarial é muitas vezes acusado de violar princípios éticos.

Os académicos em marketing têm olhado para este problema sob múltiplas perspectivas. Talvez a principal crítica seja a de os próprios académicos em marketing aceitarem que esta disciplina académica está ao serviço dos interesses da empresa. Os que tomam esta crítica a fundo insistem ser especialistas em «estudos do consumidor» e não em «marketing», como forma de clarificar que estão interessados no fenómeno do consumo e do consumidor e do seu bem-estar, sem se preocuparem excessivamente, a não ser de forma instrumental, com o sucesso ou insucesso das empresas. Este debate sobre linguagem e denominação ilustra os dilemas éticos dos estudiosos e praticantes de marketing empresarial.

O estudo da ética no marketing surge assim associado aos limites, formais ou conceptuais, que devem existir em qualquer dimensão das práticas comerciais de uma empresa, incluindo, necessariamente, o comportamento dos seus vendedores.

E desde cedo as empresas que mais recursos dedicam a actividades de marketing se autolimitaram nas suas práticas, por vezes devido aos riscos de penalidades futuras, mas, sobretudo, porque a evolução do marketing empresarial foi gradual e não abrupta, passando dos pequenos anúncios na imprensa com descrições apelativas de produtos, para o uso de formas de comunicação com complexidade técnica de produção crescente.

Os princípios centrais em marketing não violam qualquer regra ética: escolher os melhores atributos da oferta para a valorizar e divulgá-los ao maior número possível de interessados. Rapidamente, porém, se percebeu que seria possível aplicar os instrumentos de análise e comunicação do marketing sem respeitar os princípios fundadores, em particular representando de forma imprópria as verdadeiras características da oferta ou abusando de uma relação assimétrica de poder entre a empresa e os seus clientes.

A crítica frequente às práticas comerciais das empresas, por consumidores, observadores, reguladores e legisladores, constitui uma pressão adicional que força as empresas, mesmo as que não são directamente visadas, a compreenderem e defenderem a natureza ética das suas práticas comerciais.

3. As escolas de pensamento

O estudo dos comportamentos e decisões humanas sob a perspectiva científica é frequentemente abordado de forma descritiva ou positiva: pretende-se descobrir como se comportam as pessoas quando tomam decisões. É comum em marketing tratar o lado da procura, os consumidores, como se reagissem a estímulos ou conceptualizando-os como maximizadores de utilidade, não se concedendo muito espaço a juízos éticos sobre o comportamento dos consumidores. «Gostos não se discutem» – como diz o adágio.

Já o comportamento dos *marketeers* (especialistas em marketing), ou das empresas, dos seus directores de marketing e de vendas, é, regra geral, tratado de forma normativa, ou seja, na determinação das decisões ideais ou óptimas. Assume-se, assim, implicitamente, um grau de seriedade do decisor e um respeito pelos valores da sociedade em que opera. Mas, fora isso, a componente ética é frequentemente tratada em segundo plano ou mesmo ignorada. O teste das boas práticas em marketing é tipicamente avaliado pela sua eficácia e não pelo respeito por determinados valores ou regras morais.

Não obstante, certas práticas são consideradas abusivas e pouco éticas pela generalidade dos observadores, mesmo quando não violam as leis, pelo que o estudo do que constitui ou não comportamento ético das empresas tem elevado interesse e relevância prática. Neste âmbito, aceita-se um elevado grau de subjectividade na avaliação ética das empresas, sem cair necessariamente no relativismo, mas reconhecendo que há um contínuo de sistemas de valores eticamente defensáveis e que se traduzem em juízos de valor diferenciados sobre a razoabilidade de determinada prática comercial.

Uma forma de abordagem é a que assenta num *continuum* de sistemas de valores que tem nos seus extremos duas escolas: *caveat emptor* (o comprador que se cuide) e *caveat venditor* (o vendedor que se cuide). A generalidade dos académicos em marketing acaba por se identificar pela escola da soberania dos consumidores, aceitando que muitas empresas e decisores adoptam outras visões que não deixam de constituir um esforço para se comportarem segundo um padrão ético, para além da mera maximização do lucro sem restrições de natureza moral autolimitativas do decisor.

3.1. *Caveat emptor*

Na escola *caveat emptor* a regra é a maximização do lucro, sujeita ao cumprimento da lei. Assim, se uma actividade é legal e serve um propósito comercial, é ética por definição. Por vezes no espaço público ouvem-se frases como «Numa república, a ética é a lei». Esta afirmação sugere que quem a usa perfilha um sistema de valores éticos consistente com a escola *caveat emptor*.

Deste modo, uma prática comercial só não é ética quando vem a ser punida pelas autoridades regulatórias adequadas; a publicidade só é considerada enganosa quando a autoridade para a comunicação que regula a publicidade decide que determinado anúncio é efectivamente enganoso.

Esta escola assenta em dois princípios essenciais: a ideia de que compete às autoridades punir as práticas que não são aceitáveis e de que, ao fazê-lo, estabelecem o campo concorrencial em condições de igualdade entre todos os concorrentes, sendo que, qualquer autolimitação por parte de uma empresa seria considerada um custo adicional para os donos da empresa; os gestores e quadros de uma empresa têm obrigações fiduciárias para com os seus accionistas, que empregam os seus serviços, e qualquer inibição auto-imposta que não defenda esses interesses viola a responsabilidade fiduciária.

Uma visão algo radical desta escola aceita até que se possa violar a lei, pelo menos quando a sua interpretação é ambígua ou confusa, já que testar os limites da lei ajuda o legislador e o regulador a corrigirem as incorreções e inconsistências existentes no quadro regulamentar.

3.2. *Caveat venditor*

Na escola *caveat venditor*, o critério para avaliar a ética das práticas comerciais da empresa é a satisfação dos consumidores. Assim, se o consumidor aceita determinada prática e está satisfeito com ela, esta é ética; por outro lado, se um consumidor se sente insatisfeito, a prática não é ética, e o consumidor tem direito a uma reparação ou à anulação da transacção, com os seus custos a serem suportados pela empresa.

Associações de defesa do consumidor, como a DECO, adoptam em geral esta visão do que se considera ser uma prática ética; as empresas, por seu lado, raramente se sentem confortáveis como uma perspectiva tão garantista dos direitos dos consumidores. Por vezes tenta-se argumentar que o elevado padrão desta escola é benéfico para a empresa, a longo prazo. Se assim fosse, porém, não haveria qualquer dilema ético, já que as empresas abraçariam de bom grado esta escola, que as ajudava a maximizar o lucro de longo prazo.

Os princípios que suportam esta escola prendem-se com a superioridade de informação e de interesses que favorecem as empresas nas suas relações comerciais com os consumidores. Para esta escola, a assimetria de informação e poder das empresas face aos consumidores é tão grande que apenas a sua satisfação plena com cada transacção permite cumprir os requisitos de verificação que certa prática comercial é ética.

O maior obstáculo à adopção desta escola é a dificuldade prática em ser abraçada sem reservas pelas empresas ou a aceitação do seu estabelecimento na letra da lei ou da regulação empresarial.

3.3. Melhores práticas do sector de actividade

As abordagens *caveat emptor* e *caveat venditor* representam os casos extremos de escolas aceitáveis de ética em marketing. Para aqueles que consideram a abordagem *caveat emptor* demasiado agressiva para os consumidores, a escola das melhores práticas surge como um primeiro patamar adicional de exigência.

Em todos os sectores há empresas que têm padrões de conduta elevados compatíveis com rentabilidade, competitividade e dimensão significativa. Estas empresas constituem bons candidatos a representantes das melhores práticas comerciais éticas.

O argumento intelectual é simples: se uma determinada empresa pode ter um comportamento melhor do que as demais num quadro de viabilidade económico-financeiro, certamente as outras podem tentar aproximar-se desse padrão.

Nesta escola, os padrões éticos podem ser diferentes entre diferentes sectores de actividade, respeitando a tradição e as especificidades de cada sector e país e evoluindo com o progresso tecnológico e social.

A ética comercial corresponde a respeitar os padrões das empresas com a melhor conduta.

3.4. Códigos de ética

Os códigos de ética correspondem a um patamar de exigência ética adicional, na medida em que é a própria codificação, e não a prática de terceiros, que vai clarificando os comportamentos eticamente preconizáveis. Esta codificação pode visar apenas uma empresa ou um sector de actividade, e muitos consideram que pode igualmente constituir a base de alterações legislativas no futuro. O respeito por estes códigos de conduta ganha assim carácter de lei geral, remetendo para a escola *caveat emptor*.

Os códigos de ética ou de conduta permitem clarificar a diferença que existe entre a ética e o mero cumprimento da lei, e muitas empresas vêem vantagem na codificação do comportamento ético também como afirmação de valores da cultura organizacional e base para a formação e orientação de conduta de todos os colaboradores da empresa.

3.5. Soberania do consumidor

A escola da soberania do consumidor vai além dos códigos de ética e de conduta, uma vez que aceita o primado do consumidor como critério, num patamar tipicamente menos exigente do que o da escola da *caveat venditor*.

Aceita-se o primado da liberdade individual dos consumidores na formulação do seu juízo na formação de preferências e decisões de compra. Assim, o paternalismo implícito na escola *caveat venditor* é rejeitado.

Porém, a soberania do consumidor só pode ser exercida quando os consumidores cumprem três requisitos básicos: têm de ter «capacidade de decisão», o que exclui as crianças, alguns idosos ou os pacientes com forte vulnerabilidade no campo intelectual ou mesmo psicológico; têm de estar «devidamente informados» sobre as consequências das suas decisões de compra, o que significa que a informação prestada pela empresa sobre os seus produtos tem de ser plena e clara, sem o que a soberania do consumidor para decidir no seu próprio interesse estará limitada pela insuficiência de informação sobre o produto; e, finalmente, tem de haver «alternativas de escolha», isto é, deverá haver no mercado ofertas por parte de empresas concorrentes e não conluiadas.

Quando alguma destas três condições não se encontra devidamente satisfeita, a escola da soberania do consumidor muda o enfoque, relativamente à responsabilidade ética sobre as consequências de uma decisão de compra, do consumidor para a empresa fornecedora. Dito de outra forma: em mercados concorrenciais dirigidos a consumidores autónomos informados e com alternativas de escolha, as empresas são livres de fazer quase tudo, sendo essa liberdade legal, em termos comerciais; porém, à medida que a situação concreta se afasta deste modelo ideal, a empresa deve mitigar a agressividade do seu comportamento comercial de forma a respeitar as limitações dos consumidores ou as assimetrias informacionais, em particular as criadas pela acção da própria empresa.

4. Poder e limites do marketing empresarial

O marketing empresarial é um instrumento poderoso. A capacidade de usar os métodos de marketing para compreender melhor as preferências dos consumidores é significativa. Quando uma empresa desenha produtos e os coloca no mercado de uma forma desejada pelos consumidores, consegue graus de adesão elevados.

A capacidade de usar as técnicas de marketing para modificar as preferências dos consumidores é, porém, limitada, e em primeiro lugar pela própria natureza do poder do marketing, da publicidade ou da comunicação, que é um poder macio (*soft*), isto é, com uma capacidade de obter conformidade inferior à do poder da autoridade, da lei ou da hierarquia das organizações.

Acresce que, quando há concorrência, autoridades de supervisão e capacidade de comunicação e denúncia por parte dos consumidores, a possibilidade de usar as ferramentas do marketing, para além da mera proposta atractiva, é reduzida. Nesse sentido, a demonização do poder do marketing e da publicidade, em particular no sentido de influenciar o comportamento dos consumidores, deve ser vista como parte de uma retórica de contenção ética e de disciplina colectiva que mantém vigilância sobre o comportamento dos poderosos.

A existência de repetição na compra, como em muitos bens de consumo, ou a partilha de informação entre consumidores sobre a qualidade de bens duradouros, conjugada com a existência de alternativas efectivas de compra no mercado, são normalmente suficientes para mitigar o risco de excesso de poder sobre os consumidores decorrentes das práticas de marketing empresarial.

Em geral, portanto, a publicidade tem um poder relativamente escasso quando comparado, por exemplo, com os poderes hierárquicos ou coercivos existentes na sociedade.

5. Poder e limites da comunicação na sociedade e na política

A mesma reflexão pode ser alargada ao marketing na política ou na promoção das causas sociais.

Em alguns casos, como nas eleições, surge a oportunidade de uma falsa representação de intenções. Já Winston Churchill afirmava que há três tipos de mentiras: as que se dizem durante a guerra, depois da caça e antes das eleições. Mas também aqui os consumidores aprendem relativamente depressa a descortinar o que são meras palavras de ocasião e verdadeiras intenções políticas.

O mesmo se aplica à promoção de causas ou valores sociais ou culturais que usam a mera força da comunicação para condicionar a sociedade. O abuso de poder na comunicação político-cultural ocorre em regimes totalitários em que Estado detém o monopólio dos meios de comunicação e onde, efectivamente, é elevada a possibilidade de condicionamento dos cidadãos, pelo controlo da comunicação e da informação. E, no entanto, mesmo nos regimes mais opressivos, as tecnologias de informação têm rompido as barreiras que suportam esse tipo de controlo absoluto sobre a comunicação.

6. Um olhar sobre a relação entre o marketing, o consumismo e a pobreza

Uma das críticas sociológicas mais comuns ao marketing é a da sua responsabilidade pelo consumismo. A definição clássica de consumismo é o excesso de consumo de produtos supérfluos pelas pessoas, o que se torna um problema ético particularmente sério no caso de indivíduos pobres ou no limiar da pobreza. A crítica subjacente é a de que as actividades de marketing, e em particular a publicidade, tornam alguns produtos, muitas vezes de marca, desejados por parte de pessoas que não têm capacidade económica para os comprar.

Os cidadãos pobres ficam assim num dilema: se consomem os produtos de marca, estão a fazer gastos desnecessários; mas, se não os consomem, estão a sinalizar ao resto da sociedade a sua pobreza ou, em alguns casos, a não oferecer aos seus entes queridos os produtos que gostariam de lhes proporcionar.

Um dos exemplos clássicos é o caso da comercialização da fórmula para bebé por parte da Nestlé em países em desenvolvimento. Movimentos de consumidores desencadearam um boicote a esses produtos nos Estados Unidos, em 1977, com o objectivo de forçar a empresa a modificar o seu modo de comercialização da fórmula do leite em pó nos países em desenvolvimento, considerando que só a deveria disponibilizar a mães de países em desenvolvimento que se vissem na impossibilidade de amamentar. Consideravam ainda que, dada a qualidade natural do leite materno, qualquer esforço de uma empresa com fins lucrativos para o substituir era eticamente condenável, agravado no caso das mães pobres, que constituem a maioria nos países em desenvolvimento.

A posição da Nestlé põe em evidência a forma como disponibiliza os seus produtos de melhor qualidade em todos os países do mundo: afirma que considera que o leite materno é a melhor alimentação para os bebés em todo o mundo, mas que muitas mães, de todos os continentes, não podem amamentar por um conjunto variado de razões – desde a qualidade do leite materno aos riscos para a saúde da mãe ou mesmo à sua actividade profissional –, e a Nestlé oferece-lhes, nos vários países do mundo, os seus melhores produtos, incluindo a fórmula para bebés. Este exemplo ilustra os princípios da escola de ética do *marketing* assente na soberania do consumidor: quem deve escolher o melhor para o seu bebé é a mãe, e deve poder fazê-lo em qualquer continente ou região.

O problema ético para a Nestlé consiste, porém, em saber se alguma vez sugeriu, de forma mais ou menos implícita, que as «boas mães» dos países desenvolvidos alimentavam os seus bebés com a fórmula de leite em pó da Nestlé e se isso se tornou um forte condicionamento emocional para as mães dos países em desenvolvimento e se, ao fazê-lo, a Nestlé deu razão aos críticos do consumismo, tentando ganhar vantagem da comercialização de um produto demasiado caro para tantas famílias pobres. A solução para este dilema não é fácil. O princípio da soberania do consumidor sugere que todas as mães do mundo estão preparadas para esta decisão de consumo. Mas qualquer estratégia de comunicação da Nestlé que ultrapasse os limites da dignidade e da nobreza do tema em questão, a alimentação adequada para os bebés, arrisca-se a sofrer a justa crítica da sociedade em que está inserida, não apenas nos países africanos onde foi criticada, mas também nos países ocidentais, onde a experiência dos consumidores e a capacidade de mobilização da sociedade permitiu a organização de um boicote que se tornou um grave problema de relações públicas para a Nestlé.

O exemplo da Nestlé ilustra que o princípio da soberania do consumidor, enquanto critério ético essencial, é complementado, na prática, por juízos de valor sociais, quando se trata da protecção do superior interesse das crianças e das suas mães.

Noutros exemplos práticos, a crítica social ao consumismo ou a sua interacção com a pobreza são mais frágeis ou já se encontram devidamente integradas na legislação de defesa de consumidores, pacientes, crianças ou desfavorecidos.

7. Problemas específicos da publicidade: perspectivas jurídicas e conceptuais

Como se viu na secção anterior, o primado da escola ética assente na soberania do consumidor, quando este tem capacidade de decisão, acesso a informação e escolha efectiva, é influenciado em casos pontuais, quando a sociedade tem posições concretas sobre o que constitui o bem comum, no caso anterior a defesa do interesse dos bebés.

Surge assim um conjunto de regras que tendem a condicionar as acções de comunicação pagas pelas empresas, a publicidade.

Uma das regras básicas é que a empresa que origina a publicidade tem de estar devidamente identificada de forma clara para o público que a vê, ouve ou lê. Este «quem» pode ser uma empresa ou uma marca. Mas tal tem de ser claro para que os consumidores estejam devidamente preparados para os exageros de linguagem ou para as hipérboles que os promotores de produtos usam habitualmente. Saber quem fala é parte do critério da informação plena aos consumidores.

É à luz destes vários critérios que se irá tratar de alguns problemas éticos comuns em campanhas de publicidade.

7.1. Publicidade enganosa

Na publicidade enganosa, a empresa dá alguma informação errada com o objectivo de iludir e enganar o destinatário da comunicação.

Há três grandes tipos de publicidade enganosa: o primeiro tem a ver com as funcionalidades dos produtos, por exemplo, dizendo que um produto tem uma certa funcionalidade que efectivamente não tem; o segundo tem a ver com produtos defeituosos ou desconformes relativamente à lei que uma empresa coloca no mercado; e o terceiro caso tem a ver com preços ou promoções, quando uma empresa não pratica os preços que anuncia na sua publicidade.

Este terceiro caso assume muitas variantes. Por exemplo, o produto anunciado na publicidade, com um bom preço ou desconto, não está disponível para venda na loja; quando o cliente interessado chega à loja, é-lhe oferecido um modelo quase igual, ou diferente numa característica irrelevante, mas com um preço mais elevado ou sem desconto. Esta prática é tão comum que até tem um nome, *bait and switch* ou, em português, literalmente, «aliciar e trocar».

A publicidade enganosa é punida em todas as jurisdições, e as empresas que a fazem estão a violar a ética e a própria lei.

Uma forma de lidar com a publicidade enganosa consiste em adoptar uma postura de *caveat venditor* e dar direito de devolução dos produtos sem custos para os consumidores quando a empresa é apanhada a praticá-la. Pode consistir ainda em obrigar o comerciante a vender o produto similar ao preço publicitado.

Devido à criatividade comercial das empresas, é difícil regular a publicidade enganosa de forma exaustiva na legislação, já que esta toma formas diferentes em cada sector de actividade, e o objectivo de combater a publicidade enganosa não é eliminar a inovação, também de marketing e comunicação, nos vários sectores de actividade.

Um primeiro patamar consiste em sensibilizar os canais de comunicação para impedir, pelo menos temporariamente, os anunciantes faltosos de comunicarem nos seus meios. Para ser eficaz, esta forma de controlo deve ser adoptada pela generalidade dos meios e não apenas por aquele em que a prática enganosa for verificada. O problema ganha uma complexidade acrescida no mundo virtual, onde a noção de «meio de comunicação» é difusa e fragmentada. Daí que o primeiro passo seja normalmente assegurar que nos canais de comunicação tradicionais – televisão, rádio, imprensa, cinemas e *outdoors* – esta prática desapareça.

Deve ser-se cuidadoso na qualificação do que é publicidade enganosa, não bastando avaliar se é factualmente verdadeira, visto que o mundo da comunicação recorre naturalmente a muitas figuras de estilo e criatividade para apelar a valores e emoções que são difíceis de objectivar. O teste mais importante reside em saber se há consumidores que são induzidos em erro quando vêem o anúncio e se era essa a intenção do anunciante. Neste âmbito, distinguir engano de liberdade criativa não é fácil. Mas é um teste que se pode fazer em casos concretos com especialistas devidamente formados. Daí que os órgãos de comunicação social beneficiem se tiverem painéis de especialistas independentes a verificar, caso a caso, se um anúncio concreto que levanta dúvidas constitui publicidade enganosa.

7.2. Publicidade comparativa

A publicidade comparativa é outro tema integrado na legislação da maioria dos países. A origem da crítica a este tipo de publicidade é de dois tipos: se o anunciante se identifica, como se espera que faça, só deve falar de si próprio; os meios de comunicação social para a promoção dos próprios produtos não devem ser usados para denegrir terceiros, neste caso produtos ou marcas concorrentes.

No entanto, há princípios fundamentais em marketing, como a diferenciação, que só fazem sentido em termos comparativos. Quando uma empresa diz que o seu automóvel é o que menos combustível consome no mercado, está a diferenciar-se nessa dimensão e, de forma subjacente, a dizer que os concorrentes consomem mais.

A prática concreta na maioria dos países tem vindo a aceitar que a publicidade comparativa, isto é, a menção a produtos ou marcas rivais, seja tolerada quando a afirmação feita sobre os concorrentes pode ser demonstrada de forma objectiva.

A publicidade comparativa trata da ética nas relações entre concorrentes e não da relação com os consumidores.

A publicidade comparativa tem uma utilização significativa no campo político, nomeadamente nos EUA, associada à ideia da comunicação negativa: dizer mal de um candidato concorrente em detrimento da exposição do ponto de vista do próprio candidato. A eficácia da comunicação negativa no marketing político está longe de estar demonstrada e, no campo comercial, o seu uso está bem mais limitado do que o implicitamente assumido na legislação.

7.3. Publicidade degradante

A publicidade degradante reflecte, acima de tudo, as consequências sobre o tratamento da dignidade da pessoa humana.

O primeiro aspecto prende-se com a dignidade intrínseca do comportamento que é promovido pela publicidade: os produtos ou serviços que, pelo seu uso, estimulam comportamentos degradantes dos seus utilizadores caem na esfera desta categoria.

O segundo aspecto prende-se com a representação das pessoas na própria comunicação: se, num anúncio, mesmo que com objectivos humorísticos, as pessoas usadas são feridas na sua dignidade, trata-se de publicidade degradante.

Há uma certa latitude e heterogeneidade no que é considerado degradante pela sociedade, mas um princípio geral é o de não obrigar ninguém a participar numa campanha que considere indigna. De igual modo, se houver um objectivo aparente de degradar alguém através da publicidade, os meios de comunicação deveriam permitir mecanismos da remoção da publicidade do ar em moldes semelhantes aos usados na publicidade enganosa.

7.4. Marketing de emboscada: entre a diversão e a ética

O marketing de emboscada ocorre quando uma empresa se tenta associar a um evento que já tem um promotor oficial.

Esta expressão é usada também quando alguém se pretende passar por quem não é.

O marketing de guerrilha corresponde ao uso de formas muito criativas de comunicação, normalmente com orçamentos reduzidos, de forma a atingir impacto muito elevado de um modo irreverente ou mesmo rebelde, violando por vezes convenções sociais ou inclusive legais.

Em ambos os casos, pode estar a ser violado o princípio da identificação do anunciante. O risco é que o uso destas práticas, quase sem limites éticos, desencadeie muitos dos problemas éticos apontados neste capítulo.

O marketing de emboscada ou de guerrilha utiliza por vezes estímulos chocantes ou infiltra-se no quotidiano. Por exemplo, uma empresa de pizas fez uma entrega ao domicílio a um suspeito famoso, a cuja porta se encontrava um grupo de jornalistas de todos canais de televisão portugueses. A piza não fora pedida, e a acção teve enorme visibilidade mediática no período mais nobre da televisão.

Alguns elogiarão a criatividade e a ousadia da empresa e do actor contratado para a tarefa. Mas será que a empresa anunciante tem o direito de influenciar as notícias ou de brincar com a imprensa e com os telespectadores, apenas para poupar dinheiro na comunicação? Parece-me que se violaram várias regras da publicidade nesta ocorrência (e talvez os canais de televisão devessem ter enviado à empresa em causa a conta pelo uso do tempo de antena).

7.5. *Marketing viral e gestão de comunidades*

O marketing viral envolve a divulgação de um conteúdo na esperança de que seja partilhado por muitos utilizadores nas redes sociais e na internet.

A gestão de comunidades é uma tarefa de comunicação de crescente importância para muitas empresas. O objectivo é gerir o sítio institucional da empresa e toda a presença em redes sociais, mas também as menções negativas ou positivas que são feitas à própria empresa e aos seus produtos e marcas.

Acresce que a empresa pode financiar blogues de entidades aparentemente independentes para divulgar notícias positivas sobre a empresa ou negativas sobre os concorrentes. Pela sua natureza e pela facilidade do anonimato, permite a divulgação de conteúdos que não seriam tolerados se fossem abertamente assumidos como oriundos da empresa.

O princípio geral é que as empresas, de qualquer dimensão, devem ter o mesmo padrão de comportamento ético na televisão ou na internet. Por outras palavras, o maior anonimato e fragmentação da comunicação nas redes sociais não é uma licença para adoptar padrões éticos menos exigentes. As empresas em que os conteúdos ficam alojados serão crescentemente responsabilizadas, também a nível financeiro, pelos seus conteúdos, à imagem do que já acontece hoje com os meios de comunicação tradicionais.

7.6. *Problemas da comunicação* online

Os problemas éticos da comunicação *online* transcendem em muito a publicidade.

Um primeiro é relativo à protecção da privacidade dos consumidores. O potencial de acumulação de informação precisa e individualizada sobre cada consumidor e a sua família e amigos é hoje muito elevado. O problema da privacidade não é uma mera extensão das bases de dados que se podem criar a partir do uso de um cartão de crédito ou de um cartão de cliente; alguns programas especializados em tratar *big data* permitem manter um registo contínuo de todas as actividades que alguém realiza no seu telemóvel.

Um segundo problema é o do imenso potencial de segmentação e discriminação que tal informação propicia. Algumas empresas *online* apresentam preços diferentes para o mesmo produto em função do equipamento que o utilizador usa para aceder ao sítio, mais caro se o equipamento for *Apple*, por exemplo, mais barato se for de outra marca.

O risco de esta informação ser usada contra o consumidor, sem que este tenha a mínima consciência de que está a ser discriminado de forma adversa pelas empresas fornecedoras de produtos ou prestadoras de serviços, é hoje um dos principais problemas éticos do abuso das funcionalidades da tecnologia por parte das empresas.

8. Perspectivas sobre as restrições legais às práticas comerciais

A maior parte dos produtos em que a publicidade apresenta riscos éticos já se encontra regulamentada. Hoje, por exemplo, existem restrições severas à publicidade ao tabaco ou às bebidas alcoólicas. Os medicamentos, e o regime de prescrição a que estão sujeitos, há muito que limitam a possibilidade da publicidade.

No caso dos produtos farmacêuticos, soma-se a questão da capacidade de decisão. Será que um paciente em risco de vida ou meramente debilitado tem capacidade de decisão? Será lícito o primado da soberania do consumidor neste caso? A maioria das sociedades considera que não, limitando a possibilidade da publicidade nos produtos farmacêuticos.

No direito romano-germânico, há uma tendência para codificar na lei geral as práticas que se pretende inibir. As leis sobre assuntos novos assumem assim um carácter transformacional da sociedade, já que pretendem promover ou inibir determinados comportamentos ou práticas. No caso da ética no marketing, normalmente o objectivo da lei é inibitório. O risco, porém, é que a lei seja, ela própria, um travão à inovação e à experimentação de novas práticas, o que pode mitigar excessivamente o progresso da sociedade ou a criatividade e a motivação dos mais jovens.

No direito anglo-americano, com a prevalência do precedente como fonte de legalidade, permite-se uma maior experimentação de práticas e mesmo alguma diversidade de padrões éticos entre sectores de actividade. A busca das melhores práticas para determinados sectores de actividade ou a elaboração de códigos de ética dentro de determinadas empresas, sem que se assuma o objectivo da sua introdução futura numa lei geral, são comuns nas jurisdições em que prevalece este tipo de direito.

A auto-regulação dos especialistas, com painéis permanentes ou *ad hoc*, é uma forma de permitir que haja um padrão ético no *marketing* e na publicidade que evolua de acordo com a experiência concreta que a sociedade vai tendo com os novos sectores económicos e as novas tecnologias, sem cristalizar na lei inibições de certas práticas que podem ter contornos aceitáveis nuns sectores, mas não noutros.

9. Mercado, empresas, comunicação e tecnologia

O marketing e a comunicação têm normalmente um poder relativamente limitado na sociedade, ou, dito de outra forma, este é inferior ao de outras formas de poder que podem exercer disciplina (poder coercivo) ou distribuir prémios ou privilégios (poder remuneratório). É evidente que a comunicação e todas as suas indústrias, incluindo a televisão e a internet, exercem uma enorme influência na sociedade, mas o seu efeito é difuso, complexo, dinâmico e difícil de medir. Acresce que a comunicação empresarial funciona através de mecanismos que transcendem o autor da mensagem, ou seja, a sua força advém do próprio interesse que o conteúdo da comunicação tem para os indivíduos que, na sociedade, a recebem, processam e partilham.

Pensar, por isso, que as empresas controlam a sociedade através da comunicação e do marketing, como qualquer regime totalitário e propagandístico, é uma caricatura com pouco reflexo na realidade. Acresce que, em mercados competitivos, a concorrência constitui um factor moderador do excesso de poder comunicacional de qualquer empresa. E há sempre o papel regulador do Estado no caso das empresas cujo comportamento se torne ameaçador face aos princípios basilares da organização da sociedade.

A fonte de maior risco ético no marketing vem hoje das tecnologias de informação e do potencial ganho, injusto ou excessivo, que a enorme assimetria de informação entre a empresa e os seus clientes propicia. Quando essa informação é usada para apresentar os produtos e serviços que fazem sentido para um cliente, a sua utilização é benéfica para este; nos casos, porém, em que a informação é usada acima de tudo para que a empresa fique com uma fracção excessiva do excedente dos consumidores, sem que estes se apercebam de como a empresa prestadora do serviço o faz, verifica-se um problema ético grave.

Os princípios gerais da ética no marketing estão razoavelmente consensualizados nos meios académicos. No plano prático e empresarial, as respostas passam pela formação no seio das empresas, primeiro dos seus órgãos superiores, e com o recurso a especialistas externos, que vão testando as práticas comerciais mais comuns sob um prisma ético. Essa formação deve depois ser alargada aos quadros e colaboradores dos departamentos da empresa envolvidos nas actividades de marketing e comerciais.

No fundo, não basta aos profissionais de marketing escolher os instrumentos de comunicação que permitem atingir os seus objectivos da forma mais eficiente possível, com base em critérios económico-financeiros adequados. É preciso que os profissionais se sintam igualmente confortáveis com as práticas adoptadas tendo em conta a informação, a vulnerabilidade e as alternativas de escolha que os consumidores enfrentam.

Leituras recomendadas

HUNT, Shelby D., e Vitell SCOTT «A general theory of marketing ethics», in *Journal of Macromarketing*, 1986, Spring.

KHERA, Inder P., «Business ethics East vs. West: myths and realities», in *Journal of Business Ethics*, 2001, 30, pp. 29-39.

MERRITT, Sharyne, «Negative political advertising: some empirical findings», in *Journal of Advertising*, 1984, pp. 27-38.

MURPHY, Patrick E., «Ethics of marketing», in *Wiley Encyclopedia of Management*, 2010, pp. 83–98.

PONTIFÍCIO CONSELHO PARA AS COMUNICAÇÕES SOCIAIS, *Ética da publicidade*, 1997.

SINGH, Jagwinder, e Tahrd NISHANT, «Ethics and its importance in e-marketing – an empirical study», in *International Journal of Multifaceted and Multilingual Studies*, 2016.

SMITH, N. Craig, e John A. QUELCH, *Ethics in Marketing*, Irwin, Boston, MA, 1992.

Mercado, concorrência e ética: os paradoxos[1]

Miguel Pina e Cunha
Católica Porto Business School

Arménio Rego
Católica Porto Business School

António Pinto Leite
Sócio fundador da Morais Leitão Galvão Teles,
Soares da Silva Associados

1. Retórica e realidade

A crise de confiança nas empresas e nos mercados radica, em boa medida, na vertiginosa sucessão de práticas escandalosas. Frequentemente, atraentes retóricas coabitam com práticas danosas, por detrás do palco. Eis o que foi escrito sobre um grupo empresarial mundialmente conhecido:

---

[1] Este projeto foi financiado por Fundação para a Ciência e Tecnologia, projeto Ref. UID/ECO/00124/2013 e POR Lisboa, projeto LISBOA-01--0145-FEDER-007722.

O Grupo recebeu mais uma vez um prémio pelas suas vastas actividades no campo da sustentabilidade e da responsabilidade social empresarial. O Fórum Mundial para a Ética Empresarial agraciou as realizações do Grupo com o Prémio Ética Empresarial 2012 na categoria de «Empresa Excepcional». O Conselho de Administração do Fórum homenageou os esforços da empresa nos campos da gestão ambiental e da responsabilidade social corporativa. O Conselho também tomou em atenção a inclusão da empresa no renomado Índice *Dow Jones* para a Sustentabilidade e o seu terceiro lugar na Sustainalytics DAX 30. O Fórum Mundial para a Ética afirmou que a razão para a atribuição do prémio foi a liderança da empresa na assunção de responsabilidades sociais e na implementação de projectos excepcionais e inovadores. O Fórum também sublinhou que o Grupo fez uma contribuição positiva para a sociedade em muitas áreas, tendo um comportamento exemplar em valores universais como a integridade, a responsabilidade e o respeito pelas pessoas e pelo ambiente através de vários projectos nas áreas ambientais e da saúde.

Substitua-se «empresa» por «Volkswagen» (VW) e «Grupo» por «Grupo Volkswagen» – e ter-se-á o conteúdo de uma notícia[2] que a própria VW divulgou. As ondas do escândalo em que, entretanto, a empresa foi apanhada ainda não acalmaram. Continuam a surgir notícias de que a conduta fraudulenta (manipulação de *software* de controlo de emissões) era, afinal, mais profunda do que inicialmente suposto, envolvendo lideranças de topo e dezenas de engenheiros e gestores.

Leia-se também o excerto de um relatório de sustentabilidade, de 2007, de uma empresa portuguesa: «O sistema de controlo interno da organização, alicerçado em actividades-chave como *compliance* (cumprimento), gestão do risco e

---

[2] http://www.volkswagenag.com/content/vwcorp/info_center/en/news/2012/12/volkswagen_wins_international_sustainability_award.html

auditoria, permite que adoptemos processos eficientes que forneçam transparência e promovam a responsabilização das nossas operações». O mesmo documento alegava que a empresa se pautava por princípios de transparência, compromisso e responsabilidade. A empresa era o Banco Português de Negócios, e o excerto estava contido na mensagem do seu presidente, antes de ser apanhado num turbilhão de alegada fraude fiscal e branqueamento de capitais.

Os exemplos sucedem-se. O Banco Espírito Santo (BES) dinamizava práticas de responsabilidade social enquanto alimentava a irresponsabilidade gestionária. Nos EUA, em cerca de cinco anos, 5300 trabalhadores do Banco Wells Fargo abriram contas-fantasma e realizaram transacções não autorizadas, motivados pelo desejo de alcançar objectivos agressivos estabelecidos pela empresa. O regulador americano comunicou que o castigo aplicado servia de aviso para todo o sector. A Senadora Elizabeth Warren acusou a instituição de ter enriquecido à custa de actividades ilegais. Sugeriu a John G. Stumpf, CEO da empresa, que se demitisse. Solicitou ainda que o mesmo fosse legalmente incriminado, acusando-o de «liderança cobarde» por despedir milhares de empregados e não ter a coragem de responsabilizar os executivos de topo da empresa. Também no desporto, idealmente orientado para o *fair play* e o desportivismo, a Federação Internacional de Futebol (FIFA), organismo mundial que tutela o futebol, viu alguns dos seus dirigentes envolvidos em negócios obscuros nada compagináveis com a missão da organização.

Estes casos são demonstrações cabais de como a retórica e as práticas empresariais podem estar totalmente dissociadas, e de como a sustentabilidade, a responsabilidade social e a ética podem ser usadas exclusivamente como ferramentas de (mau) marketing para obter benefícios indevidos. Estes casos também alertam para as contradições no próprio funcionamento das organizações e do mercado. Afinal, os empregados da Wells Fargo adoptaram, alegadamente, práticas desonestas para cumprir objectivos traçados pela gestão. Pretendiam ser recompensados e acabaram despedidos. As outras empresas acima retratadas pretendiam ser competitivas, apregoando práticas éticas; de facto, adoptaram práticas desonestas e perderam competitividade.

2. «Más maçãs» ou «más barricas»?

Várias explicações para estas práticas podem ser avançadas. Entre as mais comuns, a das «más maçãs» e a das «más barricas». A tese das «más maçãs» sustenta que as organizações perdem o sentido ético por causa da malignidade de alguns dos seus decisores, habitualmente os de topo. A tese tem sido fundamentada em múltiplos contextos, empresariais e políticos. Nesta perspectiva, presume-se que o mau exemplo dos líderes contagia a organização, espalhando a moléstia moral.

A tese das «más barricas» sustenta que é o recipiente organizacional que molda os comportamentos daqueles que actuam no seu interior. Contextos organizacionais desprovidos de sentido ético (ou, a um nível mais lato, economias de casino) propiciam práticas destrutivas.

Em sentido estrito, a tese das «más maçãs» implica que se mudam os contextos e as práticas se se contratarem e promoverem as pessoas certas. A tese da «má barrica» presume que se mudam as práticas das pessoas se se mudarem os contextos em que elas actuam. Emerge aqui também a questão do «ovo e da galinha». Realisticamente, as duas teses são compatíveis: as «maçãs podres» apodrecem a própria barrica, que apodrece as «boas maçãs». «Boas maçãs» podem sentir-se impotentes para contrariar as más práticas, e as boas «barricas» podem ser continuadas por «más maçãs», sobretudo as do topo.

3. O desafio de ser ético e competitivo

Este processo interactivo entre pessoas e organização adquire especial complexidade em contextos empresariais. Sendo os humanos sensíveis à necessidade de alinhar o seu comportamento com o dos outros, numa espécie de programação para a conformidade que assegure a aceitação social e mesmo a sobrevivência, a questão que se coloca é a de saber como, num contexto empresarial hipercompetitivo, é possível preservar a ética sem comprometer a capacidade de competir. Simultaneamente, perante os efeitos devastadores de escândalos como os acima citados, outra questão se coloca: será possível ser sustentadamente competitivo sem ser ético? Parece que não. O desafio de ser ético e competitivo, que para os cínicos é um dilema com as propriedades de um oxímoro, constitui o cerne deste capítulo.

Analisamos o tema a partir dos paradoxos envolvidos. A abordagem paradoxal faz sentido porque a adopção de lógicas competitivas, como as dos mercados, abre um conjunto de contradições. Discutiremos a matéria à luz de quatro paradoxos, evoluindo do nível micro para o macro: (1) ao nível individual, o paradoxo entre actuar eticamente e actuar criativamente; (2) ao nível da equipa, a tensão entre cooperar e competir; (3) ao nível da organização, a tensão entre culturas éticas e criatividade; (4) na relação das empresas com os mercados, a tensão entre actuar exemplarmente e vencer.

Esta divisão entre níveis de análise é porventura redutora, pois os diferentes níveis constituem-se mutuamente (por exemplo, o que se passa nas equipas afecta o que ocorre na organização e vice-versa). Todavia, facilita a compreensão do tema. Ademais, outros paradoxos poderiam ser considerados. Mas os quatro escolhidos ilustram claramente as tensões próprias à competição, independentemente do nível de análise.

Antecedemos a apreciação dos quatro paradoxos pela apresentação do quadro de que emergem.

4. Mercado, concorrência e ética

Os sistemas sociais organizados como mercados baseiam-se no pressuposto de que a competição justa entre ideias materializadas em iniciativas empreendedoras constitui uma poderosa máquina de resolução de problemas humanos e, por isso, uma fonte de progresso económico e social. Não obstante, o sistema é imperfeito. A competição estimulada pelo mercado é supostamente virtuosa, mas abre realmente a porta a condutas imorais e injustas que nem sempre são punidas pelo próprio mercado. Aliás, o funcionamento do sistema é revelador de múltiplas falhas e vícios – de onde a coexistência de diferentes teses sobre a moralidade específica aos mercados. A desigualdade e a hipercompetição sem regras são, porventura, sintomas dessa deriva para o excesso.

O sistema capitalista é, pois, intrinsecamente paradoxal. Uma linha de investigação recente no domínio dos estudos organizacionais tem considerado as contradições e paradoxos inerentes aos sistemas sociais, incluindo as organizações e os mercados em que estas participam e que ajudam a definir. No mesmo sentido, os sistemas institucionais contêm atributos contraditórios. Por exemplo, os mercados podem ajudar a eliminar a desigualdade, mas também podem fomentá-la; a competição deve favorecer o robustecimento do sistema socioeconómico, mas pode acabar por debilitá-lo; os mercados podem eliminar práticas inadequadas, mas é igualmente possível que as estimulem no afã do ganho a qualquer preço. Ou seja, a relação entre mercados, competição e ética é complexa e multifacetada.

Na verdade, a discussão que se segue enferma de uma simplificação. Com efeito, o funcionamento dos mercados pode ser mais bem explicado pela trialéctica formada por cultura, Estado e mercado. Nesta tripla estrutura, a competição é regulada pela lei e sua execução, pelos hábitos da sociedade e pela consciência moral dos agentes. Ou seja, os processos seguidamente descritos são aproximações imperfeitas a esta complexidade[3].

5. Ética e concorrência: uma relação paradoxal

A natureza paradoxal das organizações e das instituições implica que estas têm de equilibrar exigências e necessidades opostas, incluindo estabilidade e mudança, inovação e conformidade, cooperação e competição, lucro e impacto social, entre outras. Abundante bibliografia defende que as organizações mais competentes na articulação de opostos obtêm vantagem competitiva, evitando a queda em círculos viciosos e construindo dinâmicas positivas. Nesse sentido, as contradições e os paradoxos organizacionais não são aberrações a eliminar (o que seria irrealista), mas tensões intrínsecas à natureza da própria organização.

A linguagem empresarial popular faz eco dessa realidade e considera estas tensões, por exemplo, quando assume que os «bonzinhos» chegam em último, numa admissão de que é possível ser ético ou competitivo, mas dificilmente os dois. No seguimento deste texto, discutimos algumas tensões paradoxais abertas pela competição e consideramos possibilidades de as trabalhar como genuínos paradoxos. Entendemos os paradoxos como possibilitando escolhas capazes de acomodar

---

[3] Agradecemos ao nosso editor a sugestão.

as dimensões em oposição, numa combinação de sinergia e *trade-off* (confronto)[4].

Os paradoxos podem ser geridos, mas não resolvidos, no sentido em que persistem[5]. Podem mudar de forma e ganhar novas expressões, mas não podem ser simplesmente «arrumados». Por essa razão, a prática da gestão pode ser entendida como a gestão dos paradoxos com que as organizações se confrontam. Para uma organização, competir com galhardia e sentido ético, requer, contínua e persistentemente, a capacidade de equilibrar tensões para evitar deixar-se capturar por um dos pólos. Por exemplo, a competição desenfreada é perigosa se conduzir ao uso dos meios menos recomendáveis para alcançar objectivos. Mas uma visão «fundamentalista» da ética pode ser igualmente perigosa. À ética das convicções é necessário juntar a da responsabilidade. O paladino da ética da convicção aceita perder a organização (ou sacrificar o seu interesse) para afirmar os seus valores; o paladino da ética da responsabilidade permite-se secundarizar os valores para responder aos interesses da organização em dado momento. Compaginar responsabilidade e convicção pode ser, por vezes, difícil, mas é o desafio, porventura maior, com que um gestor se confronta.

Responsabilidade ética e competitividade constituem o duo conceptual que enquadra a questão central deste capítulo: como podem as organizações ser competitivas e eticamente conscientes? Discutiremos os paradoxos entre ética e competição aos quatro níveis de análise já citados. Em cada secção/paradoxo, consideramos possíveis vias para articular as tensões. A articulação das tensões, note-se, não significa a sua resolução.

---

[4] Li, P. P., «Global implications of the indigenous epistemological system from the East: How to apply yin-yang balancing to paradox management», in *Cross Cultural & Strategic Management*, 23(1), 2016, pp. 42-77.

[5] Clegg, *et al.*, «Management paradoxes: A relational view», in *Human Relations*, 55(5), 2002, pp. 483-503.

Os paradoxos não são resolúveis: persistem. Nesse sentido, o sistema de mercado comporta paradoxos que podem ser geridos, mas não resolvidos. Por exemplo, a democracia assenta em pressupostos de igualdade, mas o capitalismo é desigualitário. A tensão entre estas duas estruturas sociais persistirá, embora não se saiba «como». O mesmo ocorre com os demais paradoxos aqui considerados.

5.1. Paradoxos confrontando os indivíduos: criatividade versus *ética*

As organizações podem ser entendidas como mercados (internos) competindo em mercados (propriamente ditos). Os mercados internos referem-se à concorrência por recursos organizacionais, escassos por definição. Nas organizações, o número de gestores de topo é limitado; as promoções são em número inferior à vontade de ser promovido; a atenção dos decisores é finita. No interior das organizações, os indivíduos são confrontados com escolhas por vezes contraditórias e com implicações para as suas vidas: fazer tudo, estritamente segundo as regras, ou fazer o que permite maximizar os ganhos? Estas escolhas são influenciadas pelo contexto, mas os agentes individuais também têm a possibilidade de fazer uso da sua própria agência, moldando o contexto, não sendo o seu comportamento simplesmente determinado.

A investigação apresenta evidência sobre a existência de escolhas com importantes implicações no domínio ético. Indica, por exemplo, um *trade-off* entre ética e criatividade[6]. Francesca Gino e colegas concluíram que a criatividade envolve padrões de pensamento que, em algum momento, estimulam

---

[6] Não queremos com isto significar: (1) que as expressões criativas sejam necessariamente reveladoras de deficiências éticas ou que (2) alguns desvios ao hábito e mesmo à lei não possam ter fundamento ético.

a violação de regras, pensar «fora da caixa»[7]. Ou seja, a criatividade pode conduzir à desonestidade, e a desonestidade pode levar à criatividade (por exemplo, a «contabilidade criativa»). Os pensadores criativos são capazes de encontrar formas originais, mas potencialmente duvidosas sob o ponto de vista ético, de resolver problemas difíceis; *a posteriori*, encontram formas de proceder à racionalização dessas acções.

A tensão entre ser criativo e resolver problemas respeitando as regras ajuda a compreender alguns desvios. A competição combinada com uma cultura de alcance de objectivos pode conduzir os indivíduos a considerarem que, perante a importância de alcançar metas (individuais e colectivas), são necessários pequenos atropelos. Dada a adopção quase generalizada da gestão por objectivos, é importante interrogar o processo de definição de objectivos, incluindo o modo como devem ser alcançados. A investigação sugere que os objectivos podem ser uma poderosa ferramenta de motivação, mas também um foco gerador de pressão destrutiva e de comportamentos eticamente desviantes. O caso Wells Fargo, referido, ilustra essa realidade.

Vivendo com o paradoxo

As organizações podem cultivar, de múltiplas formas, a sua capacidade competitiva, mas a ênfase na competição deve ser temperada com mecanismos cooperativos, como o espírito de comunidade, e o desejo de vencer deve ser mitigado com uma abordagem realista e humilde. Por outras palavras, a ambição deve ser caldeada com humildade, e o individualismo com a pertença. Excessos de um pólo ou de outro podem ser igual-

---

[7] Gino, F., & D. Ariely (2012), «The dark side of creativity: Original thinkers can be more dishonest», In *Journal of Personality and Social Psychology*, 102, pp. 445–459. Gino, F., & S. S. Wiltermuth, «Evil genius? How dishonesty can lead to greater creativity?», in *Psychological Science*, 2014, Doc: 10.1177/095679761452071.

mente nefastos, criando organizações anómicas e propensas a disfunções humanas, por vezes trágicas (por exemplo, os suicídios ocorridos na Foxconn e na France Telecom, devido a excessivas pressões da gestão sobre os trabalhadores). As organizações podem, pois, estimular a «humbição» (humildade e ambição), o desejo de vencer combinado com a manutenção dos pés na terra.

A humildade dos líderes é particularmente importante. Líderes humildes ensinam aos liderados que (a) não se pode ganhar sempre e que (b) também se pode ganhar quando se perde, desde que se aprenda com as perdas e o erro. Líderes humildes e conscientes também sabem que importa o que se diz, mas sobretudo aquilo que se faz. Estão cientes dos riscos de práticas desonestas e são menos propensos à licenciosidade moral, isto é, são menos atreitos à ideia de que, apregoando a ética e a responsabilidade social, ficam de mãos livres para adoptar acções questionáveis.

5.2. *Paradoxos confrontando as equipas: harmonia da equipa* versus *ética individual*

As equipas constituem uma dimensão crítica da actividade ocupacional contemporânea. Muito trabalho é realizado nas equipas, e boa parte da aprendizagem organizacional tem aí lugar. A forma como as equipas equilibram o desejo de pertença dos indivíduos com a necessidade de serem diferentes constitui uma dimensão fundamental para a criação de organizações éticas e competitivas, capazes de expressar comportamentos criativos, sem desviâncias éticas, e de permitir a diversidade que evita silêncios perante situações eticamente duvidosas. O paradoxo pode ser assim enunciado: a ética do trabalho em equipa tem de ser temperada por uma ética da convicção pessoal que não se subordina à equipa e que, por isso, a reforça.

Estas capacidades contraditórias existem nas equipas capazes de lidar com os seus desafios internos de forma paradoxal, isto é, assumindo a sinergia e aceitando o conflito de uma forma construtiva[8].

A capacidade de desenhar e manter equipas cujos membros são capazes de concorrer sem excessos de conformidade interna é, por isso, uma tarefa fundamental, embora difícil de estabelecer. As evidências abundam. O fenómeno do pensamento grupal é um dos mais ilustrativos: para alinhar com o suposto pensamento de um grupo, os respectivos membros calam a sua opinião («efeito caluda»). O processo pode resultar de duas causas: (1) legítima vontade de satisfazer a necessidade de pertença ao grupo; (2) percepção de que, para evitar problemas, é melhor alinhar com a posição dos actores mais poderosos do grupo (por exemplo, com o líder).

O pensamento grupal tem sido associado a diversos processos escandalosos, nomeadamente às recentes crises da VW e do BES e ao modo como as suas equipas de gestão de topo estimularam o consenso (ilusório) e mataram a manifestação de divergências críticas. Os (falsos) consensos podem tornar as decisões mais expeditas, mas dificultam o debate honesto sobre questões consequentes, sendo perigosos porque podem conferir força a opções de duvidosa moralidade. Lamentavelmente, essa força é, não raras vezes, estimulada pela «má barrica» e pelas «más maçãs» (por exemplo, líderes e liderados).

Vivendo com o paradoxo

As equipas são potenciais espaços de aprendizagem, mas também podem opor-se à aprendizagem. O desejo de agradar ao grupo pode estimular silêncios que calam perigos éticos.

---

[8] Ashforth, B. E., & P. H. Reingen, «Functions of dysfunction: Managing the dynamics of an organizational duality in a natural food cooperative»,in *Administrative Science Quarterly*, 59(3), 2014, pp. 474–516.

Por isso, é necessário criar espaço para que as pessoas explicitem os seus pensamentos e as suas críticas. As boas equipas são espaços psicologicamente seguros nos quais se procede à discussão honesta e à consideração das implicações éticas da acção; más equipas forçam a cooperação, o consenso e a coesão, em nome da competição com o exterior. Esta coesão pode revelar-se desastrosa: em nome, ou a pretexto, de uma coisa boa, a organização cria processos contestáveis. A competição por ideias e pontos de vista é crítica para criar organizações competitivas, dotadas de elevado sentido ético. A possibilidade de «abrir o bico» (sobretudo num contexto como o português, onde o «respeitinho» é mais premiado do que o respeito e a genuína lealdade) é crucial para evitar desastres.

5.3. Paradoxos confrontando as empresas: resultados versus resultados

Num mercado funcional, espera-se que as empresas concorram lealmente, ou seja, a competição tem regras, e a sua violação comporta potenciais consequências legais e reputacionais. A recente sucessão de escândalos, a que aludimos no início do capítulo, revela que, frequentemente, os decisores estão dispostos a correr o risco de bancarrota ética. Admitindo como curta a explicação fundamentada apenas nas «más maçãs», como explicar que organizações com sofisticados mecanismos de controlo se deixem enredar nestes processos? A existência de *trade-offs* entre resultados desejados pode constituir parte do problema.

Um estudo recente explica o processo[9]. Os seus autores mediram o comportamento não ético pelo número de mem-

---

[9] GRIESER, W. D., et al., *Fifty Shades of Corporate Culture*, 2016. Available at SSRN (http://papers.ssrn.com/sol3/papers.cfm?abstract_id=2741049).

bros de uma organização que utiliza os seus endereços profissionais de correio electrónico para se inscreverem num *website* de encontros extraconjugais. Esta utilização define o grau em que a organização controla a actuação idónea dos seus colaboradores e respectivos desvios face às utilizações devidas de ferramentas profissionais. Foi encontrado um resultado revelador: existe um *trade-off* entre criatividade, tomada de risco e integridade, ou seja, as organizações mais orientadas para a criação de culturas íntegras arriscam-se, no processo, a reduzir a criatividade e a inovação.

Este resultado pode ajudar a explicar o sucesso criativo de figuras como Steve Jobs e o acolhimento que o «empreendedor delinquente» encontra em Silicon Valley. Culturas orientadas para a inovação e a criatividade vivem mal com o que tomam como excesso de regulação. Parece que quem quer «mudar o mundo» não pode aceitar as regras em vigor. O mesmo quadro mental pode ser aplicado noutros contextos organizacionais. A Enron, antes de cair em desgraça, era apresentada como um exemplo de boa gestão pelas melhores mentes da academia e elogiada como uma empresa revolucionária, apreciadora da agressividade e do risco. Duas explicações possíveis, embora complementares, para a *débacle* da Enron podem ser apresentadas. A primeira considera que, com o tempo, as más práticas terão apodrecido a cultura da empresa. A outra, mais cínica, admite que a empresa era dotada de uma cultura criativa eticamente perversa, pretendendo mostrar ética que não tinha, para, desse modo, adquirir legitimidade que lhe permitia ser competitiva.

Vivendo com o paradoxo

O escândalo ético tende a rebentar de forma estrondosa e concentrada no tempo, apesar de ser, normalmente, o resultado de um processo mais ou menos longo. À medida que as práticas questionáveis vão sendo adoptadas, com proveitos reputacionais e financeiros, o sentido de impunidade vai-se instalando, e a tendência da organização para repetir a fórmula reforça-se. A certo momento, a organização está prestes a cair, sem que disso esteja consciente, e quem aponta o perigo arrisca-se a sofrer retaliações e a ser acusado de «ovelha negra». Por conseguinte, as organizações atravessam progressivamente, através de pequenos passos, «zonas eticamente cinzentas» e acabam por chegar a um ponto inaceitável para um observador externo, mas internamente julgado como aceitável, se não mesmo normal e desejável.

A via para evitar o desastre é, também aqui, a criação de mecanismos de promoção do espírito crítico permanente. Em vez de matarem o «mensageiro» da má notícia, a organização e os seus líderes devem acolher o «advogado do diabo» como figura crítica para evitar o disparate. Complementarmente, importa que auscultem entidades externas, aprendam com os erros de outras organizações, seleccionem líderes com os pés na terra e promovam colaboradores com perfil de «radicais temperados», em vez de criarem espaço onde campeiam os *yes-men* e as «ovelhas». Estas opções têm custos: a tomada de decisão pode tornar-se mais lenta, os consensos confortáveis são menos frequentes, e torna-se necessário conviver com a realidade desconfortável; mas são mais sensatas do que deixar a organização tombar pela encosta ética até se estatelar sem remédio.

5.4. Paradoxos confrontando as instituições: cooperar versus competir

As instituições influenciam e são influenciadas por aqueles que nelas actuam; são causa e consequência do comportamento dos seus actores. Quando actuam no âmbito de uma instituição, os actores fazem-no de acordo com um conjunto de expectativas, ou seja, actuam em função do contexto social e ético em que percepcionam actuar: se são cínicos acerca do contexto, tenderão a proteger-se; se confiam na orientação da envolvente, é mais provável que se inibam de práticas questionáveis e adoptem condutas mais responsáveis.

Uma experiência com alunos universitários americanos e com pilotos israelitas ajuda a compreender o efeito das premissas sobre as actuações dos mesmos indivíduos[10]. Os investigadores procuraram saber como o «rótulo» atribuído a um jogo experimental afecta a acção. Realizando um jogo do tipo dilema do prisioneiro, diferentes participantes foram colocados em diferentes cenários: alguns foram «informados» de estarem a fazer o jogo de Wall Street; a outros foi dito que jogariam o jogo da comunidade. Os participantes «informados» de estarem a praticar o jogo de Wall Street escolheram maioritariamente o modo competitivo, ao passo que os participantes no jogo da comunidade escolheram o modo cooperativo. Ou seja, independentemente das características pessoais, o conhecimento prévio sobre a natureza da instituição molda a acção individual. O rótulo *Wall Street* remete para representações de individualismo exacerbado, auto-interesse e prevalência de comportamentos competitivos. O rótulo «comunidade» remete para outro quadro de acção. Nas organizações, cada rótulo, cada quadro mental em que as pessoas actuam, gera diferentes condutas, e as consequências originam espirais de efeitos que se reforçam. Se os «jogadores» de uma dada organização iniciam o jogo dentro do quadro mental de *Wall Street*, actuarão em conformidade, e, como o processo é partilhado, os indivíduos corroboram as suas expectativas iniciais e confirmam a pertinência da sua actuação: «a minha acção competitiva foi apropriada porque o contexto em que estou a actuar

---

[10] LIBERMAN, V.,*et al.*, «The name of the game: Predictive power of reputations versus situational labels in determining prisoner's dilemma game moves», in *Personality and Social Psychology Bulletin*, 30(9), 2004, pp. 1175-1185.

é realmente competitivo!». Idênticas espirais emergem se os indivíduos encetarem o jogo dentro do quadro mental cooperativo. A expectativa gera comportamentos que criam a realidade que confirma a expectativa.

Este processo é conhecido como profecia autoconfirmatória[11] e ajuda a compreender como as «teorias» acerca da gestão a afectam e, logo, a «realidade» organizacional. Se o quadro mental em que se movem as empresas for o de que «é ingénuo ser ético porque quem vence são as empresas desonestas», é provável que as empresas actuem em conformidade – e a profecia confirma-se.

O exposto sugere que o modo como académicos e não académicos descrevem as organizações afecta o modo como as organizações actuam. A nossa proposta, aqui, é que as organizações contribuem mais para o progresso se não forem apenas «ingenuamente» crentes nas virtudes da cooperação, nem apenas «cinicamente» crentes na prevalência exclusiva da competição. O paradoxo resulta da necessidade de combinar competição e cooperação. Competição sem cooperação inibe o desenvolvimento mútuo – pois impele os actores a ignorarem que os ganhos dos competidores podem melhorar a saúde do ecossistema e, por conseguinte, beneficiar outros competidores.

O processo de aliança entre cooperação e competição, habitualmente designado por coopetição, ilustra as vantagens de uma visão paradoxal do processo. Outra possível tradução desta combinação de *trade-off* e sinergia radica na responsabilidade social estratégica: as organizações adoptam práticas de responsabilidade social que aumentam a sua capacidade competitiva, ao mesmo tempo que melhoram o contexto em que actuam. Eis outro exemplo: cumprir escrupulosamente as

---

[11] MERTON, R. K., «The self-fulfilling prophecy», in *The Antioch Review*, *8*(2), 1948, pp. 193-210.

obrigações perante fornecedores, sob a forma de pagamentos atempados, é uma prática moralmente mais responsável do que ganhar o máximo à custa das perdas de outrem – constitui uma prática benéfica para todo o ecossistema organizacional.

Vivendo com o paradoxo
As noções de ganho e de vantagem competitiva são por vezes adoptadas em sentido estrito. Em sistemas institucionalmente intrincados, a melhor forma de competir pode incluir a criação de zonas de cooperação. A ideia de que a competição deve conduzir à exclusiva consideração do ganho próprio acarreta consequências nefastas para o sistema. Protelar pagamentos a fornecedores, por exemplo, pode ser vantajoso para uma organização no curto prazo, mas pode também vulnerabilizá-la, bem como ao sistema, no médio prazo. Pode, além disso, ser questionável sob o ponto de vista ético. Mais uma vez, a competição fornece uma justificação, mas não uma validação. Uma visão ética da competição implica a consideração do bem comum. Os gestores éticos têm uma concepção ampla e não estreita de ganho, considerando os ganhos dos muitos e não os dos poucos.

6. Implicações

A tensão entre ser competitivo e ser eticamente responsável manifesta-se ao nível das pessoas, das equipas, das organizações e das instituições, incluindo os mercados. Neste capítulo, considerámos vários *trade-offs* entre ética e competição:

- Ao nível individual, existe um *trade-off* entre ética e criatividade. As pessoas mais criativas são menos sensíveis às regras e aos mecanismos de *compliance*.
- Ao nível da equipa, existe um *trade-off* entre ser um bom membro da equipa, cooperante e relativamente compla-

cente, e ter uma voz convicta e crítica que evite os falsos consensos e as acções eticamente reprováveis.
- Ao nível da organização, existe um *trade-off* entre a construção de culturas íntegras e a edificação de culturas inovadoras.
- Ao nível das instituições, existe um *trade-off* entre ganhar mais ou abdicar de alguns ganhos próprios em favor do sistema.

Outras oposições poderiam, naturalmente, ser consideradas. Mas estas ilustram a relevância de uma visão paradoxal da vida empresarial. Gerir eticamente num contexto de concorrência e hipercompetição é um processo de manutenção de equilíbrios: não parece credível enfatizar as regras independentemente do resto, mas é moralmente errado e organizacionalmente arriscado desconsiderar a importância das regras em nome da competição. Nem a concorrência deve fazer esquecer as regras éticas, nem as regras éticas podem ser formuladas sem a consciência do quadro concorrencial.

Actuar eticamente num contexto hipercompetitivo requer, pois, líderes virtuosos. Por líderes virtuosos referimo-nos aos que são capazes de compreender a importância de meios-termos elevados entre pólos opostos, de cultivar a integridade como dimensão crítica da gestão e de actuar sabiamente perante conflitos entre valores morais. Competição excessiva é tão debilitante quanto competição deficitária. Objectivos excessivos são potencialmente tão nefastos quanto objectivos medianos. Cuidado a mais é tão pernicioso quanto cuidado a menos. Gerir com ética no meio da competição consiste, em resumo, em manter o equilíbrio numa corda constantemente puxada dos dois lados, sabendo que as virtudes podem tornar-se viciosas se ignorarem as consequências. O exercício é tão complexo que, com frequência, redunda em queda das empresas e dos seus líderes.

7. Conclusão

Nos meios hipercompetitivos em que frequentemente trabalhamos, vencer tornou-se um poderoso motivador, mas também uma «necessidade básica», uma imposição da cultura às empresas – que estas devolvem à cultura. A necessidade de vencer tornou-se tão imperativa que criou uma «economia que mata», como explicou o papa Francisco. Uma das vítimas frequentes desta «batalha» é o sentido de ética e integridade, daí decorrendo a morte de empresas e a destruição reputacional de inocentes.

Todavia, nem tudo está perdido. A ética importa. Muitos decisores consideram-na e suspeitam de quem alegadamente transporta experiências problemáticas. Um estudo sugere que ter trabalhado para uma empresa tóxica envenena curricula vitae[12]. Os autores ilustram o argumento com as dificuldades de obtenção de emprego por parte de um executivo que trabalhara para um banco envolvido num escândalo, apesar de ter saído desse banco dez anos antes do referido escândalo! Note-se o paradoxo: a preocupação ética (porventura gerada pelo receio de ver a empresa envolvida em escândalo) acaba por prejudicar quem é vítima da pouca ética. É possível que as empresas queiram proteger-se, evitando ter ao seu serviço pessoas «associadas» a empresas e práticas pouco recomendáveis. Todavia, no processo, podem acabar por prejudicar vítimas inocentes – o que não pode ser subestimado.

A boa notícia é que mesmo essas decisões mostram que as considerações éticas não morreram na mente dos decisores. Por vezes desaparecem da acção, mas não da consciência dos actores. A demonstrá-lo está o facto de entidades *menos* éticas

---

[12] GROYSBERG, B., *et al.*, «The scandal effect», in *Harvard Business Review*, 2016, September, pp. 90–98.

defenderem publicamente a ética e de a contemplarem nos documentos oficiais e na retórica. E alguns dos que não a praticam, embora a apregoem, fazem-no por alegadas necessidades competitivas.

O que aqui defendemos é a preservação da capacidade de competir sem sacrificar a integridade e os princípios éticos. Esta dupla exigência requer líderes capazes de compreender a importância das tensões, porventura paradoxais, entre as duas necessidades. Gerir paradoxos é difícil; mas é nesta capacidade de juntar opostos complementares que se encontram promessas de construção de sistemas concorrenciais éticos. Na ausência desta capacidade, é provável que a concorrência continue, em geral, a impor-se à ética. E que os escândalos continuem a mostrar o lado escuro e feio do capitalismo.

Leituras recomendadas

Crane, Andrew, & Dirk Matten, *Business Ethics: Managing Corporate Citizenship and Sustainability in the Age of Globalization*, Oxford, Oxford University Press, 2007.

Kellerman, Barbara, *Bad Leadership: What It Is, How It Happens, Why It Matters*. Boston, MA, Harvard Business Press, 2004.

Melé, Domenec, *Management Ethics: Placing Ethics at the Core of Good Management*, Basignstoke, Palgrave Macmillan, 2011.

Neves, João César das, *Introdução à ética empresarial*, Lisboa, Princípia Editora, 2008.

Rego, Arménio, *et al.*, *Gestão ética e socialmente responsável*, Lisboa, RH Editora, 2006.

Rego, Arménio, *et. al. The Virtues of Leadership: Contemporary Challenge for Global Managers*, Oxford, Oxford University Press, 2012.

Ética bancária e financeira

Joaquim Cadete
Faculdade de Ciências Económicas e Empresariais
da Universidade Católica Portuguesa

> When luck takes over skill and hard work, respect
> for ethical values suffers a dangerous decline.
>
> STRANGE, Susan[1]

Apesar da evidente importância do sector financeiro para o funcionamento regular da economia, tem-se assistido ultimamente a uma crescente hostilidade por parte do público face ao mesmo. De uma forma geral, considera-se que os mercados financeiros tendem a potenciar o crescimento económico ao facilitarem a transferência de fundos entre quem poupa e quem pretende investir. Neste sentido, e numa perspectiva ética, trata-se de uma acção positiva que deve ser incentivada e que sugere a importância de princípios éticos para o correcto funcionamento de mercado. Como qualquer outra instituição, o mercado pode operar para a promoção do bem ou do mal em função da ética implícita às instituições, regras e legislação e ao comportamento dos seus participantes.

---

[1] STRANGE, Susan, *Casino Capitalism*, Oxford, Blackwell, 1986.

Face aos colapsos e escândalos financeiros no início de 2000, a reacção da indústria financeira centrou-se num reforço dos mecanismos de controlo interno vulgarmente denominados por funções de *compliance*. Esta actividade tem hoje um papel determinante no dia-a-dia das instituições financeiras no intuito de garantir que estas actuam em conformidade com a legislação existente. No entanto, *compliance* não é sinónimo de ética. Enquanto *compliance* se limita à validação da conformidade face aos regulamentos, as questões éticas visam a determinação do possível impacto e da intenção de uma dada acção. No limite, poder á considerar-se que um comportamento que respeite todas as regras impostas por lei seja susceptível de censura à luz de princípios éticos. A título ilustrativo, a venda de um determinado produto financeiro a investidores de retalho poderá ter-se realizado em conformidade com as regras estabelecidas na legislação, apesar do perfil do investimento não se coadunar estruturalmente com o tipo de investidores. O presidente executivo do Blackstone Group em Novembro de 2008, Stephen Schwarzman, alertou para este risco ao referir que a legislação norte-americana apelidada *Sarbanes-Oxley Act* transformou a actividade de *compliance* num fetiche, por via de regulamentação complexa, e como substituta de um julgamento prudente. Em suma, o perigo associado a uma visão apenas centrada em *compliance* passa por se considerar esta como condição necessária e suficiente para o desenvolvimento do negócio financeiro[2].

Após a crise internacional de 2007-2009, o debate tem vindo a centrar-se na interacção entre poder político e poder financeiro à luz de uma perspectiva ética. Face à importância de garantir um sistema bancário capaz, num regime democrá-

---

[2] No período que antecedeu a crise financeira de 2007–2009, muitas instituições financeiras viveram dominadas pela preocupação em torno do cumprimento das regras de *compliance* ignorando completamente uma adequada gestão de riscos.

tico, de provir crédito estável e duradoiro a empresários talentosos e a famílias responsáveis, importa questionar por que razão é tão difícil encontrar tal sistema nos nossos dias. Adicionalmente, como é possível que um sector da economia tão regulado e supervisionado funcione tão mal em tantos países?[3] A resposta de vários autores para esta questão sugere que a fragilidade do sistema bancário e a escassez do crédito reflectem a estrutura fundamental das instituições políticas em cada país. Por outras palavras, a essência do problema decorre de todos os governos estarem sujeitos a inerentes conflitos de interesse na sua relação com o sistema bancário. Dada a natureza dos potenciais conflitos de interesse em questão, assiste-se frequentemente a uma dinâmica similar à de *logrolling* na relação entre um governo e o sistema bancário num regime democrático. Este facto sugere a importância de aprofundar o tema ao debater a questão ética no contexto do sector bancário.

1. O problema dos conflitos de interesse entre o poder político e o sistema bancário

> *No doubt politics and finance often go hand in hand...*
>
> LORD ROTHSCHILD[4]

A actividade bancária traduz-se na produção de contratos com devedores e depositantes de forma a receber rendimentos dos primeiros e depois partilhá-los parcialmente com os segundos. Face a esta definição, depressa se deduz que os principais

---

[3] A título de exemplo e apesar da proximidade cultural e linguística, entre 1837 e 2009, os Estados Unidos defrontaram 14 crises bancárias, enquanto o Canadá viveu apenas duas, respectivamente, em 1837 e 1839.
[4] Citado em FERGUSON, Niall, *The House of Rothschild: The World's Banker 1849-1999*, Nova Iorque, Penguin Books, 2000.

riscos inerentes ao negócio bancário são os de crédito e de liquidez, ou seja, a capacidade de recuperar os créditos concedidos e de os transformar em numerário de forma célere. No intuito de atrair investidores e depositantes face aos riscos apresentados, os governos tendem a restringir o número de licenças bancárias concedidas, a estabelecer leis de modo a forçar o cumprimento dos contratos por parte dos devedores e a limitar os poderes de actuação por parte dos principais accionistas e gestores do negócio.

No entanto, de acordo com Calomiris e Haber[5], o grupo em controlo da função governativa tende a defrontar múltiplos conflitos de interesse no que diz respeito ao sistema bancário. O mais evidente prende-se com o facto de o Estado não regular apenas o sector, mas de necessitar do mesmo para o financiamento público. Consequentemente, existe um incentivo ao estabelecimento regulatório que favoreça o acesso ao crédito por parte das instituições públicas, ao invés do favorecimento de condições que promovam a estabilidade e a eficiência do sistema bancário.

Um segundo conflito de interesses decorre do grupo no controlo da governação forçar ao cumprimento dos contratos de crédito por parte dos devedores, em representação dos bancos, mas precisar dos mesmos devedores para manter o seu suporte político. Consequentemente, este grupo tenderá a recusar a adopção de medidas que reforcem a capacidade de recuperação dos créditos por parte dos bancos, obrigando estes a prolongarem o financiamento por prazos mais longos e gerando, consequentemente, alguma instabilidade para o sistema bancário no curto prazo.

---

[5] CALOMIRIS, Charles W., e Stephen H. HABER, *Fragile by Design: The Political Origins of Banking Crisis and Scarce Credit*, Princeton, Princeton University Press, 2014, pp. 27-59.

Uma terceira fonte de conflitos decorre de o grupo que controla a governação proceder à alocação das perdas entre credores, no caso de insolvência de uma instituição bancária. Dificilmente um governo tende a ser reeleito para a função executiva caso tenha permitido que os maiores credores de um banco, os depositantes, tenham perdido as poupanças de uma vida de trabalho. No pior dos cenários, o governo poderá injectar dinheiro dos contribuintes na instituição bancária, sem atentar contra qualquer dos seus anteriores investidores[6]. Ao optar por esta solução, o governo protegeu os depositantes, mas incentivou à continuada tomada de risco descontrolado por parte da administração do banco em representação dos accionistas.

Por último, importa mencionar que um sistema de protecção de depósitos gera o incentivo para que o partido em controlo da função governativa utilize os bancos como forma de favorecimento político ao seu eleitorado. Na ausência de um sistema de protecção de depósitos e da possibilidade de intervenção pública na partilha das perdas, os depositantes tenderão a penalizar a excessiva tomada de risco por parte de um decisor bancário pela transferência dos seus depósitos para outra instituição com uma gestão mais prudente[7]. A existência de um

---

[6] Tal como Olson e Stigler argumentaram, é difícil coordenar oposição a qualquer programa que beneficia alguns à custa de muitos, devido aos custos de transacção da actividade política. Adicionalmente, os contribuintes não conseguem identificar de forma evidente a alocação dos custos e benefícios dos *bailouts* a partir das decisões das autoridades de resolução, que actuam muitas vezes segundo regras pouco transparentes. OLSON, Mancur, *The Logic of Collective Action: Public Goods and the Theory of Groups*. Cambridge, MA: Harvard University Press, 1965. STLIGER, George, «The Theory of Economic Regulation»., in *Bell Journal of Economics and Management Science*, 1971, n.º 2, pp. 3-18.

[7] A senioriedade dos depósitos, os direitos de resgate dos depositantes e a transferência dos direitos de controlo sobre bancos em liquidação desempenham uma função social essencial para o incentivo a uma gestão prudente por

sistema de protecção de depositantes tenderá a resolver esta questão, pois possibilita a transferência das perdas para os contribuintes e potencia o interesse do partido responsável pelo executivo para com os grupos sociais politicamente relevantes.

Face às debilidades enumeradas nos parágrafos anteriores, torna-se evidente a existência de condições para o incentivo à excessiva tomada de risco por parte do sector bancário. A maximização dos resultados e da riqueza dos accionistas fomenta o crescimento rápido das instituições para que estas sejam encaradas como sistémicas na eventualidade de colapso. Este risco é frequentemente mencionado na literatura financeira por *moral hazard* e resume-se de forma exemplar na seguinte frase de J. M. Keynes: «Um banqueiro sólido, infelizmente, não é aquele que antevê o perigo e o evita, mas o que, quando fica arruinado, o fica de uma forma convencional e ortodoxa junto com os colegas, para que ninguém o possa censurar»[8]. A inexistência de uma alicerçada cultura ética por parte dos decisores bancários conduz à adopção de comportamentos não virtuosos para o futuro das suas instituições e dos seus clientes. À luz desta questão, ganha particular importância o conceito de «relativismo moral» uma vez que este justifica a procura de argumentos racionais para o que «queremos fazer», ao invés da elaboração de um quadro assente em princípios éticos sobre o que «devemos fazer»[9].

---

parte dos gestores bancários. CALOMIRIS, Charles W., e Charles M. KAHN, «The role of demandable debt in structuring optimal banking arrangements», in *American Economic Review*, n.º 81, 1991, pp. 497-513.

[8] «A "sound" banker, alas! is not one who foresees danger and avoids it, but one who, when he is ruined, is ruined in a conventional and orthodox way along with his fellows, so that no one can really blame him.» KEYNES, John Maynard, «The consequences to the banks of the collapse of money values» (Aug. 1931), in *Essays in Persuasion*, Londres, W.W. Norton & Co, 1963, p. 176.

[9] REYNOLDS, John N., e Edmund NEWELL, *Ethics in Investment Banking*, Palgrave Macmillan, 2011, p. 38.

2. A dificuldade democrática em provir a estabilidade bancária e financeira

> *I sincerely believe, with you, that banking institutions are more dangerous than standing armies.*
>
> JEFFERSON, Thomas[10]

O reconhecimento da existência de fortes conflitos de interesse entre o poder político e o sistema bancário poderá conduzir-nos à conclusão de que, num sistema democrático, estes tenderão a ser limitados face ao poder de supervisão das instituições. No entanto, a validade desta conclusão depende do efectivo controlo e participação da sociedade civil sobre os diferentes decisores políticos e bancários. Nas democracias caracterizadas por instituições políticas liberais, torna-se mais difícil que os partidos responsáveis pela acção governativa consigam expropriar alguma forma de propriedade. O reduzido risco de expropriação tende a limitar o potencial de criação de rendas económicas associadas à compensação dos riscos para os accionistas. Adicionalmente, o próprio processo eleitoral tende a eliminar decisores corruptos e a favorecer candidatos que promovam uma maior competição entre os bancos de forma a reduzir o custo do crédito. A combinação destes factores, em paralelo com supervisão bancária efectiva, potenciará a eficiência e a estabilidade do sistema bancário.

No entanto, a ausência de alinhamento ao nível dos incentivos económicos entre os principais accionistas, accionistas minoritários, depositantes, devedores e contribuintes possibilita que o partido responsável pelo governo explore estas

---

[10] Citado em JOHNSON, Simon, e James KWAK, *13 Bankers and the Wall Street Takeover and the Next Financial Meltdown*, Dublin, Phanteon Books, 2010, pp. 15-37.

diferenças a seu favor, seja em termos políticos, seja em termos económicos. Em particular, os participantes no processo de negociação sabem que a unanimidade não é requerida para que um determinado acordo seja alcançado. Assim sendo, o governo necessita apenas de se alinhar com a coligação vencedora, deixando as restantes partes fora do acordo. As negociações para a formação desta coligação vencedora tendem a ser extremamente complexas e centram-se na criação e distribuição de rendas económicas como contrapartida da manutenção do poder político. A título de exemplo, num sistema político democrático no qual o populismo se sobrepõe à defesa dos direitos individuais, em termos da estruturação das instituições, os partidos no controlo da acção governativa poderão favorecer os devedores em detrimento da estabilidade do sistema bancário. Esta acção potenciará, a prazo, a crescente intervenção pública pelo recurso aos contribuintes na salvaguarda das instituições financeiras. Alternativamente, poderão estabelecer-se acordos entre a banca e os líderes com perfil populista no intuito da partilha de rendas e benefícios decorrentes da mesma. Nesta parceria, os banqueiros partilham com os políticos a decisão de a quem do seu eleitorado devem conceder crédito[11]. Em termos éticos, esta conduta tende a ser contrária ao respeito pelo dever fiduciário[12] a que

---

[11] Shawn Cole validou este mesmo argumento para o caso do crédito bancário concedido ao sector agrícola nos anos eleitorais, na Índia. COLE, Shawn A., «Fixing market failures or fixing elections? Agricultural credit in India», in *American Economic Journal: Applied Economics*, vol. 1, n.º 1 (January), 2009, pp. 219–250.

[12] Os três elementos associados ao dever fiduciário são a honestidade, a obrigação de cuidado e a lealdade. O «agente» que actua em representação do «principal» tem a obrigação de ser verdadeiro, de gerir com prudência os bens que lhe foram confiados e o dever de lealdade para com o beneficiário (ou seja, não deve procurar vantagens pessoais resultantes da relação profissional). BOATRIGHT, John R., *Ethics in Finance*, Nova Jérsia, Wiley, 2014.

um banqueiro está sujeito, pois a sua primeira obrigação é a de ser leal para com os seus depositantes e a de preservar o capital destes. Em contrapartida, os políticos aceitam legislar regulamentação promotora de maiores rácios de endividamento para as instituições bancárias, menores alocações requeridas de capital para operações de financiamento de risco elevado e concessão de garantias estatais para empréstimos concedidos a eleitorados relevantes. Para o sector bancário, a prazo, a conjugação do factor concorrência com a possibilidade de se conceder mais crédito sem requerer o aumento de capital das instituições, na sequência da legislação aprovada, conduz a uma situação equivalente à do dilema do prisioneiro[13] em termos de rendibilidade[14]. A forma de neutralizar a perda de resultados gerada por esta dinâmica passa pela concessão de novo crédito, com um acréscimo significativo de risco, e potencia a necessidade de intervenção pública através do dinheiro dos contribuintes.

Banco Y Banco X	Não aumento da quota de mercado	Aumento da quota de mercado
Não aumento da quota de mercado	(neutro, neutro)	(negativo, positivo)
Aumento da quota de mercado	(positivo, negativo)	(negativo, negativo)

Quadro 1: Dilema do prisioneiro no sector bancário.

---

[13] RAPORT, Anatol, e Albert M. CHAMMAH, *Prisoner's Dilemma: A Study in Conflict and Cooperation*, University of Michigan Press, 1965, pp. 33-34.

[14] No Quadro 1, partindo da situação da célula esquerda superior, em que ninguém aumenta a quota, qualquer um dos bancos tem incentivo em aumentar a sua quota, se o outro não fizer nada, por ter lucro positivo. Assim, ambos aumentam a quota e caem na célula inferior direita, onde todos perdem.

A título ilustrativo, Sapienza[15] encontrou sinais de que a taxa de juro cobrada pelos bancos estatais em Itália reflecte o poder do partido que controla as funções governativas, traduzindo-se no acesso preferencial a fundos por parte de devedores simpatizantes do mesmo. Faccio, Masulis e McConnell[16] demonstram que as empresas com ligações políticas têm maior probabilidade de receber fundos públicos no caso de se encontrarem numa situação de dificuldade financeira em 35 países, mais concretamente nos países que receberam ajuda por parte do Banco Mundial ou do Fundo Monetário Internacional. Por último, Dinc[17] sugere que os bancos estatais que operam fora dos Estados Unidos aumentam a sua actividade de concessão de crédito nos anos eleitorais de forma a captar o apoio dos eleitores.

Em suma, constata-se que o processo de alocação de crédito é frequentemente sujeito a interferências políticas, as quais traduzem um desrespeito, por parte do sector bancário, pelo dever fiduciário de protecção dos seus depositantes. Esta prática constitui um atentado grave aos direitos financeiros de propriedade dos cidadãos e resulta de falhas graves de conduta por parte dos decisores e das instituições bancárias. Assim sendo, importa definir um conjunto de linhas orientadoras ao nível ético para todos os que actuam no sector, sem excepção. A eliminação das más práticas enumeradas apenas poderá decorrer de uma cultura de exigência e rigor no

---

[15] SAPIENZA, P., «The effects of government ownership on bank lending», in *Journal of Financial Economics*, n.º 72, 2004, pp. 357-384.

[16] FACCIO, M., R. MASULI e J. MCCONNELL, *Political Connections and Corporate Bailouts*. Journal of Finance, n.º 61, 2006, pp. 2597-2635.

[17] DINC, S., «Politicians and banks: political influences on government-owned in emerging markets», in *Journal of Financial Economics*, n.º 77, 2005, pp. 453-479.

trabalho diário realizado por todos, e não somente de um qualquer processo legislativo.

3. A razão moral e o comportamento ético como fundamentos das boas práticas

The Disposition to act well.

Tomás de Aquino[18]

A questão central ao nível da ética financeira não se prende com a identificação do que está certo ou errado, em cada situação, mas com a inclusão de um critério ético no processo de tomada de decisão de forma a garantir que a mesma promova o bem. Face a esta abordagem, importa retornar à filosofia moral no intuito de revisitar as seguintes questões: quais as regras e deveres morais a respeitar quando nos relacionamos uns com os outros (ética deontológica)? Quais as consequências morais das nossas acções (ética consequencialista)? Quais as características humanas que incentivam um bom comportamento social (ética da virtude)?

Segundo a ética deontológica, existe um conjunto de valores e deveres morais e universais que devem reger o nosso comportamento. Os exemplos óbvios de valores absolutos morais prendem-se a obrigação de não matar, torturar ou de impor deliberadamente o mal a alguém. Ao nível dos deveres morais, importa garantir que todas as pessoas são tratadas de forma correcta e justa. No entanto, o teste crucial à luz da ética deontológica, em termos de comportamento, passa por aferir o resultado para a sociedade caso todos agissem de uma mesma

---

[18] Citado em Reynolds, John N., e Edmund Newell, *Ethics in Investment Banking*, Palgrave Macmillan, 2011, p. 38.

forma. Se, por exemplo, todos mentirem persistentemente, a correcta ordenação da sociedade será ameaçada face à ausência dos valores fundamentais da verdade e da confiança. A mentira torna-se assim imoral.

A ética consequencialista preocupa-se com os resultados de uma dada acção, ao invés de valores absolutos morais. Face a esta perspectiva, o ser humano tende a reger a sua acção diária no intuito de maximizar os seus próprios interesses de longo prazo. No entanto, a conjugação desta abordagem utilitarista com o respeito dos valores morais associados à lei natural potencia a adopção de um comportamento ético no dia-a-dia: devemos reflectir e actuar de forma a maximizar o bem.

Por último, a ética da virtude sugere o tipo de pessoas que devemos ser, uma vez que o nosso comportamento depende fortemente do nosso carácter. Neste contexto, a promoção das virtudes associadas à coragem, temperança, prudência e justiça ganham particular destaque. Por temperança define-se a necessidade de o nosso comportamento ser governado pela razão ao invés de por emoções e instinto, e, por prudência, a capacidade de elaborar julgamentos sensatos em questões com relevância ética. Em suma, e face a tudo o que foi exposto, torna-se claro que as éticas deontológica, consequencialista e da virtude se podem e devem inter-relacionar na elaboração de pensamento ético no contexto negocial. Esta é única forma de evitar a armadilha associada ao «relativismo moral» e de assegurar que actuamos de forma a maximizar as consequências positivas das acções que realizamos e no respeito pelas nossas responsabilidades morais.

Uma formulação prática para a elaboração de um pensamento ético passa por responder às seguintes questões[19]:

---

[19] REYNOLDS, John N., e Edmund NEWELL, *Ethics in Investment Banking*, Palgrave MacMillan, 2011, p. 39.

1. Quais os valores relevantes numa dada situação e qual a importância destes no processo de decisão?
2. Quais os direitos relevantes numa dada situação e qual a importância destes no processo de decisão?
3. Quem são os intervenientes e quais as obrigações que lhe são devidas?
4. Quais são as prováveis consequências intencionais, ou não intencionais, que decorrem da tomada de uma decisão específica?
5. Quais as virtudes que serão promovidas, ou comprometidas, ao actuar de uma determinada forma?

Esta abordagem não significa necessariamente que todos os que enfrentam um mesmo problema concluam pela mesma resposta. A sua importância passa por assegurar a inclusão, e a validação, da perspectiva ética no processo de tomada de decisão.

Este ponto conduz-nos seguidamente aos princípios inerentes a um ambiente profissional ético ao nível do sector bancário. As funções económicas desempenhadas pela banca têm o potencial de gerar benefícios para a comunidade e, por isso, o propósito da ética é apenas o de assegurar a sua concretização. Tradicionalmente, estas funções tendem a ser as seguintes: promover a transferência de fundos entre quem poupa e quem investe; prover de liquidez para o correcto funcionamento dos mercados financeiros; prestar uma vasta gama de serviços financeiros às famílias, às empresas e aos Estados; e criar instrumentos e soluções financeiras como resposta às necessidades existentes na comunidade.

Ao nível da ética deontológica, todas estas funções assentam na premissa da existência de uma relação de confiança. Sem esta, o investimento e o sistema tendem a colapsar, dado que os depositantes e os investidores não possuem a fiabilidade requerida para depositarem o seu dinheiro junto de outros. A confiança numa instituição é potenciada pela credibilidade que se sustenta na competência técnica e na seriedade dos responsáveis e funcionários da organização. Neste campo, as considerações ao nível técnico e ético tendem a acompanhar-se, pois uma falha numa destas matérias é suficiente para a perda de credibilidade e, consequentemente, de confiança. A prossecução de forma sustentável de qualquer negócio exige uma cultura em que os valores da justiça, honestidade e integridade sejam promovidos e na qual a confiança é conquistada mediante o alcançar de determinados objectivos. Desta forma, a instituição reconhece os seus deveres para com todos com quem interage diariamente: investidores, empregados, clientes e sociedade. Igualmente nesta perspectiva deontológica, a instituição que não contorna a lei, ou o enquadramento regulatório relativo à indústria em que opera, tende a ser mais fiável. Face ao exposto, torna-se evidente a importância de os gestores bancários evitarem possíveis conflitos de interesse, nomeadamente face ao poder político. O seu valor acrescentado, para o bem da sociedade, depende apenas das capacidades técnicas reveladas e do grau de confiança alcançado, e não dos seus relacionamentos junto de esferas partidárias.

Um segundo elemento relacionado com a ética deontológica prende-se com a defesa do dever fiduciário para com os investidores das instituições e, no limite, para com a própria sociedade. Os mecanismos de remuneração de gestores e decisores bancários podem gerar incentivos à excessiva tomada de risco com o intuito de alcançar determinados resultados financeiros, e consequentes prémios de desempenho. Este comportamento constitui uma violação dos deveres éticos da instituição, o que é igualmente válido quando um banco decide financiar um governo corrupto ou promover actividades que atentem contra o bem-estar da comunidade. A excessiva exposição ao risco levanta ainda a questão, à luz da ética consequencialista, sobre as consequências não antecipadas de determinadas acções. Os resgates bancários que têm marcado os últimos anos tornam esta preocupação evidente. No entanto, importa igualmente relembrar que a actividade bancária é intrinsecamente arriscada. A resposta para este tipo de questão apenas poderá decorrer de um processo de decisão racional e ciente dos deveres para com os diferentes intervenientes na instituição.

No intuito de responder a algumas destas questões, ao longo dos últimos anos, vários bancos implementaram códigos de conduta para os seus funcionários. De uma forma geral, estes documentos não correspondem a um guia ético de como tratar os clientes e visam, acima de tudo, a protecção da empresa e dos accionistas face a abusos dos seus funcionários. Perante esta realidade, importa criar uma nova cultura organização bancária, como seguidamente discutiremos.

4. Ética bancária e financeira: a necessidade de conciliar «direitos» e «deveres» deontológicos

> *O lucro é um regulador ao serviço da vida da empresa, mas não o único; a ele se deve associar a consideração de outros factores humanos e morais que, a longo prazo, são igualmente essenciais para a vida da empresa.*
>
> João Paulo II[20]

A análise ética para um sector de actividade económica pode ser perspectivada num enquadramento deontológico

---

[20] João Paulo II, *Carta Encíclica «Centesimus Annus»*, 21 de Abril de 1991, n.º 35.

de «direitos» e «deveres». No caso de um banco, este possui o «direito» de utilizar a sua propriedade intelectual e capacidades de mercado (incluindo de distribuição e de *trading*) de forma a alcançar os seus objectivos. Ao mesmo tempo, tem o «dever» de agir eticamente para com todos os participantes no mercado, nomeadamente para com os seus clientes actuais e potenciais. Esta obrigação corresponde ao denominado «dever de cuidado», que, em muitas situações, pode ser percepcionado como conflituante com os direitos da própria instituição. No caso da actividade de *market maker*, o «dever de cuidado» não induz o banco a divulgar as motivações e estratégia associadas às suas posições de *trading*. Em contrapartida, quando um banco actua como agente estruturador e distribuidor de instrumentos financeiros, a divulgação da sua propriedade intelectual torna-se eticamente necessária. Neste contexto, uma instituição ética nunca deve proceder à adulteração de uma análise de *research* e posterior venda de títulos que acredita estarem sobrevalorizados. Por outras palavras, o direito de utilização da propriedade intelectual deverá estar limitado pelo «dever de cuidado» para com os clientes. Adicionalmente, se o direito de utilização da propriedade intelectual for expresso como um dever, importa perceber como este conflitua entre os deveres para com os accionistas e para com os clientes. De acordo com uma perspectiva ética, o «dever de cuidado» para com os accionistas não se deve sobrepor ao «dever de cuidado» para com os clientes. Os recentes acontecimentos na área financeira têm demonstrado que falhas sérias ao nível ético se traduziram em perdas significativas de valor para os accionistas dessas instituições. Este facto sugere que, para a maioria das situações, não se antecipam conflitos entre o dever fiduciário e os deveres éticos.

Face ao exposto anteriormente, importa conciliar direitos e deveres a partir do estabelecimento de um conjunto de regras éticas que consagram limites que jamais poderão ser ultrapassados. Nesta matéria, o valor da transparência assume-se como fundamental, dado que nenhum funcionário poderá prestar uma informação incorrecta como resposta a uma determinada questão. A omissão deliberada ou a prestação de uma informação imprecisa é eticamente equivalente à mentira, visando alcançar um determinado resultado através deste comportamento. Este facto obriga a que cada funcionário, na procura diária de um correcto exercício das suas funções, tenha a obrigação de procurar aceder à máxima informação pública disponível de forma a esclarecer devidamente os seus clientes. O mérito de um funcionário a longo prazo, na perspectiva da instituição bancária, depende da sua capacidade de preservar o valor associado aos clientes com quem lida diariamente. Este facto obriga-o a ter sempre presente a sua obrigação de ordenar os deveres acima dos direitos específicos. Assim sendo, cada funcionário deve questionar os seus colegas e superiores sempre que identifique na organização um comportamento gerador de um sério risco reputacional e financeiro. No entanto, frequentemente, esta atitude tende a ser mal interpretada. Na maioria das situações, delega-se a função de fiscalização exclusivamente no departamento de auditoria e assume-se que qualquer actor, numa dada função bancária, trabalha numa relação de boa-fé com todos os que estão para trás e segundo um princípio de lealdade para com todos os que estão para a frente. À luz desta visão restrita, este actor nunca questionará a fiabilidade da informação que analisa e dos procedimentos efectua, tornando-se apenas um elo associado à cadeia de produção. A presente insatisfação dos cidadãos com o sistema bancário decorre, em larga medida, deste tipo de atitude, que fomenta a agudização dos problemas sem atender à obrigação ética do «dever de cuidado». Apesar dos progressos alcançados nos últimos anos, em termos dos mecanismos de controlo interno, *compliance* e *corporate governance*, a melhor salvaguarda para todos continuará a depender de um comportamento ético à escala individual.

Importa referir igualmente a relevância da transparência sempre que exista um conflito ético entre os direitos e os deveres de uma instituição bancária. Os clientes deverão ser informados atempadamente das situações em que o mesmo poderá ocorrer e como serão tratados em consequência.

Ao longo do presente texto, a maioria das situações e propostas identificadas relacionam-se com o sector bancário. No entanto, os princípios e deveres enumerados são igualmente válidos para o caso das empresas. Quando os gestores de uma empresa decidem adulterar de forma premeditada os documentos contabilísticos de forma a obterem de crédito, ou a angariarem capital, agem contra os seus deveres éticos. No pior dos cenários, arrastam a empresa para a insolvência e geram pesados custos sociais para toda a comunidade.

5. Conclusão

Face ao exposto, torna-se evidente a existência de uma multiplicidade de conflitos de interesses no nosso dia-a-dia nas relações entre as instituições financeiras, as empresas e o Estado. Adicionalmente, não é de todo evidente que esta questão possa ser mitigada através do regular funcionamento democrático. A regra da maioria pode conduzir a resultados não consistentes com o respeito pelos princípios éticos relevantes. Paralelamente, e ao nível comportamental, os últimos anos têm-se caracterizado por um incremento da regulamentação imposta pelos supervisores e pelo reforço da área de *compliance* dentro das instituições financeira. No entanto, muitas destas iniciativas visam essencialmente a protecção das organizações face a eventuais abusos dos seus funcionários. Ao nível da adopção de regras de capital mais restritivas para o sector bancário, no intuito de limitar a excessiva tomada de risco, vários progressos foram alcançados. De qualquer forma, importa assegurar que os erros do passado recente não se voltarão a repetir, o que apenas poderá ser garantido pela adopção de uma nova conduta ética nas áreas bancária e financeira. O objectivo associado à elaboração deste artigo foi contribuir para essa discussão.

Leituras recomendadas

Admati, Anat, e Martin Hellwig, *The Bankers' New Clothes: What's Wrong With Banking and What to Do About It*, Princeton, Princeton University Press, 2013.

Boatright, John R., *Ethics in Finance*, Dublin, Wiley, 2014.

Calomiris, Charles W., e Stephen H. Haber, *Fragile by Design: The Political Origins of Banking Crisis and Scarce Credit*, Princeton University Press, 2015.

CFA Institute, *Standards of Practice Handbook*, Eleventh Edition, 2014.

Neves, J., *Introdução à ética empresarial*, Cascais, Principia, 2008.

Reynolds, John N., e Edmund Newell, *Ethics in Investment Banking*, Palgrave Macmillan, 2011.

Empresas e responsabilidade social

Filipe Santos
Faculdade de Ciências Económicas e Empresariais
da Universidade Católica Portuguesa

Qual é a responsabilidade das empresas perante a sociedade? Deverá o conceito de cidadania ser aplicado às empresas, atribuindo à pessoa jurídica empresarial um conjunto de deveres para com a sociedade que vão para além do cumprimento das normas legais aplicáveis? Dada a abordagem de responsabilidade social definida pelos dirigentes da empresa, de que forma estas práticas são estruturadas e aplicadas de modo consistente a todos os níveis e áreas da organização? Este capítulo abordará estas questões, descrevendo cinco modelos internamente coerentes de responsabilidade social das empresas e discutindo, à luz da ética empresarial, quais os mais legítimos e como os implementar.

Um pressuposto importante que norteia este capítulo é o de o comportamento empresarial ser, em última análise, decidido e implementado pelos membros da organização, os quais terão de tomar decisões no seu dia-a-dia que poderão ser avaliadas eticamente. No entanto, estas decisões não são guiadas apenas por interesses pessoais e valores morais; são tomadas num contexto organizacional complexo, sendo influenciadas por políticas internas, regras orçamentais específicas e códigos de conduta. Mais subtilmente, existem também normas implícitas, que não estão escritas e que têm a ver com a cultura organizacional, o comportamento dos colegas, os exemplos dos líderes e a interpretação feita sobre decisões organizacionais importantes, como, por exemplo, decisões de promoção, as quais são sinais dos tipos de comportamento premiados pela empresa. Assim, um mesmo indivíduo poderá manifestar comportamentos diferentes em termos éticos em diferentes organizações, dada a influência do contexto em que actua. Isto significa que as políticas empresariais, no que respeita à responsabilidade social da empresa, são importantes contextos e filtros para o comportamento socialmente responsável dos seus membros.

Outro aspecto relevante para o entendimento da responsabilidade social corporativa é o de as empresas, em particular as de maior dimensão, serem organizações complexas com múltiplos níveis hierárquicos e normas de conduta muitas vezes implícitas, sendo nestes contextos complexos e ambíguos que as orientações dos líderes têm de ser interpretadas e implementadas a diferentes níveis e nas diferentes áreas da organização. Por exemplo, mesmo que um gestor queira implementar uma determinada política de responsabilidade social, esta poderá não vir a ser implementada por chocar com a cultura empresarial ou com os interesses dos líderes intermédios ou dos trabalhadores.

Neste contexto, as empresas, fruto das decisões passadas, das orientações presentes e da sua cultura organizacional, estabelecem normalmente um modelo específico, internamente coerente, de envolvimento com a sociedade, o qual proporciona aos seus membros alguma clareza e orientações sobre os comportamentos considerados legítimos e apropriados. A prática sugere que este modelo pode ser conceptualizado em cinco níveis diferentes de envolvimento da empresa com a sociedade, cada um deles demonstrando um grau crescente de compromisso da empresa com a criação de valor para a sociedade, a saber: a empresa legalista, a empresa responsável, a empresa sustentável, a empresa inclusiva e a empresa social.

Este capítulo começa assim por descrever cada um destes cinco modelos de responsabilidade social, especificando o posicionamento implícito da empresa face à sociedade, o comportamento empresarial e a forma de estruturar internamente a área da responsabilidade social e os desafios desse modelo face às expectativas dos membros da sociedade. No final do capítulo, será discutido, à luz da ética aplicada ao sector empresarial, qual dos modelos deverá ser seguido pelas empresas, em que circunstâncias e de que forma.

1. A empresa legalista

Uma visão legalista do comportamento empresarial sugere que as empresas devem focar-se no seu negócio principal, o qual envolve a mobilização de recursos para a produção de bens e serviços vendidos no mercado, acrescentando valor pela diferença entre as receitas geradas e os custos de produção. Nesta visão, os excedentes gerados pela empresa, após o pagamento de impostos, ou são reinvestidos na actividade económica ou são utilizados para remunerar os detentores de capital, os quais podem por sua vez afectar esses excedentes a qualquer outra actividade, incluindo filantropia e mecenato cultural. Esta é, portanto, uma visão em que cada actor da sociedade desempenha o seu papel – Estado, empresas, sector social, cidadãos –, cabendo às empresas apenas a responsabilidade pelo desenvolvimento de transacções comerciais com o objectivo do lucro, no cumprimento estrito das regras legais e das normas vigentes e na prossecução estrita dos interesses dos donos das empresas. Este modelo de empresa legalista é considerado pelos seus proponentes como uma forma eficiente de organização empresarial, em particular por facilitar o controlo da actuação dos gestores por parte dos accionistas ou donos da empresa, dada a clareza dos objectivos estabelecidos.

Os indivíduos ou entidades que, por serem donos da empresa, recebem os excedentes podem depois realizar, se assim o desejarem, a prática de filantropia com a afectação desses recursos a causas sociais e culturais. Em alternativa, a empresa pode desenvolver parte desta actividade filantrópica no contexto empresarial através de uma fundação corporativa que separa as actividades empresariais das actividades filantrópicas e afecta parte dos excedentes da empresa a práticas de mecenato e filantropia, usufruindo geralmente de benefícios fiscais ao fazê-lo e sendo claro o custo de desenvolver estas actividades.

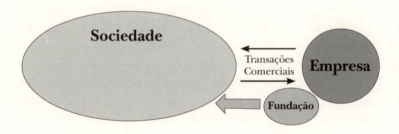

Figura 1: Modelo de empresa legalista.

Estrutura e comportamento

O comportamento das empresas legalistas é norteado pelo interesse próprio, o qual é definido como sendo o interesse subjacente à remuneração dos donos da empresa, normalmente definido em termos de maximização do lucro futuro. A empresa actua de forma reactiva a eventuais crises na sua interacção com a sociedade e apenas desenvolve actividades de responsabilidade social de forma discricionária e quando antevê que seja do seu interesse directo fazê-lo. A orientação principal é assim a maximização dos lucros no cumprimento das normas legais existentes, não havendo outras restrições à sua actuação.

Esta abordagem de gestão pode levar a comportamentos de maximização de valor de curto prazo que são legais, mas têm externalidades negativas para a sociedade, sendo a sua legitimidade questionável. Temos, por exemplo, o comportamento de fundos de capital de risco que têm como estratégia comprar empresas subavaliadas em relação ao seu valor contabilístico, mas potencialmente viáveis, para depois despedirem os seus trabalhadores e venderem os seus activos de forma a realizar lucros no curto prazo. Outro exemplo é o das empresas da área farmacêutica que compram patentes de medicamentos com uma situação de monopólio no mercado e depois, explorando esse monopólio temporário legal e tendo clientes dependentes do seu produto, aumentam o preço várias vezes, sem consideração pela perda de bem-estar que vão criar com essa estratégia de maximização do lucro. Outra prática comum é a gestão agressiva da fiscalidade empresarial, aproveitando regras legais e fiscais que permitem à empresa pagar um nível de impostos muito reduzido face ao seu nível de actividade e lucro.

A adopção deste modelo legalista de responsabilidade social pode também ser motivada pelo sentimento interno de que os produtos e serviços desenvolvidos pela empresa são tão bons para os clientes e para a sociedade que a empresa se deve focar por completo no seu negócio principal e alocar-lhe todos os recursos disponíveis da organização. Empresas muito conhecidas, como a Apple, que têm historicamente uma política de responsabilidade social com fraca relevância face à sua dimensão empresarial[1] e praticam políticas agressivas de redução da sua carga fiscal, cabem nesta categoria.

Desafios

Os desafios principais a esta visão de responsabilidade social são as expectativas crescentes dos agentes da sociedade face ao papel e actuação das empresas. As empresas têm múltiplos pontos de contacto com a sociedade e precisam de responder de forma coerente a estas solicitações para preservar a sua reputação empresarial, a boa vontade das comunidades em que estão inseridos e a confiança dos agentes da sociedade com que interagem. As empresas legalistas isolam-se destas exigências e pressões e, por vezes, acabam por manter práticas e políticas que outrora eram consideradas legítimas, mas que ficam desenquadradas da matriz ética da sociedade. Este isolamento pode conduzir a graves crises de reputação e legitimidade, sendo um exemplo recente a prática, por parte de muitas multinacionais, de estratégias fiscais legais, mas agressivas e, por isso, crescentemente consideradas ilegítimas pela sociedade.

Acresce a estes desafios o facto de esta abordagem ao comportamento empresarial – que teve forte influência nas práticas empresariais das últimas décadas, levando à predominância da norma de maximização do valor accionista e da assunção de responsabilidades fiduciárias dos gestores – chocar com uma tradição empresarial anterior nas sociedades ocidentais. Esta sugere que o comportamento empresarial face à sociedade deve ir além do cumprimento estrito da lei, uma vez que as empresas desempenham um papel social relevante nas comunidades em que estão presentes –, sendo este o segundo modelo de responsabilidade social que iremos analisar.

---

[1] http://www.imd.org/research/challenges/corporate-social-responsability-apple-opportunity-rosa-chun.cfm

2. A empresa responsável

A empresa responsável estabelece a prática da responsabilidade social como uma das suas funções importantes e, como tal, deve criar uma equipa e estratégias próprias, com uma dimensão e um orçamento adequados à própria dimensão da empresa (de modo a não ser uma política meramente ilusória ou simbólica, que caberia no primeiro modelo apresentado acima). A empresa procura assim ser mais estratégica na sua interacção com a sociedade em áreas que vão além do seu negócio principal e foco operacional. Ironicamente, a unidade de responsabilidade social da empresa acaba por ter o papel de filtrar e de responder às expectativas e pressões dos membros da sociedade, isolando assim as operações centrais da empresa dessas pressões, de modo a criar um ambiente operacional mais previsível e com menor incerteza. A maximização do lucro é assumida como o objectivo prioritário da empresa, estando subjacente o princípio que parte desse excedente deve ser partilhado com a sociedade, no âmbito da responsabilidade social.

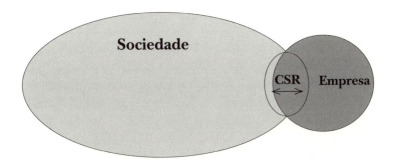

Figura 2: Modelo de empresa responsável.

Estrutura e comportamento

A empresa responsável age como membro e cidadã das comunidades em que está inserida, cultivando relações de boa vizinhança através de práticas regulares de mecenato cultural e donativos a entidades locais que apoiem populações mais desfavorecidas. Para gerir estas actividades, a área de responsabilidade social está representada na estrutura organizacional da empresa, ou como departamento autónomo ou como unidade de um dos departamentos de suporte da empresa, tipicamente Recursos Humanos, Comunicação, Relações Institucionais ou Direcção. O foco das actividades de responsabilidade ou é genérico no apoio à comunidade ou desenvolve alguma especialização no sector em que a empresa actua ou na localização geográfica em que está presente. Por exemplo, empresas de tecnologia podem focar-se em causas que promovam a inclusão digital, enquanto empresas de energia podem focar-se em temas de desenvolvimento comunitário em regiões onde detêm centrais eléctricas ou barragens. Em termos de proximidade geográfica, as empresas maiores podem optar por patrocinar uma companhia de teatro numa localização próxima da sua sede ou a programação cultural de uma fundação da cidade onde está sediada. Existe também a estratégia de envolver os trabalhadores da empresa em acções de voluntariado, o que traz aumento de motivação e espírito de equipa, bem como reforço da reputação da empresa. O relato regular das actividades de responsabilidade social permite aumentar a transparência dos benefícios concedidos, bem como medir o número de pessoas beneficiadas.

Desafios

Apesar do impacto positivo na reputação das empresas e do aumento da motivação dos seus funcionários pelas acções de responsabilidade social que a empresa desenvolve, existe normalmente pouca integração e coordenação entre a equipa encarregada da área de responsabilidade social e as unidades operacionais da empresa. O orçamento para responsabilidade social flutua com o desempenho e excedentes gerados pela empresa, o que a impede de desenvolver uma estratégia de responsabilidade social mais coerente, sustentada e ambiciosa. A responsabilidade social é assim muitas vezes vista como uma área secundária ou periférica da actuação da empresa, como um centro de custos que tem como objectivo reforçar a reputação da empresa e aumentar a boa vontade dos seus *stakeholders*. As acções realizadas focam-se no curto ou médio prazo, dada a incerteza sobre o orçamento futuro e a difícil mensurabilidade do impacto social gerado, sendo que a equipa de responsabilidade social tem por isso dificuldade em crescer e ganhar competências especializadas, bem como em reportar e quantificar de forma sistemática os seus resultados.

Não obstante as limitações e desafios deste modelo de responsabilidade social, ele é actualmente o modelo mais praticado pelas médias e grandes empresas a nível mundial. Entretanto, numerosas empresas começam a adoptar um modelo que coloca a responsabilidade social no centro das operações da empresa e desenvolvem uma perspectiva de sustentabilidade de longo prazo, conduzindo ao modelo de empresa sustentável descrito de seguida.

3. A empresa sustentável

A empresa sustentável assume que faz parte integrante da sociedade e que deve existir um alinhamento de longo prazo entre o lucro que obtém pelas suas actividades e o impacto que consegue gerar, definido em termos de criação de valor para a sociedade. Assim, a legitimidade de gerar excedentes e de se apropriar desses lucros está condicionada pela capacidade de criar valor para a sociedade com a sua actuação.

A adopção deste modelo de empresa sustentável é impulsionada, por um lado, pela visão de alguns líderes empresariais e pelas crescentes preocupações ambientais e sociais da nova geração de trabalhadores e, por outro, pelo crescente grau de organização cívica dos clientes e membros da sociedade, reforçado pelas redes sociais – o que pode levar a graves crises de reputação e bloqueios por parte de clientes e cidadãos quando a empresa não consegue alinhar a sua cadeia de valor com as expectativas da sociedade.

O conceito inicial de sustentabilidade surgiu em ligação com a ecologia e o ambiente, em particular na interacção destes temas com a cadeia de valor física. O conceito central é o de que a empresa deverá poder perpetuar indefinidamente a sua operação, pois encontra-se em sintonia com o planeta em termos dos recursos que extrai e da forma como os utiliza. Políticas activas de poupança energética e de promoção de energias renováveis, políticas de reciclagem e responsabilização pelo fim de vida dos produtos, políticas antipoluição, de redução de uso de químicos ou de compensação pelas emissões de carbono são medidas típicas implementadas por empresas sustentáveis, mesmo em casos que vão para além das normas legais existentes ou das decisões sugeridas pelos modelos tradicionais de análise de investimento.

Mais recentemente, o conceito de sustentabilidade estendeu-se do planeta às pessoas, com um foco crescente no bem-estar das comunidades e dos fornecedores, falando-se por vezes da *triple bottom line – profits, planet and people*. A adopção de políticas activas de comércio justo, que procuram garantir uma partilha de ganhos com os fornecedores mais vulneráveis, e de políticas de desenvolvimento comunitário é expressão deste alinhamento das empresas com as necessidades das pessoas e comunidades. A política de sustentabilidade da empresa assume assim uma integração plena com as operações ao longo de toda a cadeia de valor.

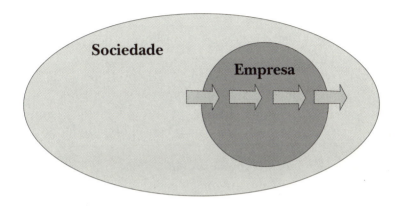

Figura 3: Modelo de empresa sustentável.

Estrutura e comportamento

A empresa sustentável coloca um foco central no alinhamento do lucro com a criação de valor para a sociedade. Este foco pode levar à tomada de decisões com uma perspectiva de muito longo prazo, para além do âmbito dos modelos económicos de investimento tradicionalmente utilizados. Por exemplo, pode ser decidido substituir todos os veículos de motor de combustão da frota da empresa por veículos eléctricos ou investir no desenvolvimento económico de comunidades que estão na origem das matérias-primas que a empresa utiliza. Mas a empresa sustentável preocupa-se, não só com os impactos directos na sociedade, mas também com os impactos indirectos que podem verificar-se devido à actuação de fornecedores, parceiros ou clientes da empresa. Assim, a empresa sustentável poderá implementar políticas de interacção com os fornecedores que aumentem o grau de exigências em relação à política de sustentabilidade destes, bem como alterar os produtos ou serviços vendidos devido ao impacto negativo que estes poderão ter nos seus clientes.

É também dada ênfase ao envolvimento dos trabalhadores da empresa em causas sociais. Uma prática cada vez mais comum nas empresas sustentáveis é o desenvolvimento de programas *pro bono*, em que há um compromisso anual de horas de trabalho doadas à sociedade, prática corrente em empresas de serviços profissionais, como consultoras, auditoras ou empresas de advocacia.

Normalmente, a empresa sustentável não precisará de ter um departamento de sustentabilidade, tal como os departamentos de qualidade deixaram de existir na maioria das empresas a partir do momento em que a qualidade se tornou uma referência transversal à actuação de todos. Assim, da mesma forma que as empresas eliminam problemas de qualidade nos seus produtos e implementam uma preocupação com a qualidade a todos os níveis da organização, as empresas sustentáveis tentam eliminar os impactos negativos directos e indirectos que a sua actuação possa provocar na sociedade ao longo de toda a cadeia de valor, de forma que o seu lucro seja inteiramente legítimo, na medida em que alinhado com a criação de valor para a sociedade.

Desafios

Dado que as empresas sustentáveis utilizam uma lógica abrangente e de muito longo prazo na definição das suas políticas de actuação empresarial e investimento, assente em princípios associados ao bem comum, os gestores de empresas sustentáveis podem ser questionados pelos investidores financeiros por não estarem a maximizar o valor accionista, o que poderá prejudicar, no curto prazo, o valor de mercado das empresas. No caso de a empresa ser cotada em bolsa, este comportamento poderá levar a ofertas de aquisição hostis, com o intuito de gerar lucros no curto prazo com uma alteração da política empresarial. Por exemplo, a Unilever é uma empresa que tem assumido nos últimos anos uma estratégia e políticas concretas de empresa sustentável. Em Fevereiro de 2017 a Unilever sofreu uma oferta de aquisição hostil por parte da Kraft Heinz, levando peritos a discutirem se o modelo de capitalismo proposto pela Unilever era viável[2]. Neste caso concreto, a oferta foi recusada pela Unilever, que comunicou a intenção de estar mais atenta ao valor accionista e a oportunidades de redução de custos, sem perder o modelo de empresa sustentável.

A consequência mais natural deste tipo de situações em empresas que assumem um modelo de empresa sustentável e estão cotadas em Bolsa é uma alteração da estrutura accionista, privilegiando investidores que partilham dos valores de sustentabilidade e acreditam que as empresas sustentáveis são mais viáveis e lucrativas no longo prazo pelo alinhamento que demonstram com as necessidades e exigências da sociedade. O forte crescimento da área da Investimento Socialmente Responsável (SRI) nos últimos 15 anos, em que investidores utilizam critérios de investimento alinhados com boas práticas de ESG (*environment, social and governance*), é disso exemplo.

Outro desafio das empresas sustentáveis para a efectiva implementação de políticas de sustentabilidade é o de desenvolverem um esforço sério de medição dos impactos negativos da actuação da empresa na sociedade, no sentido de alguns desses impactos serem corrigidos e outros compensados. Este

---

[2] http://knowledge.insead.edu/economics-finance/will-the-unilever-model-of-capitalism-survive-5326

esforço é essencial para as empresas sustentáveis, sendo difícil gerir bem o que não se consegue medir. No entanto, essa análise é tecnicamente difícil de realizar e pode ter custos elevados. Além disso, por questões de transparência, esta informação sobre os impactos negativos da empresa, tanto directos como indirectos, deveria ser reportada publicamente, mas são raras as empresas capazes e dispostas a assumir este grau de exigência. Preferem reportar as suas actividades com impactos positivos na área da sustentabilidade em vez de informarem dos custos que o seu negócio causa à sociedade. A Puma é uma excepção, tendo desenvolvido em 2011 um detalhado relatório dos seus custos ambientais directos e indirectos[3], a par do relatório financeiro tradicional. Esta é uma forma de contabilizar as externalidades positivas e negativas provocadas pela empresa de modo a poder geri-las de forma sistemática, alinhando a criação de valor para a empresa com a criação de valor para a sociedade.

A empresa sustentável corre, porém, o risco de ficar aquém do seu potencial de criação de valor para a sociedade, uma vez que procura activamente reduzir ou compensar os impactos negativos associados à sua actividades, mas não utilizar as suas competências centrais para pró-activamente resolver problemas da sociedade. Esse é o modelo da empresa inclusiva que analisaremos de seguida.

4. A empresa inclusiva

A empresa inclusiva assume os princípios e práticas das empresas sustentáveis, mas vai mais longe na procura pró-activa da resolução de problemas da sociedade, com o objectivo

---

[3] https://www.theguardian.com/sustainable-business/best-practice-exchange/puma-impact-environment-counting-cost

de contribuir para uma sociedade mais justa e inclusiva. As empresas, em particular as grandes multinacionais, têm mais recursos, competências e influência na sociedade do que muitos governos e nações. Como tal, as empresas inclusivas assumem a responsabilidade de pró-activamente resolver problemas e injustiças na sociedade, ou em áreas ligadas à sua actuação, ou em causas particulares que identifiquem como importantes e negligenciadas.

Uma prática comum nas empresas inclusivas é a de desenvolver inovações que permitam levar os seus produtos e serviços a públicos que normalmente não lhes conseguem aceder por falta de capacidade de pagar. A este movimento chama-se mercados de base da pirâmide (BoP) e inclui, por exemplo, o acesso a energia barata e renovável em comunidades onde a rede eléctrica não chegue ou acesso a água potável, à alimentação, a serviços bancários ou a sanitários em comunidades que não usufruem destes serviços básicos. Estes destinam-se a corrigir situações injustas do chamado «imposto dos pobres», em que populações desfavorecidas pagam mais em valor absoluto por bens essenciais do que populações de classe média ou alta.

Outra prática crescentemente utilizada é a do desenvolvimento de negócios inclusivos, que são inovações ou intervenções com o objectivo específico de corrigir, através de uma adaptação do modelo de negócios da empresa, situações existentes de injustiça ou infortúnio. Por exemplo, empresas de *software*, como a SAP, assumem o compromisso de contratar uma percentagem de empregados com autismo semelhante ao número de pessoas com autismo na população, dado que algumas destas pessoas podem ter uma produtividade semelhante à dos restantes trabalhadores ou mesmo superior, se forem bem enquadradas. Outras práticas das empresas inclusivas corresponde à utilização das suas competências e práticas de inovação para oferecer novos produtos e serviços que poderão ter uma margem mais baixa, ou até nem trazer lucro, mas que criam valor ao responder às necessidades não satisfeitas de comunidades ou populações.

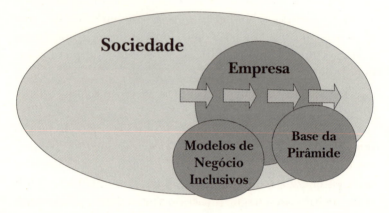

Figura 4: Modelo de empresa inclusiva.

Estrutura e comportamento

As empresas inclusivas procuraram sistematizar os processos de inovação e criação de negócios inclusivos e referentes à base da pirâmide, fazendo-o normalmente através da concepção de uma nova unidade de negócios, a qual reporta directamente à administração da empresa ou fica associada às áreas de negócios tradicionais, mas com expectativas diferentes de retorno e risco nos seus investimentos. Para evitar que essas unidades sejam demasiado influenciadas pelas práticas e regras de investimentos comerciais da empresa, é comum associar à governação dessa unidade um conselho externo independente, em alguns casos com poderes efectivos. Por exemplo, a Danone, que historicamente tem desenvolvido um forte conjunto de actividades de sustentabilidade e inclusão e colocou as actividades de sustentabilidade na alçada das unidades de negócio estabelecidas para garantir a plena integração com a cadeia de valor, mas optou por colocar as acções de negócios inclusivos numa entidade autónoma denominada *Danone Communities*, governada por um conselho externo.

As empresas inclusivas tentam envolver tanto quanto possível os seus trabalhadores nos negócios inclusivos e de base da pirâmide, normalmente criando uma pequena equipa a tempo integral, com alguns elementos internos e outros contratados externamente para garantir competências de inovação, reforçados por trabalhadores das várias áreas de negócio da empresa em comissão de serviço. Ao contrário das tradicionais acções de voluntariado praticadas por empresas no modelo 2 e 3 – em que estas são tipicamente dissociadas das competências dos trabalhadores e têm como objectivo fortalecer motivação e coesão das equipas através de actividades como a pintura de uma organização social, a recolha de lixo ou o acompanhamento a pessoas em exclusão –, as empresas inclusivas procuram envolver os seus empregados em áreas onde estes possam desenvolver e aplicar as suas competências centrais e, até, ganhar competências de inovação em contextos de negócio diferentes do habitual.

Em termos orçamentais, os negócios inclusivos e de base da pirâmide têm regra geral como objectivo mínimo atingir o ponto de equilíbrio financeiro, não sendo normalmente considerados nem centros de receitas nem centros de custo, mas centros de impacto. Para atingir a sustentabilidade económica, para além de práticas de inovação com vista a reduzir os custos de forma substancial, usando estratégias como *cost targeting*, nas quais se adequa o custo à capacidade de pagar dos clientes, ou *reverse innovation*, em que as inovações desenvolvidas para servir mercados em desenvolvimento são depois replicadas nos mercados desenvolvidos, estas unidades de negócio podem pedir contributos aos trabalhadores, que, por vezes, reduzem o seu salário durante as comissões de serviço nestas unidades. Um exemplo é a unidade da Accenture, a *Accenture Development Partnership*, que realiza projectos de consultoria em tecnologias de informação para clientes de missão social que não podem pagar pelos serviços da empresa ao preço de mercado. A empresa prescinde da margem de lucro habitual, os trabalhadores reduzem o seu salário em um terço durante o período do projecto, e o cliente paga um terço do valor de mercado para o tipo de serviço oferecido, o que torna este serviço sustentável em termos económicos, apesar dos reduzidos preços cobrados.

Um movimento crescente a nível mundial é o da afirmação pública de empresas inclusivas no âmbito da sua certificação como *Empresas B (B-Corp)*[4]. Esta certificação, concedida pela NGO americana B Lab, já foi conseguida por mais de 2000 empresas em mais de 50 países que atingem um patamar elevado de exigência nas suas práticas de gestão e relação com a sociedade e que assumem nos seus estatutos o objectivo social a par do objectivo de geração de lucros. A crescente afirmação pública das empresas inclusivas está também associada, em alguns países, à criação pelas autoridades de uma nova forma jurídica denominada normalmente *for-benefit corporation* – empresa que procura o benefício para a sociedade –, a qual pode ser escolhida por empresas que estejam em fase de criação e queiram assumir à partida o objectivo de contribuir para o benefício geral da sociedade.

Desafios

Um dos principais desafios da empresa inclusiva é a gestão do processo de inovação e conseguir manter a aposta nestas

---

[4] https://www.bcorporation.net/

actividades no médio e longo prazo. Por um lado, não é fácil identificar as áreas mais adequadas para o desenvolvimento de negócios inclusivos e implementar os mesmos, sendo necessário um processo de empreendedorismo social no seio da empresa, com todas as dificuldades naturais associadas à inovação corporativa, acrescidas do facto de estas serem inovações com um objectivo social e não com um objectivo de lucro, o que vai contra a lógica empresarial dominante. Por outro lado, é necessário afectar de forma continuada recursos estratégicos da empresa as estas actividades focadas no impacto, os quais normalmente deixam de gerar a rentabilidade média obtida quando aplicadas no seu negócio central, sendo necessário repensar as estruturas de incentivos e regras de progressão na carreira para valorizar estas actividades e impedir a redução do compromisso com a missão social (o chamado *mission drift*). A excepção é quando a empresa inclusiva consegue desenvolver um alinhamento muito forte entre o seu modelo de negócios e o seu modelo de impacto – o que se consegue pela qualidade do processo de inovação ou pela existência de subsídios públicos que tornam viáveis ofertas de mercados em áreas com externalidades positivas, tornando-se assim mais fácil a compatibilização de diferentes objectivos na mesma organização e criando novos sectores de actividades económicas, como foi o caso do microcrédito na América Latina ou dos investimento em energias renováveis na Europa.

Em resumo, a empresa inclusiva assume um novo objectivo central, a par da geração de lucros, que é o da criação de valor para a sociedade. A manutenção de objectivos múltiplos em organizações levanta normalmente desafios complexos de gestão. Perante estes desafios, as empresas assumem por vezes a missão social como prioritária e orientadora de toda a actividade, rejeitando o objectivo prioritário de maximização de lucro e adoptando assim o modelo de empresas sociais.

5. A empresa social

A empresa social assume como propósito principal resolver ou pelo menos contribuir para a resolução de um problema da sociedade que os seus líderes acreditam ser importante e negligenciado e para o qual procuram desenvolver e disseminar uma nova solução. Esta solução é frequentemente inovadora, pelo menos no contexto em que é implementada, sendo validada e aperfeiçoada ao longo do tempo.

Neste modelo, a empresa é entendida como parte indissociável da sociedade e como elemento que contribui para a prosperidade dos seus membros, tendo mesmo o objectivo de ser um agente transformador da sociedade. A geração de lucros é entendida como não relevante ou como estando subjacente à geração de valor para a sociedade, sendo os excedentes criados reinvestidos na prossecução da missão social. Assim, os factores de produção (capital e trabalho) são remunerados de forma justa ao valor de mercado ou abaixo desse valor, casos em que é pedida uma contribuição aos investidores e trabalhadores em nome da missão social da organização. Isto pode ser feito, por exemplo, através de modelos de investimento social com uma exigência inferior de retorno, através de contribuições de trabalho voluntário, via salários abaixo do nível de mercado, ou através da cedência de recursos de membros e parceiros.

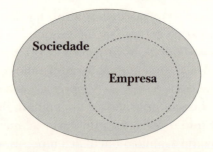

Figura 5: Modelo de empresa social.

Estrutura e comportamento

Muitas empresas sociais assumem formas legais associadas à economia social (nomeadamente cooperativas, associações, fundações, mutualidades e misericórdias), sendo estas consideradas organizações empresariais quando desenvolvem uma actividade de carácter económico, operando no mercado através da venda de bens e serviços. Para além das áreas de apoio social, é comum encontrar empresas sociais a operarem em sectores com fortes externalidades positivas, em que modelos puramente comerciais podem não ser eficientes para gerar ganhos sociais – como os sectores da educação e da saúde –, ou em áreas em que é eficiente a partilha de recursos e riscos – como o sector dos seguros e do crédito bancário. Mais recentemente, um número crescente de empresas sociais constitui-se como sociedades comerciais, mas assumindo plenamente a prioridade da sua missão social, nos seus estatutos e comportamentos, estabelecendo frequentemente limitações à distribuição de dividendos.

As empresas sociais desenvolvem muitas vezes modelos de negócio híbridos que associam actividades que geram receitas no mercado a actividades que geram impacto, conseguindo a sua sustentabilidade através de subsidiação interna cruzada. Este modelo é tanto mais sustentável no tempo quanto mais forte for a ligação e sinergia entre os dois tipos de actividades. Por exemplo, a NGO Aravind Eye Clinics, da Índia, tornou-se um dos maiores e melhores operadores de saúde do mundo na área da cura das cataratas para evitar a cegueira, vendendo os seus serviços de cirurgia a clientes que podem pagar um preço de mercado, o que lhe permite realizar centenas de milhares de cirurgias a clientes que não podem pagar.

Uma tendência crescente na área das empresas sociais é o financiamento directo do impacto social, em casos em que seja possível validá-lo de forma robusta e seja mensurável em termos económicos. Este financiamento tem lugar através das actividades emergentes de investimento social e filantropia de impacto, que permitem reduzir a dependência das empresas sociais de financiamentos públicos.

Desafios

O principal desafio das empresas sociais é conseguir atingir a sustentabilidade económica por operarem em mercados difíceis pela natureza dos seus clientes, que muitas vezes não têm capacidade de pagar pelos produtos. Por outro lado, as empresas sociais necessitam de ter um modelo de impacto bem definido, a par do seu modelo de negócio, cujo efeito é difícil de medir de forma sistemática e comparável e, como tal, igualmente difícil de gerir. Por fim, as empresas sociais, apesar de terem uma forte capacidade de atrair recursos humanos qualificados, dado o entusiasmo gerado pela sua missão social, têm dificuldade em manter esses mesmos recursos no longo prazo por não oferecerem uma progressão salarial e de carreira comparável à das empresas com o foco no lucro.

Apesar destes desafios, o sector das empresas sociais está em forte crescimento em todo o mundo, sendo evidente o forte interesse pela prática do empreendedorismo social, já realizada por cerca de 5% da população activa a nível mundial[5], em particular pelas gerações mais novas. A criação e o crescimento das empresas sociais têm-se afirmado também como objectivo prioritário de políticas públicas e de políticas de investimento de fundações, filantropos e investidores[6].

---

[5] Segundo dados de 2016 do Global Entrepreneurship Monitor – http://gemconsortium.org/report/49542

[6] Ver grupo de trabalho sobre o tema no âmbito do G8 – http://www.socialimpactinvestment.org/

6. A ética e a responsabilidade social das empresas

Os cinco modelos de responsabilidade social apresentados neste capítulo representam cinco formas internamente consistentes, mas distintas, de estruturar o papel da empresa face à sociedade. Estes modelos diferenciam-se pela relevância e pelas condicionantes colocadas na obtenção de lucro e pelo tipo de comportamento demonstrado face aos desafios e exigências da sociedade, como sintetizado no quadro 1.

À luz da ética empresarial que modelo de responsabilidade social é legítimo aplicar e em que contextos? Esta questão, colocada sob o ponto de vista da ética, conduz-nos, não só à questão do modelo que cria o contexto mais adequado para os membros da organização tomarem as decisões certas face aos valores morais da sociedade, mas também à de quais são, a nível colectivo, as políticas empresariais mais adequadas ao papel que as empresas devem desempenhar na sociedade.

Conceito de Empresa	Objetivo Principal	Comportamento face à Sociedade
Legal	Maximizar Lucro	Reativo
Responsável	Maximizar Lucro com Impacto	Sensível
Sustentável	Maximizar Lucro se Impacto	Ativo
Inclusiva	Maximizar Lucro e Impacto	Pró-Ativo
Social	Maximizar Lucro para Impacto	Transformador

Quadro 1: Síntese dos diferentes conceitos de empresa face à sociedade.

As empresas, ao contrário das pessoas, não têm um direito inalienável a existirem. A possibilidade de constituir uma empresa como entidade jurídica própria com capacidade de gerir recursos da sociedade e apropriar-se do excedente gerado pela sua actividade é um direito atribuído pela sociedade no pressuposto de que essas entidades, com a sua actividade, estão a criar valor e a contribuir para a prosperidade colectiva, além de serem um instrumento legítimo de prossecução dos interesses e aspirações dos seus donos e trabalhadores. Esta criação de valor só é garantida no mínimo pelo nível 2 de empresa responsável, em que o lucro é associado a uma actuação positiva na sociedade, sendo a empresa sensível às expectativas e necessidades dos diferentes agentes com que interage, criando mecanismos que lhe permitem ajustar o seu comportamento empresarial a essas exigências e expectativas.

No entanto, para as empresas que conseguem crescer e assumir posições relevantes no mercado, a sua maior dimensão económica e o nível elevado de recursos mobilizados fazem aumentar o seu nível esperado de responsabilidade social. Assim, as empresas maiores devem procurar assegurar que o lucro que obtêm está associado a impactos positivos na sociedade, realizando essa medição e gestão de forma credível e sistemática. Deste modo, todas as empresas de grande dimensão deverão evoluir, no mínimo, para o modelo de empresa sustentável, tentando garantir a longo prazo o alinhamento entre a sua estratégia e comportamento e as necessidades da sociedade, cumprindo activamente o seu papel de responsabilidade social.

As empresas inclusivas representam um segmento do sector empresarial que assume um nível de comportamento em relação à sociedade que vai para além do mínimo eticamente exigido, mesmo para as grandes empresas. A adopção de um modelo de empresa inclusiva ou a adesão a certificações como de empresa B são uma opção estratégica na forma de certas empresas trabalharem com a sociedade.

Por fim, a empresa social representa uma entidade distinta com um propósito diferente do sector empresarial tradicional. As empresas sociais, em particular as que assumem uma postura mais empreendedora, têm o papel importante de transformar a sociedade para melhor, desenvolvendo e validando novas soluções para problemas sociais que possam promover novas práticas, abrir novos mercados e lançar novas políticas públicas. Nestes casos, a questão ética coloca-se quando as empresas sociais criam expectativas em relação aos seus parceiros de missão social, mas, por vezes, perdem o foco na sua missão ao longo do processo de crescimento, defraudando as expectativas que inicialmente criaram e com base nas quais mobilizaram recursos de parceiros e membros.

Em conclusão, para o bem e para o mal, as empresas constituem hoje em dia a maior acumulação de recursos e competências da sociedade. Em particular, as grandes multinacionais são actualmente mais poderosas do que muitas nações na sua capacidade de influenciar e afectar a sociedade. Esse grande poder e capacidade devem estar associados a uma crescente responsabilidade social, sendo este o melhor garante da estabilidade e prosperidade do nosso modelo de capitalismo de mercado.

Leituras recomendadas

Banerjee, Abhijit, e Esther Duflo, *Poor Economics: A Radical Rethinking of The Way to Fight Global Poverty*, Hachette UK, Public Affairs, 2012.

Prahalad, Coimbatore K., *The Fortune at the Bottom of the Pyramid: Eradicating Poverty through Profits*, Nova Deli, Índia, Wharton School, 2005.

Santos, Filipe M., «A positive theory of social entrepreneurship», in *Journal of Business Ethics* 111.3, 2012, pp. 335-351.

Smith, N. Craig, e Gilbert Lenssen, «Mainstreaming corporate responsibility: an introduction to the special issue», in *Journal of Business Ethics Education* 5, 2008, pp. 59-62.

Stout, Lynn A., *The Shareholder Value Myth: How Putting Shareholders First Harms Investors, Corporations, and the Public*, São Franscisco, Berrett-Koehler Publishers, 2012.

Social Impact Investment Taskforce, *Impact Investment: The Invisible Heart of Markets*, 2014.

Políticas de estabilização e desenvolvimento

João Ferreira do Amaral
Instituto Superior de Economia e Gestão (ISEG)

As questões éticas relativas à acção do Estado na economia são indissociáveis das questões de justiça. Mas, se admitirmos, com Aristóteles, que a finalidade do Estado deve ser a de garantir que os indivíduos de uma comunidade vivam bem em conjunto, podemos distinguir dois tipos de questões relativamente ao nosso tema: um tem a ver com o que se deve entender como viver bem para um indivíduo em abstracto; o outro, mais relacionado com questões de justiça, tem a ver com os critérios de acção do Estado para compatibilizar a limitação de recursos existentes com o objectivo de dar condições aos indivíduos para que vivam uma vida boa. No que se segue, ambas as questões vão surgir, embora sem a preocupação de as tratar separadamente.

Está longe de ser consensual a questão da responsabilidade do Estado em relação à economia, tanto no que respeita à sua acção sobre a evolução económica de curto prazo como em relação ao desenvolvimento económico. Consideramos primeiramente as questões de curto prazo que podemos abordar sob o título genérico de estabilização económica, focando-nos no caso de uma economia de mercado moderna; seguidamente, abordaremos questões de prazo mais longo e de estrutura.

1. A estabilização económica e o emprego

A visão de Hayek

No que se refere à estabilização económica e ao emprego, existem posições que não encontram verdadeiros fundamentos éticos para o Estado assumir uma função de estabilização económica que vá além da responsabilidade de garantir o funcionamento dos mercados.

É este, por exemplo, o caso do liberalismo do tipo teorizado e defendido por Friedrich Hayek[1], que considera[2] que o bem comum resulta do funcionamento da ordem espontânea de mercado e que, portanto, o Estado deve focar-se mais em assegurar o cumprimento das regras que garantem o funcionamento dessa ordem do que preocupar-se com os resultados que tal funcionamento possa ter na vida dos que participam nessa economia de mercado. Por outras palavras, por exemplo, o Estado não tem a obrigação de corrigir uma situação de desemprego ou de combater o agravamento das desigualdades de rendimento ou de riqueza se estas situações resultarem do funcionamento normal de uma economia em que prevalecem as regras de mercado.

É igualmente coerente a comparação que Hayek faz, no mesmo local, acerca do funcionamento da ordem de mercado com um jogo, a que chama o jogo de *catallaxia* (termo

---

[1] Economista austríaco (1899–1992).
[2] Em *Law Legislation and Liberty*, Londres, Routledge & Kegan Paul, 1982, cap. 10, p. 114.

de etimologia grega com o significado de «trocar»), em que as regras estão claramente estabelecidas. Afinal, num jogo em que as regras tenham sido cumpridas, ninguém tem legitimidade para intervir a favor dos que perdem, exigindo que estes, por terem perdido, sejam de alguma forma compensados pelas perdas.

Como se verifica, quer em relação ao primeiro tipo de questões que identificámos, quer em relação ao segundo, esta visão de Hayek defende uma abstenção do Estado. Em particular, recusa mesmo a admissibilidade do conceito de justiça social, que considera equivalente ao mais tradicional de justiça distributiva (*op. cit.*, p. 63), excluindo assim radicalmente uma função correctiva do Estado com o objectivo de assegurar uma maior justiça social.

No entanto, a comparação de Hayek do funcionamento da economia com um jogo está longe de ser feliz. Afinal, alguém participa num jogo de forma voluntária e, por essa via, aceita as regras. Numa sociedade humana, quem nasce numa economia de mercado não tem essa opção, a não ser que vá viver para outras paragens em que este tipo de economia não se aplica, o que implica desde logo excluir alguém de uma sociedade, algo que não parece eticamente saudável. Há, por isso, toda a justificação para que alguém possa querer alterar as regras de funcionamento da sociedade, ou corrigir os seus efeitos, uma vez que não as aceitou inicialmente de forma voluntária.

Por outro lado, um jogo nunca é «a valer». Realiza-se num mundo artificial, «virtual», de «faz de conta». Não lida com a actividade «real» das pessoas. Dessa forma, em geral, no desenrolar do jogo, não são afectados os elementos básicos da dignidade da pessoa humana. E, quando um jogo não garante essa dignidade ao perdedor, é normalmente proibido. É certo que Hayek defende a existência de um auxílio público que garanta um mínimo de rendimento a quem não tenha condições para viver em economia de mercado (*op. cit.*, cap. 14, p. 55), mas isso está muito longe de ser suficiente para assegurar a dignidade da pessoa humana, principalmente quando o «jogo» cria uma permanente exclusão de grande número de indivíduos.

Para este tipo de posições, como a de Hayek, quase não existe um problema ético relacionado com a (não) intervenção do Estado na economia. Deve apenas existir um compromisso do Estado em assegurar o funcionamento da economia de mercado e eventualmente ajudar alguns mais deserdados. Mas a carga ética é reduzida, sem dúvida devido à posição eticamente naturalista e ingénua de Hayek, que considera que a ordem de mercado é «boa» porque foi o resultado espontâneo da evolução das sociedades humanas durante séculos.

Outras visões éticas, em particular não naturalistas, conduzem a visões diferentes sobre a questão da intervenção do Estado na economia.

A inspiração aristotélica e o Princípio da Realização Pessoal

Uma visão de base aristotélica que inspira nos dias de hoje, por exemplo, Amartya Sen[3] descarta uma visão naturalista do funcionamento do sistema económico. Não é o facto de a evolução das sociedades ter resultado numa economia de determinado tipo que nos deve levar considerar essa economia como desejável. Embora o ser humano seja um animal social, a organização das sociedades, e em particular das instituições económicas, não é determinada apenas por processos «naturais», mas decorre em grande parte de convicções éticas em sentido lato.

Sendo assim, há margem para avaliar do ponto de vista da ética os resultados do funcionamento do sistema económico

---

[3] Economista nascido no actual Bangladesh, em 1933. A influência de Aristóteles sobre as ideias de Sen é reconhecida pelo próprio (*On Ethics and Economics*, Londres, Blackwell, n.º 16, 1987, p. 46).

e, caso estes não sejam considerados satisfatórios, há justificação para quem tem autoridade, ou seja, o Estado, intervir de forma a melhorar os resultados do funcionamento do sistema, mesmo que tal implique alterar as regras que a evolução das sociedades foi criando.

A questão acerca do critério ou critérios a considerar para avaliar um dado resultado como satisfatório ou não satisfatório é, naturalmente, ela própria, muito diversificada de acordo com as visões éticas. Sob o nosso ponto de vista, o funcionamento da economia é eticamente satisfatório se for orientado por aquilo a que chamamos Princípio da Realização Pessoal, isto é, se, sem sacrificar a dignidade humana, criar as condições materiais que permitem a realização das potencialidades de cada indivíduo ao serviço dos valores da comunidade onde se insere.

Este princípio assemelha-se, mas não é idêntico, a dois outros, respectivamente de Aristóteles e de Amartya Sen.

Para Aristóteles, em *Política*[4], o Estado perfeito é aquele em que cada cidadão pode, graças às leis, realizar as melhores acções e viver feliz. Nesta concepção está plasmada a ideia de Aristóteles de que praticar a virtude torna os homens felizes e de que um homem que é feliz é simultaneamente um homem virtuoso. Esta afirmação pode compreender-se facilmente no universo de inteligibilidade do filósofo, em que a «felicidade» corresponde à «perfectibilização» de si, no plano ontológico. Hoje, com uma diferente conceptualização de «felicidade», a afirmação aristotélica não é necessariamente válida, como se verá adiante.

---

[4] Edição Vega, 1998, livro VII, p. 485, 1324a.

Para Sen, uma vida boa tem a ver com a capacidade de cada um efectivar realizações que considera valiosas[5]. Em relação ao princípio que designámos por realização pessoal, a diferença está na maior importância que damos aos valores da comunidade de que o indivíduo é membro e também na referência que fazemos à dignidade humana, que também o diferencia da concepção aristotélica e a que regressaremos adiante.

Antes de prosseguirmos no que se refere a algumas das consequências deste princípio, e também a algumas das suas dificuldades, convém salientar que é com base nele que se justifica a mais importante das políticas de estabilização: o combate ao desemprego.

Com efeito, muitos economistas desde Marx (1818-1883), com o «exército industrial de reserva», Keynes (1883-1946), com a «insuficiência da procura agregada», e Schumpeter (1883-1950), com a «destruição criadora», têm chamado a atenção para o facto de o sistema capitalista gerar permanentemente condições para a verificação recorrente de elevados níveis de desemprego. No entanto, Keynes, em particular, considerava que esse desemprego pode ser combatido por uma acção do Estado que faça aumentar a procura agregada de bens e serviços, utilizando nomeadamente a política orçamental no sentido expansionista, através do aumento da despesa pública e/ou da redução dos impostos.

A base ética de uma política voluntarista de combate ao desemprego está na relação deste tipo de políticas com o princípio enunciado. Resulta, em última análise, de o trabalho – desde que exercido em condições de dignidade e justa retribuição – ser um importante factor de realização pessoal, pelo que o alheamento das autoridades em relação à existência de desemprego em elevados níveis será eticamente inaceitável,

---

[5] Foi esta a forma que utilizámos para traduzir a expressão de Sen (*op. cit.*, p. 46) *capability to achieve valuable functionings*.

justificando-se políticas de estabilização económica de combate ao desemprego.

Naturalmente não estamos aqui a discutir a eficácia maior ou menor destas políticas. Não obstante a inevitável carga ideológica que esta questão traz, ela deve ser avaliada, na medida do possível, com base em critérios científicos e técnicos que não são objecto do presente trabalho.

Mas vejamos então alguns comentários ao Princípio da Realização Pessoal.

a) Em primeiro lugar, este nada nos diz sobre um problema de importância crucial: Sendo os recursos da economia limitados, como é possível distribui-los de modo que todos tenham capacidade de realização pessoal?

Este problema já preocupava os pensadores desde o final do século XVIII, em particular Jeremy Bentham[6], o proponente da concepção ética utilitarista. A solução oferecida pelo utilitarismo considera que as acções da política (em geral, mas em particular também da política económica) deveriam ser informadas pelo chamado Princípio Utilitarista, ou seja, o princípio da maior felicidade para o maior número.

Apesar de este princípio continuar a ser influente nos estudos de teoria económica e ainda que as formulações utilitaristas de hoje sejam um pouco menos simplistas do que a de Bentham, o utilitarismo continua tão inaceitável como sempre foi, uma vez que pode dar cobertura ao sacrifício das minorias pelas maiorias.

Por outro lado, como veremos um pouco adiante, o conceito de felicidade individual não é, sob o nosso ponto de vista, adequado para basear uma ética, pois a felicidade de um indi-

---

[6] Pensador inglês (1748–1832). Com verve característica, mas não sem razão, Marx referia, em *O Capital*, que Bentham tomava como o capelista inglês homem normal.

víduo pode esconder comportamentos humanos eticamente inaceitáveis.

O princípio que defendemos não tem uma regra simplista, do tipo receita predefinida para resolver o problema da atribuição dos recursos. Apresenta, porém, uma orientação conveniente, uma vez que confia em políticas redistributivas executadas pelo Estado, financiadas de forma progressiva por impostos sobre o rendimento e com o objectivo de aumentar as capacidades dos menos favorecidos, a generalização do ensino gratuito e a atribuição de bolsas de estudo, o acesso universal garantido pela entidade estatal a certos serviços essenciais, como a saúde e a habitação, e ainda, como se disse, o combate ao desemprego. Estas são acções políticas que vão fazendo progredir a sociedade, no sentido em que contribuem para combater as causas da exclusão social e para promover as capacidades de realização pessoal. Por outro lado, para financiar estas acções, o Estado deverá tributar, proporcionalmente, mais os que são menos afectados, nas suas capacidades, pela tributação, ou seja, os mais ricos, ou seja, uma tributação progressiva.

b) Em segundo lugar, este princípio é incompatível com a chamada concepção do *safety net* (rede de segurança), ou seja, a admissão de que a exclusão social é inevitável e de que competirá ao Estado, não tanto combater as condições que estão na origem da exclusão, mas providenciar um auxílio aos excluídos que lhes permita sobreviver com um mínimo de dignidade. Vimos que o próprio Hayek admitia que o Estado criasse essa *safety net,* embora com um alcance muito limitado. Sob o nosso ponto de vista, uma sociedade com uma proporção elevada de excluídos, ainda que precariamente sustentados, não corresponde de forma alguma a uma sociedade de realização pessoal.

c) Em terceiro lugar, o princípio atribui um amplo papel à liberdade pessoal na escolha do caminho da sua realização pessoal. Como bem salientou Amartya Sen[7], toda a teoria de justiça deve ter uma focagem específica, e, no caso da teoria que ele próprio defende, esse foco dever ser o das capacidades de que uma pessoa dispõe, por outras palavras, o da liberdade de que alguém dispõe para realizar o que considera ser valioso.

Embora consideremos essencial a liberdade de escolha do que é valioso, consideramos que é fácil ir longe demais neste domínio e, por isso, introduzimos no Princípio de Realização Pessoal a condição de que a realização pessoal deve ser efectivada de forma a servir os valores da comunidade em que o indivíduo se insere.

Este condicionalismo suscita outros problemas difíceis como, por exemplo, o de saber se os valores de uma comunidade serão aceitáveis por outras comunidades ou pela maioria das mesmas. Este é um problema que sempre existiu, mas assume hoje uma importância muito maior devido à globalização, em particular à globalização mediática. Neste âmbito, fará sentido exigir o respeito dos direitos humanos como o Ocidente os vê a sociedades que têm uma visão diferente do que são esses direitos?

d) Em quarto lugar, justifica-se a introdução, no princípio, da condição de não haver prejuízo para a dignidade humana[8], uma vez que existem situações em que pode haver real acréscimo de capacidades, mas em detrimento da dignidade. Passaremos adiante por alguns exemplos a propósito da regulação pelo mercado. Em todo o caso, encontra-se já aqui, também, uma das razões pelas quais consideramos que a felicidade pessoal não é um conceito eticamente sólido: um indivíduo que

---

[7] Em *The Idea of Justice*, Nova Iorque, Penguin Books, 2010, p. 231.

[8] A preocupação central com a dignidade humana, em particular no trabalho, surge, embora em acepções muito diferentes, quer no marxismo (que considera como fim último da luta social eliminar a exploração do homem pelo homem) quer na doutrina social da Igreja.

usa habitualmente drogas passará por muitos momentos com uma sensação intensa de felicidade, enquanto se encontra sob o efeito das mesmas, mas, sob o nosso ponto de vista (e também sob o de Aristóteles), não tem uma vida boa, de realização pessoal, que é a base do nosso princípio. Vida boa e vida feliz são conceitos diferentes. Há vidas felizes que não são boas (por exemplo, a de um sádico que retira felicidade do sofrimento alheio), e há vidas boas que não são felizes devido aos azares da fortuna[9]. As instituições sociais, e em particular as económicas, devem criar as condições para que os indivíduos tenham uma vida boa, ou seja, de realização pessoal, não necessariamente que tenham vida felizes.

As questões éticas da responsabilidade económica do Estado não se esgotam nas questões relativas à estabilização económica, as quais normalmente têm um horizonte de curto-médio prazo. As questões de longo prazo levantam também questões éticas de grande importância.

2. As questões de longo prazo

Quando nos referimos a questões de longo prazo, introduzimos aspectos geracionais, ou seja, consideramos prazos tais que a maior parte dos indivíduos adultos que estarão activos no final dos mesmos ainda não tenham nascido ou sejam crianças no início desse período limite.

A importância das questões éticas de longo prazo é aumentada pelo facto d os regimes democráticos serem reconhecidamente míopes em relação aos interesses das gerações futuras, dado o ciclo eleitoral ser de prazo relativamente curto. Por esse motivo, uma discussão ética acerca do que está envolvido

---

[9] Ver também Sen, *op. cit.*, p. 45.

em decisões (ou ausência delas) que têm consequências significativas a longo prazo pode ajudar à melhoria do tratamento destas questões pelos regimes democráticos.

Escolhemos quatro questões que consideramos ser das mais importantes sob este ponto de vista: a da dívida pública, a da opção entre investimento e consumo, a da utilização dos recursos naturais e a da regulação pelo mercado *versus* regulação administrativa – questão estrutural com fortes incidências a longo prazo.

Antes de abordarmos essas questões, convém salientar que o que está aqui em causa é a avaliação ética dos problemas e soluções que elas sugerem à luz do designado princípio de realização pessoal, que, nestes casos, se refere às capacidades de realização das gerações futuras face às capacidades das gerações actuais. Também aqui se poderia tentar uma visão utilitarista no contexto intertemporal, mas, para além de considerarmos o princípio inaceitável, a sua aplicação intertemporal levanta problemas quase insolúveis. Em todo o caso, não deixaremos de referir uma das consequências nefastas deste princípio a propósito da opção consumo/investimento.

A *questão da dívida pública*

O problema ético relacionado com a dívida pública é simples de expor: se as gerações actuais decidem gastar dinheiro público e não querem pagar os impostos necessários para cobrir esses gastos, estão a gerar dívida pública cujos encargos recairão sobre as gerações futuras, ou seja, as gerações futuras serão sacrificadas para que as gerações actuais possam viver melhor. A questão do financiamento público da Segurança Social é um exemplo particular deste problema.

Uma primeira resposta a esta questão é a de considerar que tal não deve acontecer e que, portanto, deverá estabelecer-se que as finanças públicas têm de estar equilibradas ou, quando muito, será de admitir a possibilidade de existência de défices, desde que estes não façam aumentar a dívida pública em percentagem do PIB, isto é, dos rendimentos gerados na economia, o que implica ajustar o défice ao crescimento económico previsto. Assim se manteria um equilíbrio razoável entre os sacrifícios das gerações actuais e os das gerações futuras.

No entanto, esta regra de equilíbrio poderá admitir várias excepções. Em primeiro lugar, é admissível um défice superior, desde que seja essencial para assegurar a sobrevivência das gerações actuais. Afinal, as gerações futuras só existirão se as actuais sobreviverem e tiverem condições para assegurarem a sobrevivência da sua descendência. É o tipo de situação que surge, por exemplo, com o financiamento de uma guerra defensiva.

Note-se, a propósito, que este exemplo chama a atenção para a dificuldade de também aqui se definirem condições simplistas de equidade entre gerações actuais e gerações futuras. Estas últimas dependem, para a sua existência, das actuais e, por isso, também serão prejudicadas se as actuais forem demasiado lesadas.

Em segundo lugar, um défice superior é admissível se dele derivar um acréscimo de rendimento ou de bem-estar, de que irão também beneficiar as gerações futuras, tornando-se então razoável que também elas contribuam para financiar as despesas que essa situação irá criar. As despesas em causa podem ser de m infra-estruturas mas também de financiamento do chamado capital humano (educação, formação profissional, ciência). Neste último caso, as gerações futuras em geral terão mais possibilidades de ganhar capacidades de realização pessoal se os seus ascendentes tiverem tido acesso à educação ou formação profissional ou tiverem desenvolvido o conhecimento científico.

Em terceiro lugar, é admissível que o défice seja superior caso se destine a assegurar um combate eficaz a uma situação grave de desemprego. Manter uma situação de desemprego prolongada gera desemprego estrutural, ou seja, perda de capacidades de muitos que até aí tinham trabalho, o que prejudicará também os seus descendentes, ou seja, as gerações futuras.

Estas são algumas das excepções possíveis ao princípio de não prejudicar as gerações futuras com uma acumulação de dívida pública. Mas, mesmo nestas situações (com excepção da primeira, que é sempre de grande emergência, seja provocada por uma guerra ou por uma catástrofe natural), é sempre necessário ter em atenção que, podendo haver justificação para sobrecarregar as gerações futuras em troca de benefícios que elas receberão, este processo deve ser sempre avaliado com precaução, de modo a não estrangular as capacidades das gerações vindouras.

Dito isto, o que rejeitamos é a concepção simplista de considerar que é tão-só a questão do aumento adicional de impostos que as gerações futuras terão de pagar que deverá condicionar o endividamento presente. Mesmo que tenham de desembolsar mais em impostos, as gerações futuras poderão ficar melhor do que ficariam sem aumento da dívida, se esse aumento as fizer adquirir mais capacidades.

A questão da repartição entre investimento e consumo

Para as economias poderem crescer mais rapidamente, beneficiando as gerações futuras, têm de realizar níveis elevados de investimento. O investimento, por sua vez, exige uma poupança que o financie. Assim, e excluindo o recurso à poupança externa (ou seja, excluindo a dívida externa, que é sempre limitada e custosa), mais investimento exige sempre mais poupança interna, o que significa abstenção de consumo, no sentido em que os rendimentos que poderiam ser consumidos vão, afinal, ser utilizados para financiar investimento. Inversamente, se as gerações actuais não pouparem, porão em causa o crescimento futuro e, portanto, as capacidades das gerações que lhes sucederem.

Os casos mais dramáticos são, no entanto, os de sacrifício incomportável de gerações actuais, forçando o investimento e a poupança por parte de governos totalitários (caso da União Soviética estalinista) ou até de governos liberais (caso da Inglaterra no início da Revolução Industrial). Neste particular, existe um erro sistemático de avaliação histórica. As gerações futuras tendem a esquecer os tremendos sacrifícios que as gerações anteriores sofreram, sacrifícios que elas, gerações posteriores, não viveram – e a avaliar, mais positivamente do que seria justo, a acção dos governantes que os induziram ou permitiram. Este é um exemplo da fraqueza do critério utilitarista na sua aplicação intertemporal. Pode haver maior benefício do maior número de gerações à custa de um sacrifício injusto e desproporcionado das gerações actuais. Um utilitarista aplaudiria esse sacrifício. Uma ética baseada no princípio anterior consideraria que a perda de capacidades das gerações sacrificadas tornaria censurável a política de forçar a poupança. Compete ao Estado, enquanto gestor do investimento global da economia[10], assegurar um equilíbrio razoável na opção consumo/investimento, tanto mais que também aqui pode existir um efeito semelhante ao da dívida pública, ou seja, o de um exagerado sacrifício das gerações actuais poder conduzir a uma perda de capacidades das gerações futuras.

---

[10] Conforme referimos em *Em defesa da independência nacional*, Alfragride, Lua de Papel, 2014, p. 67.

A *utilização de recursos naturais*

Esta é uma das questões que, tal como a da dívida pública, mais concitam a atenção dos economistas no que respeita à solidariedade ou conflito entre gerações.

Convém distinguir entre duas situações: a utilização dos recursos renováveis e a dos não renováveis.

No que respeita à utilização de recursos renováveis, a regra geral deve ser de que as gerações actuais os devem utilizar sem ultrapassar o limite em que começa a não ser possível a renovação desses recursos. Por exemplo, a pesca nos oceanos só se deve realizar até ao limite em que não ponha em causa a renovação do *stock* de peixe. Note-se que desde há várias décadas a teoria económica demonstrou que, se não houver regulação, por parte das autoridades, da exploração de um recurso natural renovável, então o funcionamento do mercado levará frequentemente a uma sobre-utilização desse recurso. Daí, por exemplo, a existência de quotas de pesca na União Europeia. Pode haver justificação para se sobre-utilizar um dado recurso renovável, mas este uso terá de ser idêntico à da forma de utilização de um recurso não renovável.

Por definição, a utilização de um recurso não renovável por uma dada geração implica que as gerações futuras ficarão com menos desse recurso para consumir. Existe aqui, portanto, uma exigência de solidariedade e de responsabilidade para as gerações actuais. No entanto, esta solidariedade não deve ser radicalizada, o que poderia conduzir pura e simplesmente à não utilização do recurso por qualquer geração.

Uma regra mais flexível é a que permitiria a uma geração utilizar o recurso não renovável apenas se, em contrapartida, investisse no conhecimento e nas instalações produtivas necessários para permitir a substituição ao longo do tempo da utilização desse recurso por outro, de preferência renovável, que tivesse o mesmo tipo de uso. A substituição de petróleo por energias renováveis é um exemplo. Como é evidente, esta regra também é aplicável, como se disse, à sobre-utilização de um recurso renovável. A forma de fazer cumprir esta regra pode conjugar os mecanismos de mercado (através do aumento de preço do recurso em esgotamento, que faz aumentar o incentivo para a exploração de alternativas) com mecanismos de regulação administrativa que garantam a equidade do processo de substituição e a adequação do respectivo ritmo.

Uma questão estrutural com incidências a longo prazo: regulação pelo mercado ou pelo Estado

A opção por estabelecer uma regulação pelo mercado ou pelo Estado é uma questão de eficiência económica – que não é objecto do presente trabalho –, mas pode ser também uma questão de dignidade humana, a qual, como se disse, pode ser conflituante com a questão das capacidades (daí a termos introduzido no Princípio da Realização Pessoal).

Sob este ponto de vista, faz sentido estabelecer um salário mínimo, ou seja, impor uma regulação estatal ao funcionamento do mercado de trabalho. Com efeito, o salário que o trabalhador recebe não é apenas um custo. É certo que o trabalho humano é muitas vezes considerado, por certas escolas de economia, como sendo uma mercadoria como outra qualquer, mas esta é uma visão que, sob o nosso ponto de vista, é eticamente inaceitável. O vencimento é também forma de realização pessoal e principalmente fonte de rendimento essencial de uma maioria de famílias das sociedades e, por isso, deve garantir uma vida digna a essas famílias. É, pois, inaceitável que o funcionamento do mercado de trabalho seja deixado exclusivamente às forças de mercado, sendo necessária também uma regulação pública, não só no que respeita a salário mínimo, como também em relação às condições (segurança, bem-estar, etc.) em que o trabalho é realizado.

As condições de segurança no trabalho fornecem outro exemplo. Não é admissível permitir que um trabalhador aceite, no seu trabalho, situações graves de risco que sejam tecnicamente evitáveis, no engodo de obter maior remuneração (e ainda que para muitos tal significasse um aumento de capacidades). É admissível sob o ponto de vista da dignidade humana, e por vezes até louvável, ter uma profissão de risco mais bem remunerada, desde que não haja possibilidade razoável de reduzir esse risco. Mas não é digno trocar a sua vida por mais dinheiro quando existir a possibilidade de reduzir o risco.

Razões semelhantes estão na origem na proibição da servidão, mesmo que voluntária. Na Alta Idade Média era frequente um agregado familiar comprometer-se a servir um senhor perdendo voluntariamente a sua liberdade em troca de protecção. Hoje, tal é proibido, não porque quem voluntariamente aceitasse perder a liberdade reduzisse as suas capacidades (em alguns casos até as poderia aumentar), mas porque se considera – e bem – que tais contratos põem em causa a dignidade humana ao transformarem uma pessoa numa mercadoria.

Da mesma forma, é inaceitável a existência de um mercado de órgãos em que um indivíduo possa vender uma parte do seu corpo, ainda que não estritamente essencial à vida, em troca de dinheiro. É louvável a cedência gratuita de um órgão a um familiar ou amigo. Mas vender os próprios órgãos é também transformar a pessoa numa mercadoria e, por isso, viola a dignidade humana, ainda que a quantia em dinheiro envolvida possa aumentar as capacidades de quem os vende.

Conclusão

As questões éticas são indissociáveis das opções que se tomem em relação ao funcionamento do sistema económico e, nomeadamente, em relação à responsabilidade económica do Estado. O estudo dessas questões é objecto daquilo que denominámos noutro local[11] a «economia ética», um dos três ramos (juntamente com a «economia positiva» e a «economia normativa») que consideramos formarem o grande ramo de conhecimento que é a economia.

Contrariamente ao que Hayek pretendia, não há qualquer determinismo nas questões que a «economia ética» aborda, o qual, aliás, a existir, eliminaria esse ramo de estudo. O que resulta da evolução das economias não é necessariamente bom, e há alternativas para melhorar. Mas também não tenhamos ilusões. O resultado final das tentativas de melhoria dependerá em grande parte do poder de influência dos grupos sociais em presença, por vezes de grupos de interesse de reduzida dimensão, mas poderosos, que se conseguem apropriar de segmentos do aparelho de Estado ou influenciar decisivamente a sua acção. Em muitos casos, dependerá mais dessas influências do que do mérito ético das soluções propostas.

É utópico confiar num Estado acima dos grupos de interesse. Tal não existe. Mas também é verdade que na História se encontram muitos exemplos de políticos competentes e informados que, na sua governação, souberam encontrar apoios suficientes para levar à prática soluções que consideraram eticamente meritórias.

---

[11] Em «O "económico" e o "economicismo"», in *A economia sem muros*, inVítor Neves e José Castro CALDAS (dir.), Lisboa, Almedina, 2010.

Leituras recomendadas

Aristóteles, *Política*, Lisboa, Vega, 1998.

Hayek, Friedrich, *Law Legislation and Liberty*, Londres, Routledge & Kegan Paul, 1982.

Mill, John Stuart, *Utilitarismo*, Lisboa, Gradiva, 2005.

Pontifício Conselho «Justiça E Paz», *Compêndio da doutrina social da Igreja*, Cascais, Princípia, 2004, http://www.vatican.va/roman_curia/pontifical

Sen, Amartya, *On Ethics and Economics*, Londres, Blackwell, 1987.

Sen, Amartya, *The Idea of Justice*, Nova Iorque, Penguin Books, 2010.

Questões de distribuição e regulação

Miguel Gouveia
Faculdade de Ciências Económicas e Empresariais
da Universidade Católica Portuguesa

1. Justiça social e intervenção do Estado: alguns dados

A justiça social, apesar de não ser a única dimensão ética relevante, é uma das preocupações mais importantes de qualquer análise ética do papel do Estado. Os Estados modernos utilizam várias políticas públicas para atingir objectivos nas áreas do bem-estar da população e na justiça social ou equidade na distribuição desse bem-estar. O volume de recursos mobilizado para estes fins, as despesas de protecção social, é impressionante e tem vindo a crescer – o que se pode confirmar nos dados disponíveis sobre a matéria.

Seguindo a classificação do Eurostat, instituto estatístico europeu, as despesas de protecção social incluem transferências, em numerário ou em espécie, para os agregados familiares e para os indivíduos, a fim de os aliviar do ónus de um conjunto definido de riscos ou necessidades. Como se pode ver na figura 1, em 2014, as despesas em políticas de protecção social são uma fracção substancial do produto interno (PIB). Em média as despesas em protecção social corresponderam a cerca de 28,7% do PIB nos países da União Europeia, com uma média ligeiramente superior de 29,7% para os países da Zona Euro e um valor um pouco inferior, 26,9%, para Portugal. Na sua grande maioria, as despesas são públicas, mas as estatísticas incluem algumas de prestações não estatais, como os fundos de pensões ou os seguros de saúde privados. De acordo com a OCDE, as prestações públicas nos países europeus, em 2013, perfaziam cerca de 92% do valor total das prestações, valores líquidos já tendo em conta a tributação pelos impostos sobre o rendimento das próprias prestações sociais.

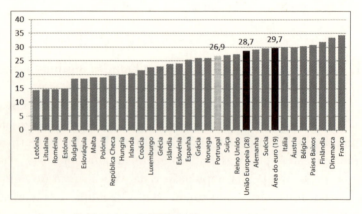

Figura 1: Países da União Europeia
Despesas em Protecção Social como percentagem do PIB, 2014.
Fonte Eurostat.

As despesas em protecção social têm vindo a crescer ao longo do tempo, em particular desde o fim da Segunda Guerra Mundial. A evolução histórica dos dados desde 1995 para um grupo de países europeus e para a média da União Europeia a 15 pode ser vista na figura 2, a qual mostra que, apesar do crescimento elevado das despesas como proporção no PIB ocorrido nos trinta anos anteriores, o crescimento continuou entre 1995 e 2014, os últimos 20 anos para os quais dispomos de dados.

Entre 1995 e 2014, a percentagem do PIB gasta em políticas de protecção social cresceu três pontos percentuais, enquanto para Portugal esse aumento foi de 6,8 pontos. A figura 2 permite ver que à crise financeira iniciada em 2008 corresponde um aumento assinalável nas despesas de protecção social nos vários países representados.

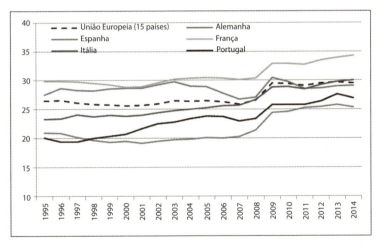

Figura 2: Amostra de Países da União Europeia
Evolução das Despesas em Protecção Social como percentagem
do PIB, 1995-2014. Fonte Eurostat.

Onde são gastos estes recursos? Os riscos ou necessidades das políticas de protecção social são: doença/cuidados de saúde, deficiência, velhice, sobreviventes, família/crianças, desemprego, habitação e benefícios para combater exclusão social. A distribuição média dos benefícios totais pelas várias funções nos países da União Europeia pode ser vista no quadro 1, onde se constata que a maior despesa corresponde à função *velhice* (sendo sobretudo composta pelas pensões de reforma), seguida da *doença e cuidados de saúde*, o que inclui os subsídios de doença e as prestações de cuidados de saúde.

Prestações	União Europeia a 28	Portugal
Velhice	40,23	50,04
Doença/Cuidados de saúde	29,22	23,86
Famílias/Crianças	8,54	4,59
Incapacidade	7,25	7,38
Sobrevivência	5,67	7,49
Desemprego	5,13	5,76
Habitação	2,05	0,01
Exclusão social	1,90	0,87

Quadro 1. União Europeia (28) e Portugal
Prestações sociais por função -% das prestações totais, 2014.
Fonte Eurostat.

A distribuição dos valores em Portugal é um pouco diferente. As prestações de *velhice* absorvem mais de 50% dos recursos totais, ao passo que as prestações relativas à *doença* gastam menos de 25% do total.

As despesas em prestações sociais são financiadas com base em contribuições das próprias pessoas protegidas (contribuições dos trabalhadores para a Segurança Social) e dos empregadores e, sobretudo, com base nas receitas fiscais dos Estados. No entanto, o volume de recursos utilizado pelos Estados em prestações sociais constitui apenas um lado da equação redistributiva. Do outro lado temos as receitas necessárias para financiar estas despesas (e outras para financiar bens públicos, como a lei e ordem, a defesa nacional, etc.). Estas receitas vêm maioritariamente dos impostos, pelo que as propriedades redistributivas do sistema fiscal, a sua progressividade em particular, têm também impacto de primeira grandeza na redistribuição do rendimento.

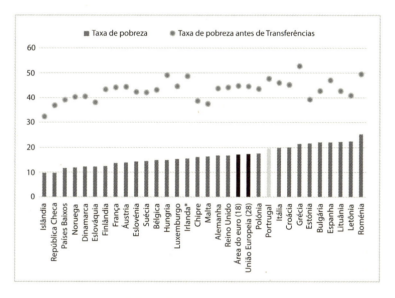

Figura 3: Países europeus
Taxas de pobreza em 2015, percentagem da população.
Fonte: Eurostat. *Dados para a Irlanda são de 2014.

Parte dos resultados das despesas em protecção social pode ser vista na figura 2. Na figura 3, as barras representam a taxa de pobreza medida, e os pontos as taxas de pobreza estimadas, ignorando as transferências sociais (definidas por forma a incluir as pensões). A diferença entre umas taxas e outras não é uma medida rigorosa do efeito da existência das políticas de protecção social porque numa sociedade sem estas políticas as pessoas e as famílias teriam tido comportamentos diferentes, logo, rendimentos diferentes. Apesar dessa limitação, as diferenças dão uma primeira ideia do impacto quantitativo das políticas de protecção social nos níveis de pobreza: em média, a taxa de pobreza de facto ocorrida corresponde apenas a 38% do valor estimado para o cenário se não se contar com as transferências sociais.

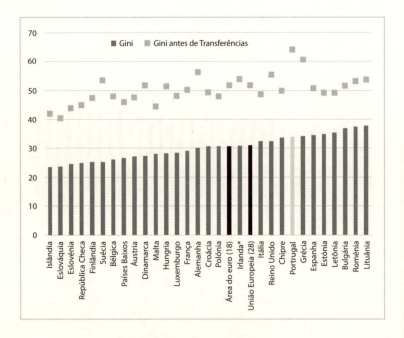

Figura 4: Países europeus
Medida de desigualdade – Índice de Gini, 2015.
Fonte: Eurostat. *Dados para a Irlanda são de 2014.

A figura 4 apresenta resultados semelhantes para uma das principais medidas de desigualdade, o índice de Gini, aqui apresentado numa escala de zero a cem. O índice de Gini é construído de forma que o valor zero corresponda a igualdade perfeita, e o valor 100 corresponde à desigualdade máxima, isto é, a uma situação em que todo o rendimento pertence a uma só pessoa. Nos últimos anos, o valor do índice de Gini para Portugal tem estado entre 32 e 35, um valor superior à média dos países da UE. Também neste caso podemos ver diferenças substanciais entre o nível de desigualdade ocorrido e o que seria medido ignorando as transferências sociais. Em média, os valores do índice de Gini que correspondem à distribuição do rendimento são apenas de 60% dos valores que teriam sido estimados ignorando as transferências sociais.

2. Qual deveria ser o papel do Estado?

A secção anterior mostrou que os países gastam grandes montantes nas políticas de protecção social e que, com isso, conseguem obter efeitos significativos nos níveis estimados de pobreza e de desigualdade que caracterizam a distribuição dos rendimentos nas suas populações. Apesar de poder haver polémica sobre se os montantes gastos em políticas de protecção social são insuficientes ou excessivos, a questão básica reside em saber por que tantos recursos são gastos nestas políticas. Neste ponto, há uma complexa e rica interacção entre formas de análise normativa na tradição da economia do bem-estar e da análise positiva da escola das escolhas públicas (*public choice*) e uma tradição mais normativa e mais explicitamente utilizando argumentos éticos relacionados com a justiça social.

A tradição da análise positiva económica/política explica a existência de redistribuição estatal com base em três motivos. O primeiro é normalmente designado por expropriação.

De acordo com este motivo, os indivíduos (normalmente em grupos organizados como partidos, sindicatos, grupos de pressão, etc.) usam a sua capacidade de influenciar o Estado para obter benefícios à custa dos outros cidadãos. Um exemplo clássico é a adopção de políticas proteccionistas que beneficiam os produtores à custa dos consumidores. Outros exemplos poderiam ser a utilização do poder sindical para extrair concessões salariais excessivas para funcionários públicos à custa dos contribuintes. Por vezes pode ser simplesmente a formação de maiorias de eleitores, presumivelmente mais pobres, que aprovam governos que adoptam medidas expropriando minorias, presumivelmente mais ricas. Em geral, a utilização do poder do Estado para beneficiar interesses particulares à custa do interesse geral é eticamente reprovável, mas as especificidades de cada caso, bem como as suas circunstâncias, podem revelar situações em que as considerações éticas são mais complexas e menos lineares. Por exemplo, em democracias com longa história, à medida que a franquia política se expandiu e o direito ao voto foi sendo cada vez menos restrito até se tornar universal para todos os maiores de idade, os Estados foram aumentando o peso das políticas redistributivas, chegando à situação descrita e quantificada na primeira secção deste capítulo. Hoje, esta situação é encarada como um resultado normal do processo político. Será que isso não corresponde a políticas de justiça social que se podem considerar éticas?

O segundo motivo é a criação de mecanismos de seguro. Uma parte substancial dos recursos gastos pelas políticas de protecção social vai para funções que podem não ser estritamente redistributivas, como é o caso das pensões ou dos cuidados de saúde. Adiante veremos argumentos que tentam justificar por que motivo estes mecanismos de seguro são predominantemente públicos. Para já, podemos reconhecer que este motivo está alinhado com explicações baseadas no interesse próprio, típicos da análise económica[1].

O terceiro motivo para a existência de redistribuição estatal é o facto de muitas pessoas serem altruístas e se preocuparem com o bem-estar dos outros.

Quer o motivo seguro quer o motivo altruísmo são exemplos de enquadramentos que suscitam questões sobre o papel do Estado. Será a presença do Estado estritamente necessária? Por que não podemos confiar nas pessoas, nas famílias, nas instituições da sociedade civil ou nos mercados para criar os seguros, operacionalizar o altruísmo e resolver outros problemas de natureza semelhante?

Uma forma de abordar a questão, na tradição do pensamento social católico, é fazer apelo ao princípio da subsidiariedade, segundo o qual «uma comunidade de ordem superior não deve interferir na vida interna de uma comunidade de ordem inferior, privando-a das suas funções, mas apoiá-la em caso de necessidade e ajudar a coordenar a sua actividade com as actividades do resto da sociedade, sempre com vista ao bem comum» (Pio XI, *Quadragesimo anno I*, 184-186). Por outras palavras, as questões sociais e políticas devem ser tratadas no nível mais imediato que seja consistente com sua resolução. No limite, devem ser tratadas pelas pessoas e pelas famílias. O termo subsidiariedade explica-se porque uma implicação do princípio é que uma autoridade superior, ou seja, o Estado, deve ter uma função subsidiária ou de apoio em vez de ser uma entidade dominante. Por outro lado, um pressuposto típico da análise económica é que cada pessoa é o melhor juiz do seu bem-estar, o princípio muitas vezes designado de soberania do

---

[1] HAUSMAN, Daniel M., *et al.*, *Economic Analysis, Moral Philosophy and Public Policy*, 3.ª ed., Cambridge, Cambridge University Press, 2017; NEVES, João César das, *Introdução à ética empresarial*, Cascais, Princípia, 2008.

consumidor, pelo que intervenções do Estado não são automaticamente desejáveis.

Como explicar então a enorme presença redistributiva do Estado nas sociedades modernas? Uma explicação possível seria a de afirmar que a actividade redistributiva do Estado é basicamente do tipo expropriação e emana directamente da luta política. Esta explicação é verdadeira, mas muito parcelar. Admitindo que as motivações de seguro e de altruísmo são também relevantes, como explicar o peso do Estado?

Na resposta a esta pergunta, a tradição da análise económica põe ênfase no papel do Estado como corrector de falhas de mercado, ou seja, como entidade que pode resolver problemas inultrapassáveis que surgem na interacção descentralizada entre indivíduos, mormente através de mercados. Os mercados de seguros podem ter falhas devido à prevalência de situações de informação assimétrica, com os consequentes problemas de selecção adversa e de risco moral. Outras razões para a falha de mercados em geral podem incluir a existência de externalidades ou o uso de tecnologias com rendimentos crescentes à escala que conduzem a situações de monopólio natural. Nestes casos, os mercados funcionam mal ou, em algumas situações extremas, podem mesmo não existir.

Há também falhas de mercado no altruísmo. Esta situação pode aparentar ser contraditória: os altruístas podem fazer donativos do seu tempo, energia, engenho e dinheiro para melhorarem a vida dos mais necessitados, quer individualmente, quer juntando-se em instituições, como as Misericórdias, não havendo necessidade do Estado. Lamentavelmente, o problema é mais complicado do que pode parecer. Um estudo clássico[2] mostrou que, para os altruístas, a melhoria da situação dos necessitados é um bem público: um altruísta sente-se

---

[2] HOCHMAN, Harold M., e James D. RODGERS, «Pareto optimal redistribution», in *American Economic Review*, vol. 59, n.º 4, Part 1 (Sep., 1969), pp. 542-557.

melhor quando a situação dos mais necessitados melhora, mesmo que não tenha contribuído para isso. Na prática, isso vai conduzir aos problemas de «boleia» (*free riding*) típicos de qualquer bem público. O problema da boleia surge porque a melhor estratégia individual para um agente económico, sob um ponto de vista egoísta, é esperar que sejam outros a financiar os bens públicos de que o agente económico beneficia. Como todos os agentes têm incentivos semelhantes, o equilíbrio que se gera é subóptimo, com os bens públicos a serem providos a níveis ineficientemente baixos. Esta situação é eticamente dramática mesmo para um indivíduo não egoísta, já que este pode não conseguir melhorar os resultados, seja qual for o nível de sacrifício individual que faça: só uma mudança colectiva pode resolver o problema. Nestes casos, é possível que a acção do Estado conduza a um equilíbrio mais eficiente e que a redistribuição feita pelo mesmo possa ser uma melhoria de Pareto, ou seja uma melhoria sentida por todos, quer pelos beneficiários, quer pelos contribuintes altruístas.

Um problema adicional resultante do altruísmo é o dilema do samaritano[3]. Trata-se de uma questão de interacção estratégica: alguns potenciais beneficiários do altruísmo poderão alterar os seus comportamentos para oportunisticamente disso tirarem partido. Por exemplo, poderão fazer poupanças insuficientes para a reforma ou não comprarem seguros necessários. Uma vez reformados com rendimentos muito baixos ou vítimas de problemas de saúde, estes oportunistas contam receber transferências dos altruístas. O dilema surge porque os altruístas percebem que estão a incentivar um comportamento ineficiente e não ético por parte dos oportunistas, mas são vítimas de uma situação de facto consumado, já que, se não fizerem as

---

[3] BUCHANAN, J. M, «The Samaritan's dilemma», in PHELPS, E. S. (dir.), *Altruism, Morality and Economic Theory*, Nova Iorque, Russel Sage Foundation, 1995, pp. 71-85.

transferências, os indivíduos oportunistas terão uma vida de privações ou sofrerão sem tratamento as consequências dos problemas de saúde. Nestas circunstâncias, uma solução para o problema seria os altruístas comprometerem-se a não ajudar os oportunistas, já que os resultados acabariam por ser melhores. Contudo, tal solução não é credível. Uma solução possível é então tornar obrigatória a realização de descontos para a segurança social ou a integração em esquemas de seguro, sendo que a forma mais eficiente de os altruístas contribuírem poderia ser subsidiando este tipo de esquemas[4].

Os problemas referidos nos parágrafos anteriores existem mesmo quando as pessoas são competentes para gerir a sua vida, ou seja, têm a racionalidade que tipicamente é assumida na análise económica. Contudo, em muitas das situações relevantes para a definição das políticas públicas, esse pressuposto poderá não ser razoável. No caso da educação, as crianças não serão naturalmente os melhores exemplos de decisores racionais, com uma visão clara das consequências futuras das escolhas feitas no presente. O problema é que, em alguns casos, os seus pais ou família podem suprir esta falta de forma insuficiente. Por outro lado, nos casos de preparação para a velhice, mesmo em populações mais sofisticadas e com elevados níveis de educação, há sempre uma fracção da população que se caracteriza por comportamentos imprevidentes ou míopes, em que o futuro ou o acidente não são acautelados. Nestes casos, os decisores que definem as políticas públicas assumem que a soberania do consumidor falha e que esta parte da população não é capaz de fazer as melhores escolhas no seu próprio interesse, como poupar ou participar em mecanismos de seguro contra a doença.

---

[4] COATE, Stephen, «Altruism, the Samaritan's dilemma, and government transfer policy», in *American Economic Review*, 1995, vol. 85, n.º 1, 46–57.

Em todos estes casos, os governos têm adoptado políticas paternalistas e centralizadoras, definindo educação obrigatória, descontos coercivos para a segurança social, pagamento forçoso de impostos ou de contribuições que financiem sistemas públicos de saúde, etc. Além dos problemas referidos, o paternalismo explica a dimensão do papel do Estado em muitas áreas de políticas sociais e redistributivas. Esta posição surge na medida em que se considera que a descentralização para os indivíduos, famílias ou instituições da sociedade civil não é compatível com uma resolução satisfatória dos problemas.

Nos últimos anos, uma área de confluência entre a psicologia e a economia, geralmente designada por economia comportamental, tem estudado de forma sistemática os vieses e erros de decisão que afectam as pessoas com mais frequência e nas áreas de comportamento mais relevantes[5]. Um desenvolvimento destas análises é o surgimento de intervenções de políticas públicas sofisticadas que pretendem proteger as pessoas dos seus próprios erros[6], o designado «paternalismo libertário». Estes desenvolvimentos levam a crer que a tendência para os Estados serem paternalistas não irá esmorecer nos tempos mais próximos, quer as justificações sejam simples, quer sejam mais sofisticadas.

3. Qual deveria ser o objectivo das políticas públicas de redistribuição?

A procura de justiça social não garante que a definição dos objectivos redistributivos das políticas públicas seja consensual.

---

[5] KAHNEMAN, Daniel, *Pensar depressa e devagar*, Lisboa, Temas e Debates, 2014.
[6] THALER, Richard H., e Cass R. SUNSTEIN, *Nudge: Improving Decisions about Health, Wealth, and Happiness*, Yale, Yale University Press, 2008.

O principal desacordo é sobre se o objectivo deveria ser reduzir a pobreza ou reduzir a desigualdade.

A pobreza, a situação dos que têm rendimentos muito baixos, é medida pela taxa de pobreza, definida como a fracção da população em privação (na prática, há vários tipos de critérios para definir o mínimo rendimento necessário para não estar em privação, a chamada linha de pobreza). A desigualdade corresponde à dispersão dos rendimentos (ou riqueza) e é função, não apenas da importância dos rendimentos baixos, mas também da dos rendimentos altos.

Políticas que elejam como alvo a redução da desigualdade põem geralmente mais ênfase na redução dos rendimentos elevados, ao passo que políticas de combate à pobreza lidam sobretudo com os problemas de quem tem baixos rendimentos. Exceptuando alguns casos de filosofias extremas, há grande consenso sobre a desejabilidade de aliviar as situações de pobreza e de combater as suas causas. Esta é uma parte integrante dos valores éticos suportados pelo Cristianismo e também por muitas filosofias políticas. Mesmo economistas libertários, como Hayek, afirmaram que «não pode haver dúvida de que um mínimo de alimentação, abrigo e vestuário, suficiente para preservar a saúde e a capacidade de trabalho, podem ser assegurados a todos»[7]. Feldstein[8] faz uma defesa clara do objectivo das políticas públicas dever ser a redução da pobreza, e não a redução da desigualdade, tendo por base a ideia de que acréscimos de rendimento dos mais ricos não são um problema e de que eliminar esses rendimentos contradiz o princípio de Pareto.

---

[7] HAYEK, Friedrich. *The Road to Serfdom*, Chicago, University of Chicago Press, 1944.

[8] FELDSTEIN, Martin, «Reducing Poverty, not Inequality», Public Interest, n.º137, 1999.

Pelo contrário, outros economistas têm defendido explicitamente que o objectivo deve ser reduzir a desigualdade, atacando os mais ricos. Por exemplo, Piketty[9] praticamente não se refere às situações de pobreza, para abordar apenas o caso dos mais ricos.

Sob o ponto de vista económico e o ponto de vista ético, o que poderá justificar esta ênfase nos mais ricos? Uma primeira explicação, primária mas não necessariamente inválida, é a inveja. Uma segunda explicação, talvez mais frequente, é a ideia de que a actividade económica é um jogo de soma nula, isto é, uma interacção entre indivíduos em que, para uns ganharem, outros têm de perder. De acordo com esta visão, como o rendimento total é fixo, para uns serem ricos, outros terão que ser pobres, a riqueza de uns é a causa da pobreza de outros. Esta visão é exactamente oposta à defendida por Feldstein. Numa economia em que os incentivos são relevantes, a ideia de jogo de soma nula é inadequada. A desigualdade entre duas pessoas é justa, se uma tiver mais rendimentos do que a outra porque trabalhou mais, arriscou mais, foi mais empreendedora, mais paciente e poupou mais, etc. Neste caso, as diferenças de rendimento decorrem de diferenças no comportamento e na contribuição para a riqueza da sociedade. O crescimento das economias modernas a longo prazo baseia-se no progresso tecnológico e na inovação. Rendimentos mais elevados que constituam um incentivo para a obtenção deste progresso são do interesse de todos, já que em última análise o crescimento da economia e dos rendimentos pode fazer mais pelos mais pobres do que qualquer política de redistribuição, particularmente quando esta é concebida como estratégia punitiva dos mais ricos.

---

[9] PIKETTY, Thomas, *O capital no século XXI*, Lisboa, Temas e Debates, 2014.

Contudo, e dadas as tendências de crescimento da desigualdade ocorridas nos últimos trinta anos, há uma ênfase crescente na redução da desigualdade através da tributação dos mais ricos (nos EUA fala-se dos «1%»), bem como outras políticas com efeitos semelhantes. Os argumentos mais sofisticados a favor destas políticas retomam a ideia do jogo de soma nula (ou mesmo negativa) e argumentam que as causas do crescimento da riqueza dos mais ricos são ilegítimas, porque estes usam os seus recursos e poder para influenciarem a políticas e os políticos a seu favor e em desfavor da classe média e dos mais pobres. Isso pode ocorrer através da atribuição de benefícios, contratos públicos, protecção da concorrência (nacional ou internacional), legislação laboral, fiscalidade favorável, etc. Por exemplo, em vários países, as quantias impressionantes gastas pelos contribuintes para fazerem o salvamento de bancos e outras instituições financeiras devido aos problemas causados pelas actividades irresponsáveis dos seus (ricos) gestores têm certamente reforçado esta visão.

Convém não ser maniqueísta. Se a tributação punitiva dos mais ricos se tornar dominante, os incentivos para a criação de riqueza e para o crescimento das economias serão menores, e todos, incluindo os mais pobres, pagarão por isso. Por outro lado, é razoável pedir a quem tem mais que contribua mais do que proporcionalmente para o financiamento das despesas públicas (alguma progressividade na tributação, genericamente, é hoje consensual). Convém, sobretudo, ter políticas públicas exigentes que desencorajem o rentismo (obter rendimentos excessivos à custa da protecção dada pelo poder), que defendam a concorrência e que garantam que as recompensas económicas acresçam para aqueles que criam valor. Além de gerarem mais bem-estar, essas políticas são certamente mais justas.

4. Políticas públicas sectoriais

A anterior citação de Hayek permite perceber que o acesso à educação e aos cuidados de saúde tem uma relevância especial. Esta ideia é reforçada por Tobin[10], que refere existir um igualitarismo específico nas sociedades capitalistas modernas. Estas sociedades toleram a desigualdade, porque isso faz parte necessária dos incentivos que promovem a prosperidade e o crescimento das economias. No entanto, Tobin chamou a atenção para o facto de as nossas sociedades serem muito menos tolerantes de desigualdades e privações em áreas específicas, como, por exemplo, a educação ou os cuidados de saúde. Esta ideia de Tobin permite enquadrar valores éticos e políticos dominantes em quase todos os países desenvolvidos, os quais se podem exprimir pela ideia de os cuidados de saúde e de a educação se deverem reger pelo princípio do acesso universal. Este igualitarismo específico pode ser interpretado como dando um estatuto especial a estes tipos de bens porque, de alguma forma, são prioritários em si mesmos, mas pode igualmente interpretar-se a prioridade destes bens como sendo instrumental. Por alguma razão, a educação e a saúde são duas vertentes do capital humano, ou seja, da capacidade de as pessoas gerarem rendimentos no mercado de trabalho: sem níveis mínimos de saúde e de educação, a desigualdade de oportunidades seria gritante e contaminaria com injustiça toda a distribuição de rendimentos.

No caso da educação ou dos cuidados de saúde, tal como noutras áreas, uma questão importante é saber se o Estado deve garantir o acesso universal, financiando esse acesso, mas permitindo escolha, ou se o Estado deve ser, ele próprio, o

---

[10] TOBIN, James, «On limiting the domain of inequality», in *Journal of Law and Economics* 13(2), 1970, pp. 263–277.

produtor desses serviços. No caso da educação, o Estado pode financiar o acesso à educação, mas permitir às famílias uma escolha da escola para os seus filhos. Este é o caso de sistemas como o belga ou o holandês. No caso de outros países, incluindo Portugal, o Estado, basicamente, apenas financia as escolas estatais. Não por coincidência, nos mesmos países referidos (e em geral nos países com sistemas de protecção social bismarckianos), o sistema de saúde é financiado por fundos descentralizados, financiados com contribuições dos beneficiários e seus empregadores, com uma forte participação de unidades de saúde do sector social, com liberdade de escolha das unidades de saúde e com financiamento público complementar por forma a assegurar a cobertura universal da população. Foi este sistema que inspirou as antigas caixas de previdência em Portugal. Por outro lado, nos países com sistemas mais beveridgianos, os recursos públicos tendem a financiar um sistema de saúde estatal centralizado, onde o Estado é o proprietário das unidades de saúde e o empregador dos clínicos e outros profissionais de saúde, tal como no Serviço Nacional de Saúde em Portugal.

Quais as implicações destas políticas? Se a questão é sobretudo garantir o acesso de forma eficiente, isto é, sem custos excessivos para o contribuinte, a configuração do sistema que à partida permitiria melhores resultados deveria ser um financiamento público de entidades não estatais, desde que estas estejam em concorrência e o seu desempenho seja monitorizado (por exemplo, por exames nacionais ou por comparações de resultados em saúde dadas as características da população servida).

No entanto, a teoria económica diz que em certas condições a produção pública pode ser melhor, no contexto de uma literatura em economia sobre contratos incompletos e em situações de informação assimétrica. Na medida em que os contratos entre entidades privadas e o Estado serão sempre incompletos, porque nunca se podem prever todas as contingências, é importante ver quais as consequências de atribuir o poder residual de decidir sobre o uso dos recursos em circunstâncias não contratualizadas e avaliar se os problemas potenciais são suficientemente graves a ponto de o Estado preferir ser o proprietário das unidades de saúde ou das unidades de educação. Sendo proprietário, o Estado pode tomar decisões discricionárias que eventualmente sejam as melhores em cada situação imprevista, sem estar preso pelas limitações de um contrato. Há assim um *trade-off* entre os ganhos de eficiência da concorrência e os problemas gerados por contratos incompletos, sendo possível que em alguns casos a propriedade pública seja o melhor arranjo institucional. Na prática, com o progresso «tecnológico» que tem ocorrido na área da contratualização e com a experiência nacional e internacional que já existe, é difícil pensar que os custos potenciais de contratos incompletos não sejam hoje em dia reduzidos e que os pratos da balança não estejam a pender para o lado do financiamento público da prestação privada dos serviços. Por esse motivo, a explicação para a predominância da propriedade pública tem de ser encontrada noutras áreas, como tem sido enfatizado por uma literatura mais na área da *public choice*.

Uma primeira explicação para a predominância da produção pública é o papel dos grupos de interesse. Com a propriedade pública vêm empregos para funcionários públicos, sem riscos de falência e com sindicatos que podem usar os pontos de estrangulamento destas actividades sociais como fonte de poder negocial por forma a extrair rendas e explorar os contribuintes. Muita da retórica de defesa da propriedade pública vem precisamente destes grupos de pressão, que, muitas vezes, mal disfarçam a pouca relevância que atribuem a servir os alunos ou os doentes. Outra explicação, mais relevante no caso da educação, é que esta é usada pelos poderes de facto com fins políticos de doutrinação[11]. O caso das intenções anunciadas pelo Governo português, no final de 2016, de leccionar sobre o aborto a alunos com 10 anos de idade pode ser visto como um caso extremo de manipulação doutrinária. Na prática, seja por servir grupos de interesse seja por doutrinação, o caso do papel do Estado na educação está longe de respeitar o princípio da subsidiariedade referido.

5. Estará o futuro nas políticas de pré-distribuição?

Há várias teorias que tentam explicar o aumento da desigualdade na distribuição do rendimento. Uma delas atribui esse acréscimo aos padrões do comércio internacional e outra aos padrões do progresso tecnológico, já que este é enviesadamente favorável aos trabalhadores com mais educação, por exemplo, mais capazes de utilizar tecnologias de informação. Em ambos os casos, as políticas redistributivas podem e devem ser usadas, mas são de alcance limitado, quer pelos problemas de incentivos e de custos que colocam, quer porque as razões estruturais de aumento da desigualdade estão também na origem do crescimento dos rendimentos médios da economia, e por isso não podem ser contrariadas sem custos enormes. No entanto, mais recentemente tem vindo a ser defendida a ideia de que uma das principais razões do crescimento da desigualdade é a falta de concorrência[12]. De acordo com esta teoria,

---

[11] LOTT, John H., Jr., «An explanation for public provision of schooling: the importance of indoctrination», in *Journal of Law and Economics 33* (April 1990), pp. 199–231; PRITCHETT, Lant, e Martina, VIARENGO, «The State, socialization, and private schooling: when will governments support alternative producers?», in *The Journal of Development Studies*, vol. 51, 7, 2015.

[12] FURMAN, Jason, *Inequality: Facts, Explanations, and Policies*, 2016 em https://www.whitehouse.gov/sites/default/files/page/files/20161017_furman_ccny_inequality_cea.pdf

o crescimento da desigualdade nos anos mais recentes ocorre em paralelo com monopolização ou cartelização de vários sectores económicos de ponta. As empresas gigantes que hoje dominam as actividades económicas obtêm lucros muito elevados, quer devido a alguma desregulação, quer devido às características *winner take all* dos mercados baseados na internet. A confirmar-se esta ideia, na raiz do crescimento da desigualdade estará uma tendência estrutural com injustiça e ineficiência crescentes que precisa de ser corrigida. A ser verdade, as políticas públicas de regulação da concorrência deverão ter um papel acrescido no futuro, não só para se atingirem os objectivos tradicionais de restaurar a eficiência dos mercados, impedir o abuso de posição dominante e garantir o acesso universal aos serviços públicos básicos, mas também para garantir uma distribuição do rendimento mais justa.

Nesta perspectiva, o Estado deve tentar evitar o crescimento das desigualdades que ocorrem em primeiro lugar nos mercados e na actividade económica em geral, em vez de se limitar *a posteriori* à melhoria da distribuição dos rendimentos líquidos através de impostos e benefícios. Na prática, tal significa um papel ainda maior para os investimentos em educação e uma função renovada e ampliada na área das políticas públicas de protecção da concorrência.

Leituras recomendadas

Feldstein, Martin, *Reducing Poverty, not Inequality*, Public Interest 137, 1999

Furman, Jason, *Inequality: Facts, Explanations, and Policies*, 2016 em https://www.whitehouse.gov/sites/default/files/page/files/20161017_furman_ccny_inequality_cea.pdf

Hausman, Daniel M., et. al, *Economic Analysis, Moral Philosophy and Public Policy*, 3.ª ed., Cambridge, Cambridge University Press, 2017.

Neves, João César das, *Introdução à ética empresarial*, Cascais, Principia, 2008.

Piketty, Thomas, *O capital no século XXI*, Lisboa, Temas e Debates, 2014.

Pritchett, Lant, e Martina, Viarengo, «The State, socialization, and private schooling: when will governments support alternative producers?», in *The Journal of Development Studies*, vol. 51, Issue 7, 2015.

Ética da globalização[1]

Maria Paula Fontoura
Instituto Superior de Economia e Gestão (ISEG),
Universidade de Lisboa, e UECE

Nuno Valério
ISEG, Universidade de Lisboa, e GHES

As últimas décadas do século XX e o princípio do século XXI assistiram a uma intensificação e a um aprofundamento das relações entre as diferentes sociedades parciais inseridas na sociedade mundial contemporânea, a que se dá correntemente o nome de globalização. Trata-se de um processo histórico que implica uma cada vez maior interdependência entre as diferentes sociedades parciais inseridas na sociedade mundial contemporânea, quer sejam sociedades nacionais organizadas em espaços políticos, isto é, Estados nacionais, e em espaços económicos, isto é, economias nacionais, quer sejam regiões inseridas em sociedades nacionais mas com especificidades locais, quer sejam conjuntos de sociedades nacionais que se agrupam com base regional ou cultural em blocos que procuram

---

[1] Os autores agradecem o apoio financeiro da Fundação para a Ciência e Tecnologia no âmbito do Projecto Estratégico UID/ECO/00436/2013.

potenciar a influência internacional dos seus membros. Verifica-se este fenómeno em relação a todos os aspectos da vida social – demográficos, económicos, culturais e políticos –, embora no exame que se segue se privilegiem os aspectos económicos.

A globalização económica refere-se aos movimentos internacionais de todos os tipos de bens e de recursos. Seguidamente destacamos de forma sucinta as principais características de cada um dos principais aspectos da globalização económica e os problemas éticos que evocam. Para além do comércio de mercadorias e prestação de serviços e dos fluxos de capitais, referiremos as viagens e migrações de pessoas. Terminaremos com uma reflexão sobre os principais factores de conflito que envolvem actualmente as relações económicas internacionais e a apresentação de algumas iniciativas de relevo tomadas a nível internacional, com vista à sua resolução.

1. Principais aspectos da globalização

O comércio de mercadorias e a prestação de serviços

O progresso dos meios de transporte e de comunicação facilitou consideravelmente a movimentação de mercadorias e a prestação de serviços à distância. A redução significativa dos custos de transacção ocorreu historicamente em duas fases: a primeira, em meados do século xix, como consequência da utilização da máquina a vapor nos meios de transporte e da difusão do telégrafo eléctrico; a segunda, na segunda metade do século xx e princípios do século xxi, como consequência da generalização dos transportes aéreos e das chamadas tecnologias de informação e comunicação. Na segunda vaga de globalização, o comércio de mercadorias e a prestação de serviços intensificaram-se a um nível desconhecido na história da humanidade. Em particular, verificou-se uma dispersão regional do processo produtivo por via da fragmentação internacional da produção, conduzindo às denominadas cadeias globais de valor, substituindo as cadeias nacionais de produção, tradicionalmente associadas a uma industrialização bem-sucedida.

Durante as décadas que decorreram desde a Segunda Guerra Mundial, a tendência geral foi também no sentido da redução dos obstáculos institucionais ao comércio de mercadorias e à prestação de serviços a nível internacional, embora a ritmos diversos ao longo do tempo e com particular intensificação na sequência do desaparecimento da generalidade das economias de direcção central, na última década do século XX. O comércio de mercadorias está hoje regulado a nível internacional pelo Acordo Geral sobre Pautas Aduaneiras e Comércio, adoptado em Genebra, em 1947, revisto na ronda negocial do Uruguai, em 1994, e subscrito até 2016 por 164 Estados. O Acordo Geral sobre Pautas Aduaneiras e Comércio tem como princípios fundamentais: a não discriminação por cada parte contratante em relação às outras partes; a abolição dos obstáculos não pautais ao comércio internacional; a ausência de incremento dos obstáculos pautais ao comércio internacional; e a participação em rondas negociais com vista à progressiva redução desses obstáculos. Admitem-se como excepções à regra da não discriminação a criação de zonas de comércio livre (zonas de abolição de obstáculos pautais ao comércio internacional) ou uniões aduaneiras (zonas de comércio livre com pauta comum em relação a terceiros) e a existência de medidas de promoção do desenvolvimento económico de países menos desenvolvidos. Nos termos do Tratado de Marraquexe, de 1994, constituiu-se em 1996 a Organização Mundial de Comércio no sentido de arbitrar os conflitos sobre estas e outras questões entre as partes contratantes do Acordo Geral sobre Pautas Aduaneiras e Comércio, tendo os princípios deste acordo sido alargados ao comércio de serviços.

Os principais problemas suscitados pela troca internacional de mercadorias e serviços são: o da sua contribuição para o bem-estar de cada sociedade envolvida (designadamente no que se refere à perda de rendimento por parte de sectores da população) e para os processos de desenvolvimento (que estão longe de abranger toda a humanidade, registando-se diferenças consideráveis entre os países); o da evolução dos termos de troca quando desfavorável (isto é, quando a evolução divergente dos preços de exportação e de importação implica a venda de quantidades cada vez maiores de bens para a aquisição de quantidades cada vez menores de outros bens); e o da equidade nas condições de trabalho e de concorrência em cada um dos países (perturbada, por exemplo, pela realização de apoios governamentais que criem níveis de custos especialmente favoráveis para os produtores de um país ou de uma região específica). Trata-se de problemas que suscitam claramente questões de natureza ética por criarem situações que são favoráveis a alguns dos parceiros das relações comerciais internacionais, mas que prejudicam outros, e que, por envolverem em geral posições relativas – no caso referido, diferenças de apoios governamentais –, não podem ser resolvidos pela generalização dos arranjos que estão na base das situações favoráveis sem prejuízos alargado — ou todos os países têm o mesmo regime de apoios, ou alguns países terão de ter regimes menos favoráveis, e o aumento generalizado dos apoios trará desperdício de recursos. Em relação ao modo de ultrapassar estes problemas, coloca-se habitualmente a alternativa de corrigir institucionalmente os mecanismos de mercado implícitos nas regras apresentadas ou de compensar as consequências negativas deles resultantes à margem das relações mercantis, por exemplo, através de transferências. Não cabe nos limites deste texto aprofundar os aspectos técnicos destas alternativas.

Os fluxos de capitais

O progresso dos meios de comunicação e a desmaterialização das formas mobiliárias de riqueza facilitaram extraordinariamente a movimentação de capitais nos dias de hoje. Em todo o caso, os fluxos de capitais tenderam, ao longo das décadas que sucederam à Segunda Guerra Mundial, a ser gradualmente libertos dos controlos que durante a maior parte do século XX os regularam. Estes factos conduziram à intensificação dos movimentos internacionais de capitais, tanto sob a forma de movimentos de longo prazo, sejam investimentos directos (visando o controlo e gestão de actividades produtivas, criadas de raiz, ou já existentes e adquiridas para o efeito) ou investimentos de carteira (visando apenas a obtenção de rendimento, sem controlo e gestão das iniciativas em que são envolvidos), como sob a forma de movimentos de curto prazo (necessariamente investimentos de carteira). Como seria de esperar, o resultado destes processos foi o aumento dos fluxos internacionais de capitais para níveis nunca anteriormente atingidos. Especialmente importante é o facto de estes terem ultrapassado, em valor nominal, os movimentos de mercadorias e a prestação de serviços – mais um aspecto inédito na história da humanidade. No caso do investimento directo estrangeiro, há ainda a destacar o seu contributo para a difusão da inovação tecnológica, designadamente do conhecimento sobre métodos de produção, técnicas de gestão e mercados de exportação a custos muito baixos ou mesmo negligenciáveis, caso sejam transmitidos entre firmas da mesma empresa multinacional.

Sob o ponto de vista institucional, os movimentos internacionais de capitais têm sido formalmente enquadrados sobretudo pelas organizações relacionadas com a vida monetária (Fundo Monetário Internacional) e financeira (Banco Mundial). Os acordos de Bretton Woods, de 1944, que estiveram na origem dessas organizações, assumiam como um dos objectivos a prosseguir a livre circulação de capitais, em particular com a livre convertibilidade das divisas nacionais para esse fim. Como sugerido, esse desiderato só gradualmente foi atingido, mas pode hoje considerar-se realizado no essencial. A organização nuclear do grupo do Banco Mundial, o Banco Internacional para a Reconstrução e o Desenvolvimento, criado em 1945 e com 189 membros em 2016, está vocacionada sobretudo para promover apoio de natureza pública ao desenvolvimento (embora recorrendo eventualmente aos mercados privados de capitais para se financiar). A partir da década de cinquenta do século XX, o grupo diversificou-se com organizações mais direccionadas para o estímulo à assunção por capitais privados de um papel nos processos de desenvolvimento – a Corporação Financeira Internacional, criada em 1956 e com 184 membros em 2016, e a Associação Internacional de Desenvolvimento, criada em 1960 e com 173 membros em 2016. Desde a década de sessenta que procurou enquadrar os movimentos internacionais de capitais, encarados como instrumento dos processos de desenvolvimento, nomeadamente através do Centro Internacional para a Resolução de Conflitos de Investimento, criado em 1966 e com 161 membros em 2016, e da Agência de Garantia Multilateral de Investimento, criada em 1988 e com 181 membros em 2016.

    A liberalização dos movimentos internacionais de capitais, conjugada com a redução dos obstáculos ao comércio de mercadorias e à prestação de serviços, teve duas consequências fundamentais: facilitou a deslocalização de actividades produtivas inseridas em cadeias de produção internacionalmente dispersas e intensificou os movimentos especulativos de curto prazo. É fácil compreender os sobressaltos que estas consequências podem causar na vida económica dos países e regiões, com destaque para os efeitos no emprego quando se verificam fugas de capitais e deslocalizações de actividades económicas que enfraquecem as estruturas económicas de um país ou região. Sublinhe-se o papel crucial da liberalização apressada dos mercados financeiros e de capitais, sem a implementação prévia de um controlo regulatório eficaz, na explicação de diversas crises económicas, como vastamente reportado, por exemplo, em Stiglitz (2002), no caso da crise financeira asiática de 1997.

Tal como no caso do comércio de mercadorias e da prestação de serviços, trata-se de problemas que suscitam claramente questões de natureza ética por, de novo, criarem situações que são favoráveis a alguns dos parceiros das relações internacionais, mas que prejudicam outros e que, por envolverem em geral posições relativas – por exemplo, diferenças de regimes fiscais para atrair investimento –, não podem ser resolvidos pela generalização dos arranjos que estão na base das situações favoráveis sem prejuízos generalizados – no caso referido, pela redução generalizada das receitas públicas e da capacidade de proporcionar serviços públicos.

Em relação ao modo de ultrapassar estes problemas, colocam-se alternativas idênticas às referidas a propósito do comércio de mercadorias e da prestação de serviços.

As viagens e as migrações de pessoas

O progresso dos meios de transporte facilitou muito as viagens de pessoas, para negócios, para fins culturais (incluindo as tradicionais peregrinações por motivos religiosos) ou para lazer. Além disso, as décadas recentes também assistiram a abundantes arranjos institucionais no sentido de tornar essas viagens mais fáceis, nomeadamente através da redução das exigências de autorizações (vistos) para as deslocações internacionais. Como consequência, os movimentos de pessoas intensificaram-se igualmente a um ponto desconhecido em qualquer época anterior da história da humanidade.

Importa, entretanto, distinguir viagens – movimentos em princípio temporários, sem modificação do local de residência das pessoas envolvidas – de migrações – movimentos em princípio definitivos, com alteração do local de residência das pessoas envolvidas. Também as migrações foram muito facilitadas pelo progresso dos meios de transporte, e são fortes os factores que pressionam os significativos movimentos migratórios no mundo de hoje, nomeadamente: económicos, especialmente as diferenças de nível de rendimento e de vida entre as diversas economias; demográficos, em particular as diferenças de taxas de natalidade e de mortalidade entre as diversas sociedades; políticos, muito em concreto as diferenças de regimes entre os diversos Estados – factores que se intensificam particularmente quando ocorrem situações de guerra em determinadas regiões do mundo. Ao contrário das viagens, as migrações em geral não têm sido institucionalmente facilitadas nos tempos recentes. Pelo contrário, reacções nacionalistas e mesmo xenófobas têm suscitado frequentemente o levantamento de obstáculos institucionais a esses fluxos migratórios.

A pressão contraditória da facilidade objectiva e das dificuldades das migrações nos dias de hoje conduziram a duas consequências importantes. Por um lado, os movimentos migratórios são certamente, em termos relativos (isto é, quando comparados com a população mundial) e possivelmente em termos absolutos, inferiores ao que já foram (concretamente, do início do século XX até às vésperas da Primeira Guerra Mundial, época de migrações em larga escala, sobretudo com origem na Europa e com rumo à América e à Austrália). Por outro lado, uma parte muito significativa dos movimentos migratórios processa-se à margem das regras legais (através da travessia clandestina da fronteira) ou pelo menos do registo legal (sobretudo sob a forma de viajantes formalmente temporários, que acabam por permanecer nos países para onde se deslocaram). Como resultado destes factos, a proporção da população mundial cuja residência não está legalmente regularizada é maior do que em qualquer outra época da história da humanidade. Além disso, também a proporção da população mundial em situação objectiva de refugiado, isto é, cuja residência é considerada temporária, mas que não tem condições de regresso à sua residência originária, especialmente por razões políticas, é maior do que em qualquer outra época da história da humanidade.

Ao contrário do que se passa com o comércio de mercadorias e a prestação de serviços, e mesmo com os fluxos de capitais, os movimentos de pessoas não estão institucionalmente enquadrados a nível internacional de forma sistemática. Existe uma agência especializada das Nações Unidas para o turismo, a Organização Mundial de Turismo, criada em 1974 e com 156 membros em 2016, mas trata-se, evidentemente, do aspecto mais pacífico dos movimentos de pessoas. Existe um Alto Comissariado das Nações Unidas para os Refugiados, mas trata-se, na prática, de um instrumento de actuação em último recurso, frequentemente para gestão de ajuda humanitária, sem capacidade significativa de intervenção na génese dos problemas. E – repetimos – as migrações propriamente ditas não têm, em boa verdade, enquadramento institucional a nível internacional, o que coloca problemas graves de regularização, acolhimento e integração dos migrantes, tratados de forma específica e heteróclita conforme a situação, por vezes mesmo consoante a conjuntura, em cada região do mundo. Não pode haver dúvida de que se trata de problemas que suscitam questões de natureza ética por, mais uma vez, criarem situações que são favoráveis a alguns dos parceiros das relações internacionais, mas que prejudicam outros, e que, por envolverem em geral posições relativas – por exemplo, diferenças de regimes de aceitação de imigrantes –, não podem ser resolvidos pela generalização dos arranjos que estão na base das situações favoráveis – concretamente, no caso referido, regimes de discriminação negativa de imigrantes para ganhar competitividade – sem prejuízos alargados – pela generalização das situações de discriminação negativa dos imigrantes, sem que haja ganhos de competitividade para todos.

Em relação ao modo de ultrapassar estes problemas, coloca-se habitualmente a alternativa de liberalizar as migrações, esperando que a sua intensificação contribua para atenuar as suas próprias causas, ou de actuar directamente sobre essas causas para as moderar e evitar as tensões sociais por elas geradas. Uma vez mais, não cabe nos limites deste texto aprofundar os aspectos técnicos destas alternativas.

2. Principais factores de conflito na economia globalizada

Como resulta claramente da passagem em revista dos vários aspectos das relações económicas internacionais, são múltiplos os factores de conflito que envolvem. Poderão sistematizar-se esses problemas em três questões fundamentais: a das relações das sociedades humanas com a natureza, correntemente denominadas questões do ambiente; a dos níveis contrastados de desenvolvimento das várias sociedades parciais inseridas na sociedade mundial contemporânea, com consequentes fenómenos de pobreza relativa e absoluta e de concentração da riqueza; e, de certo modo cúpula e síntese das restantes, a questão do relacionamento entre as várias sociedades parciais inseridas na sociedade mundial contemporânea, isto é, a da paz.

A questão do ambiente

A questão do ambiente pode definir-se como a da sustentabilidade do meio natural indispensável à própria sobrevivência da espécie humana. Esta sustentabilidade pode ser posta em causa de três formas, aliás, inter-relacionadas: o consumo nas actividades económicas de recursos naturais em excesso, para além das quantidades que os processos naturais espontaneamente renovam; a ruptura do processamento regular dos ciclos naturais de determinadas substâncias (de que o exemplo mais grave nos nossos dias é o do ciclo do carbono, com acumulação de dióxido de carbono na atmosfera, provocando um aumento significativo da temperatura média do planeta); e a degradação, ou mesmo destruição, de biomas pelo desaparecimento dos quadros naturais em que se inserem, com extinção de espécies de seres vivos e subsequente surgimento de desequilíbrios nas relações entre os vários elementos dos referidos biomas.

A questão do ambiente suscita de forma clara problemas de natureza ética por envolver efeitos externos de natureza económica, isto é, situações em que determinados agentes económicos utilizam recursos, obtendo reduções de custos para as suas actividades, sem que haja compensação adequada para outros agentes económicos, que ficam privados desses recursos. Estes efeitos não podem ser resolvidos pela generalização dos arranjos que estão na base das situações favoráveis sem prejuízos generalizados, por exemplo, pela propagação dos comportamentos poluidores ou perturbadores da estabilidade do clima. Trata-se de um domínio em que existem ainda grandes dúvidas sobre os mecanismos, que actuam sobretudo no longo prazo, e em que a ausência de medidas preventivas prudenciais pode ser irreversivelmente catastrófica. A questão da repartição dos custos dessas medidas preventivas e a sua ligação à questão do desenvolvimento têm sido, porém, obstáculos à sua adopção.

A *questão do desenvolvimento*

A questão do desenvolvimento pode definir-se como a da heterogeneidade dos níveis de vida entre os seres humanos e, em média, entre as sociedades parciais inseridas na sociedade mundial contemporânea. Esta heterogeneidade resulta da disponibilidade quantitativa e qualitativa de recursos e da eficiência na sua utilização. É uma característica permanente da vida económica da humanidade, pelo menos desde o aparecimento de actividades económicas como a agricultura e a criação de gado, há cerca de dez milénios, mas acentuou-se muito ao longo dos últimos três séculos, como consequência do chamado crescimento económico moderno, que alastrou muito desigualmente nas várias regiões do mundo. Em parte, é uma consequência natural da realização de inovações, à partida de forma pontual em determinados locais e em determinadas sociedades, por determinados agentes económicos, por isso, beneficiando naturalmente essas sociedades e esses agentes. Em princípio é, gradual e espontaneamente, corrigida pela difusão dessas inovações, através da sua imitação e repetição por outras sociedades e outros agentes económicos.

Os problemas suscitados por esta heterogeneidade são primordialmente os do ritmo da difusão das inovações, que, pela sua lentidão, pode preservar contrastes dificilmente aceites, sobretudo pelas sociedades e pelos seres humanos mais desfavorecidos, e também os fenómenos extremos de pobreza e de concentração da riqueza. A sua resolução envolve maior atenção aos impactos sociais e distributivos do crescimento económico, o que exige o apoio às capacidades e actividades económicas dos mais pobres, incluindo o investimento em activos educacionais, físicos e sociais, e uma regulação do comércio que promova as capacidades dos países menos desenvolvidos.

A questão do desenvolvimento suscita problemas de natureza ética, em parte relacionados com o acesso aos recursos naturais e a sua exploração, em parte referentes à aceitação (ou não) da distribuição de partida da propriedade dos recursos e dos resultados da actuação dos mecanismos de mercado e de poder que deram origem à evolução da repartição do rendimento e da riqueza ao longo do tempo. Encontrar soluções para estes problemas é difícil, por um lado porque estes envolvem a existência de interesses contraditórios e relações de poder entre os vários agentes estatais e não estatais, por outro porque podem representar dilemas de solução complexa. Um exemplo claro destes dilemas pode ser dado pelo regime da propriedade intelectual das inovações: se este for muito restritivo, perdem-se os benefícios que podem resultar da sua aplicação em âmbito alargado; se for muito liberal, perde-se o incentivo que o rendimento da sua aplicação proporciona à investigação científica e ao desenvolvimento tecnológico.

A questão da paz

A questão da paz pode definir-se como a das relações entre as sociedades parciais inseridas na sociedade mundial contemporânea. De tudo o que ficou dito resulta claramente a existência de potenciais conflitos entre estas sociedades. Em que medida são esses conflitos resolvidos pela cooperação ou pela imposição pelas sociedades e agentes mais poderosos dos seus interesses particulares é, no fundo, o que está em jogo na paz, que é, por isso e como apontado, a síntese de todas as questões anteriormente consideradas.

A necessidade de criar quadros institucionais com vista à promoção da cooperação internacional acompanhou todo o processo de formação da sociedade mundial contemporânea e concretizou-se em conferências, acordos e organizações internacionais. E não podem negar-se os resultados positivos obtidos por essa actividade, enquadrada desde o primeiro pós-guerra do século XX por organizações de cúpula, inicialmente a Sociedade das Nações (entre 1919 e 1945), depois as Nações Unidas (existente desde 1945 e, em 2016, com 193 membros e dois observadores). Não podem igualmente ignorar-se os fracassos, consubstanciados especialmente nas guerras mundiais do século XX e desde o final da Segunda Guerra Mundial em muitos conflitos locais e regionais, e na permanência de um ambiente de tensão nas relações internacionais, em que a ausência de conflito é muito mais o resultado da contenção gerada pelo receio do uso de alguns meios bélicos disponíveis (especialmente as armas nucleares) do que de um verdadeiro espírito de cooperação generalizado.

O que é certo é que a humanidade ainda não encontrou a fórmula para atingir o objectivo sintetizado pelo Papa Paulo VI, na carta encíclica *Populorum progressio*, de 26 de Março de 1967, como o desenvolvimento de todos os homens e do homem todo; e essa incapacidade tornou-se, como esse documento previa, um dos principais obstáculos para a paz nas relações internacionais. Na verdade, o esforço para a obtenção da paz não pode ser dissociado da tentativa de resolução dos referidos conflitos presentes na economia global, e, dada a amplitude das mudanças, já não é possível encontrar uma resposta específica e independente para cada parte dos problemas, tornando-se fundamental, como sublinhou o papa Francisco na encíclica *Laudato si*, de 24 de Maio de 2015, sobre a questão do ambiente, «buscar soluções integrais que considerem as interacções dos sistemas naturais entre si e com os sistemas sociais».

3. A construção de uma ética global para a economia

Apesar dos vários problemas suscitados pela globalização acima referidos, têm-se sucedido as iniciativas a nível internacional com vista a oferecer à economia global uma perspectiva mais consentânea com as necessidades da «casa comum» (termo usado pelo papa Francisco na encíclica *Laudato si*, de 24 de Maio de 2015).

Os problemas ambientais foram colocados na ordem do dia da opinião pública em princípios da década de setenta do século XX, especialmente pelo chamado Relatório do Clube de Roma de 1972[2]; mas já no ano anterior o papa Paulo VI apontara o facto de, «Por motivo de uma exploração inconsiderada da natureza, [o ser humano] começa[r] a correr o risco de a destruir e de vir a ser, também ele, vítima dessa degradação», na Carta Apostólica *Octogesima adveniens*, de 14 de Maio de 1971. Pode dizer-se que a resposta política internacional a esta questão demorou cerca de duas décadas e começou com a chamada Cimeira da Terra, realizada no Rio de Janeiro em 1992. Aí foi aprovada a Convenção do Rio, até 2016 ratificada por 165 Estados, incluindo a adopção do Quadro das Nações Unidas para as Alterações Climáticas de modo a evitar «interferências antropogénicas perigosas com o sistema climático». Passaram a realizar-se conferências anuais dos Estados signatários, sendo de destacar as de 1998, em que foi aprovado o chamado Protocolo de Quioto, de 2011, em Durban, por ocasião do qual foi criado um Fundo Verde para o Clima, e de 2015, em Paris, em que foi aprovado um acordo para limitação da emissão de gases com efeitos de estufa, que entrou em vigor em 2016.

Quanto à questão do desenvolvimento, entrou gradualmente no programa da opinião pública desde o segundo pós-guerra do século XX; em particular, esteve presente na Conferência de Bretton Woods, de 1944, na concepção do Banco Internacional para a Reconstrução e o Desenvolvimento aí criado e ainda no desenvolvimento do Grupo do Banco Mundial já evocado. Foi também alvo especial da atenção das Nações Unidas, particularmente através de organizações especializadas (como a Organização das Nações Unidas para o

---

[2] MEADOWS, Donella, *et. al.*, *The Limits to Growth*, Universe Books, 1972.

Desenvolvimento Industrial, criada em 1966, e o Fundo Internacional para o Desenvolvimento Agrícola, criado em 1977) e do seu Conselho Económico e Social, que promoveram iniciativas como as décadas para o desenvolvimento.

Foi, contudo, com a entrada no século XXI que a actividade das Nações Unidas se tornou marcante para o seu pilar de desenvolvimento, com a adopção de importantes acordos e iniciativas internacionais. Destacamos o Pacto Global das Nações Unidas, relativo à actuação das empresas, lançado em 2000; a Declaração do Milénio, aprovada em Cimeira das Nações Unidas, em 2000, com oito objectivos de desenvolvimento do milénio e 18 metas, substituída pela Agenda 2030, aprovada em 2015, com 17 objectivos de desenvolvimento sustentável e 169 metas; e o Manifesto para uma Ética Global para a Economia, proclamado na sede das Nações Unidas, em 2009.

O Pacto Global procura promover a responsabilização das empresas por actuações favoráveis ao respeito pelos direitos humanos, à promoção de padrões de trabalho digno, à assunção de responsabilidades ambientais e ao combate à corrupção. Apesar de o compromisso das empresas ser voluntário, conta actualmente com milhares de empresas subscritoras em todo o mundo.

Os objectivos de desenvolvimento sustentável recomendados pela ONU são: erradicar a pobreza; eliminar a fome e promover a agricultura sustentável; assegurar uma vida saudável e promover o bem-estar; garantir uma educação de qualidade; promover a igualdade de género; assegurar a disponibilidade de água potável e saneamento; garantir o acesso a energia limpa; promover o crescimento económico sustentado e o pleno emprego; construir infra-estruturas resilientes, promover a industrialização e fomentar a inovação; reduzir a desigualdade dentro dos países e entre eles; tornar as cidades e os aglomerados humanos inclusivos, seguros, resilientes e sustentáveis; assegurar padrões de produção e consumo sustentáveis;

tomar medidas urgentes para combater a mudança de clima e seus impactos; conservar os recursos marinhos; preservar os ecossistemas terrestres; promover sociedades pacíficas e inclusivas para o desenvolvimento sustentável; e fortalecer os meios de implementação de uma parceria global para o desenvolvimento sustentável.

O Manifesto para uma Ética Global para a Economia propõe os seguintes valores básicos para que se concretizem negócios a nível global, interpretando o Pacto Global das Nações Unidas como um programa dos valores que resultam do património da humanidade: não-violência e respeito pela vida; justiça e solidariedade; honestidade e tolerância; consideração e parceria mútuas. O apelo é dirigido a todos os grupos, organizações e instituições políticas, nacionais e internacionais, em todos os países do mundo.

É habitual suscitar, a propósito da globalização, a hipótese de a comunidade internacional evoluir no sentido da criação de uma autoridade mundial que reproduza, a nível internacional, as instituições do Estado de direito, substituindo as instituições de natureza anárquica que tradicionalmente enquadram as relações internacionais. Trata-se de uma hipótese que a evolução das organizações internacionais acima evocada sugere e cujos potenciais benefícios não podem ser desprezados. Importa, entretanto, ter presente os problemas que essa evolução pode gerar, quer por insuficiente consideração do princípio da subsidiariedade (ou, o que é equivalente, por excessiva e ineficaz centralização das decisões), quer por risco de captura da autoridade por interesses particulares especialmente organizados para esse fim, em detrimento do bem comum da humanidade.

Em suma, a globalização suscita múltiplos e complexos problemas, com numerosas implicações éticas, aos quais várias iniciativas têm tentado responder. Entretanto, não se pode considerar que as regras adotadas nessas iniciativas constituam um quadro completo de resolução desses problemas ou que os mecanismos de garantia de cumprimento das regras estejam suficientemente aperfeiçoados. São, portanto, grandes as exigências que se perspectivam a este respeito no futuro da humanidade.

Leituras recomendadas

Chomsky, Noam e Robert McChesney, *Profit over People. Neoliberalism and Global Order*, Nova Iorque, Seven Stories Press, 2011.

Sachs, Jeffrey, *The Age of Sustainable Development*, Columbia, Columbia University Press.

Stiglitz, Joseph, *Globalization and its Discontents*. Nova Iorque, W.W. Norton, 2002.

Stiglitz, Joseph, *Making Globalization Work*, Nova Iorque, W.W. Norton, 2006. https://www.unglobalcompact.org; https://sustainabledevelopment.un.org